Mieg Johann Friedrich

Verteidigung der reformirten pfälzischen Kirchen

Mieg Johann Friedrich

Verteidigung der reformirten pfälzischen Kirchen

ISBN/EAN: 9783744702232

Hergestellt in Europa, USA, Kanada, Australien, Japan

Cover: Foto ©ninafisch / pixelio.de

Weitere Bücher finden Sie auf **www.hansebooks.com**

Verthaidigung

Der

Reformirten Pfältzischen

Kirchen und Lehren,

Gegen die übele Nachreden
Hn. Joh. Jacobi Perisci, vormahligen
Pfarrers der Ref. Gemeind zu Weinheim,
nunmehro Churfürstl. Bibliothecarii,
Durch welche selbiger,
Seinen Abtritt von derselben in einem jüngst
hervorgegebenen Tractätlein,
So er

Himlischer Soñen Liebliche

Frühlings-Stralen

nennet,
Zu beschönen suchet,
Auff begehren verfertiget,
Von
Joh. Friedrich Mieg, der H. Schrifft
D. und Professorn bey der ChurPfältz.
Universitet zu Heydelberg.

HEJDELBERG,
In Verlegung Joh. Michael Rüdigers, Buchh. 1687.

Vorrede
An die Christliche Reformierte Gemeinde zu Weinheim; Wie auch Vbrige Reformierte Pfältzische Kirchen.

WAnn die Gemeinschafft zwischen Hirten und Schaffen eine unzertrennliche Gemeinschafft wäre / und Christus nicht / von Hirten / so durch die Schaffe / Luc. 15. 4. und von Schaffen / so durch die Hirten / Joh. 10. 12. verlassen würden / meldung gethan; möchte der Außtritt / und von seiner Heerde genommene Abschied ihres gewesenen Pfarrers / einer Christlichen Gemeind in Weinheim / zu mehrerer Verwunderung und ärger-

ärgernüs gereichen. Nachdem aber Christus allein der jenige Hirt/ welchem die Schaffe anhangen und nachfolgen müssen/ als deme/ so sie allezeit auff rechter Strassen führet/um seines Namens willen/ Ps 23, 3. im übrigen aber alle andere Unter-hirten der Gefahr der Verirrung und Verführung unterworffen / so daß neben und vermittelst der Liebe der Welt/ auch die Liebe des Irrthums dieselbe übermeistern kan: So gebühret es sich/ daß eine Christliche Heerde durch das von GOtt ihnen anbefohlene und verliehene Unterscheidungs-urtheil/ auch mit Verlaßung / oder Verlierung ihres Hirten/ die gute und gesunde Weide entweder auffs neue zu suchen (wo sie darvon abgeführet worden) oder (wo sie darvon abgeführet werden wolte) zu behalten wisse. Beatus grex, cui Dominus dedit de pascuis judicare: O eine glückselige Heerd/ deren GOtt ein rechtes Urtheil von der Weide verliehen! Also sagte ehmals

mals der Römische Pabst Cælestinus, von dem Volck zu Constantinopel, da selbiges von ihrem Bischoff/ dem Nestorio sich absonderte. Unglückselig muß er hingegen die jenige Heerde gehalten haben/ welche ihr Urtheil dießfals / in dem unsicheren Grund oder Abgrund einer Menschlichen authoritet, zu versencken/ gelehret/ und genöthiget werden. Gleichwie derowegen/ wann in Glaubens = und Religions=Sachen/ Lehrer/ von ihrer Gemeind/ und zugleich von der Warheit/ abweichen/ solches vor ein Beweißthum der Macht des Irrthums / und für eine Erfüllung entweder dessen/ was von fliehenden und den Wolff fürchtenden Miedlingen/ Joh. 10. 12. oder dessen/ was von Hirten/ die sich selbsten/ und nicht die Heerde zu weiden suchen/ Ezech. 34. 2. oder dessen / was von blinden Leitern/ Matth. 15. 14. und Hirten/ die keinen Verstand wissen / Es. 56. 11. geweissaget ist/ gehalten; das ist/ entweder dem Mangel deß Wissens/ oder dem Mangel deß Ge-

wiß-

wissens / oder dem Mangel der Dapfer=
keit / beygeschrieben werden muß: Also
wann Christliche Gemeinden entweder
von irrig=leitenden Lehrern (wie zu un=
serer Vorfahren Zeiten geschehen/) sich
absonderen/ oder in die irre abweichenden
Lehrern nicht nachfolgen/ so muß solches
für ein Beweißthumb der Macht Gött=
licher Bewahrung/ und für eine Erfül=
lung dessen/ was Gott dorten verheissen/
daß/ wo die Hirten auffhören die Heerde
zu weiden/ er sich seiner Heerde selbsten
annehmen/ und dieselbe/ suchen/ weiden/
und lägern wolle/ Esai. 34. 11. 15. gehal=
ten werden.

Man muß aber nicht darvor halten /
daß bey solchen Fällen / durch unterlas=
sung der Nachfolg / in die Irr Wege/
alle Pflicht eines rechtschaffenen Chri=
sten abgestattet / und nichts ferners dar=
bey zu beobachten seye. Gleichwie es
der Sachen zu viel gethan / und ein
Eingriff in die Göttliche Vorbehaltun=
gen

gen wäre/ so man über einen solchen außweichenden alsobald das definitiv-Urtheil der Verdamnuß sprechen; und denen/ so am Glauben/ etwa durch Unerfahrenheit und Verleitung/ Schiffbruch erlitten/ mit den Novatianern die tabulam secundam, oder **das Rettungs-Borth der Buß** benehmen wolte; auch/ so man mit gähem Eiffer/ durch persönliche antastungen denselben gleichsam mit Steinen verfolgen/ und durch solch liebloses Verfahren/ von der verlaßenen Religion noch abwendiger macht wolte: Also hinwiederumb zu wenig/ so man dem abweichenden/ durch eine kaltsinnige Sorgloßigkeit / nicht einmahl **nachsehen**/ durch eine unempfindliche Hartherzigkeit / nicht **nachseufftzen**/ ja durch eine träge und zaghaffte Verdrossenheit/ nicht **nachruf-**

sen/

fen/ sondern den Dienst/ so ein Hahn dem Petro, Petrus aber selbsten hernach durch sein bewegliches Zuruffen/ so viel tausend verirrten Seelen geleistet/ einem gefallenen Mitbruder verweigern wolte: Ob selbiger aus dem Bezirck der Brüderschafft sich hinauß begeben/ so ist der Bezirck der Liebe noch viel weitläuffiger/ und hat er sich deroselben/ und der daraus herfließenden Fürbitt/ und Fürsorg/ deßwegen nicht unfähig gemachet. Die Hoffnung will ihn auch noch nicht ihrer Bottmäßigkeit entschlagen: Die Wege GOttes/ spricht sie/ seynd in der Tiefe/ und man spüret doch seinen Fuß nicht. Ps. 77. 20. Der HErr tödtet/ und macht lebendig; Er führet in die Hölle/ und wieder herauß: 1. Sam. 2. 6. Wer weiß/ ob nicht das Gebett Jonæ aus dem Bauch des Walfisches/ ihm in das Hertz gegeben/ und eine gleiche Erlößung gedeyen möchte!

Mitt=

Mittlerweil/ und biß der Finger Gottes/ ein solches empfindliches Hertzklopffen/ wie bey dem David 2. Sam. 24. 10. in ihm würcke/ seynd wir/ geliebte Leser/ billich beflissen/ auch auß diesem Bittern Süssigkeit zu samlen/ und dieses benebenst anderen vorkommenden Exempeln der menschlichen Schwachheit/ uns also zu nutz zu machen/ daß darüber die Apostolische Warnung; Wer sich lässet düncken/ er stehe/ mag wol zusehen/ daß er nicht falle/ 1. Cor. 10. 12. tätigs/ und mit solchem Nachklang in unsern Ohren schalle/ daß wir/ nach dem Exempel deren/ so in einem wanckenden Schiffein oder andere Person über Bort fallen sehen/ desto mehr Sorg tragen sich fest zu stellen/ also gleichfalls beflissen seyen/ uns auf unserem allerheiligsten Glauben mehr und mehr zu erbauen/ und zu bevestigen damit weder lockende Sirenen/ noch brausende Sturm-Winde/ (wann selbige sich erregen solten/)

ten/) weder der Leviathan, der ein schlech=
te Schlang/ noch der Leviathan, der ein
krumme Schlang ist/ Es. 27.1. uns von der
Warheits-bahn abseits bringen/ oder un=
sere Sinne verrücken mögen von der Ein=
fältigkeit in Christo; 2. Cor. 11. 3. Ja wir
seynd noch ferners beflissen/ die jenige
Aergernuß und Anstösse/ mit welchen
unsere Kirchen/ zu nicht geringer Ver=
unehrung / und Verdächtlichmachung
deß Reformirten Namens / leyder ange=
füllet seynd / und wordurch kein geringer
Anlaß denen heutigen Wanckelmüthigen
zur Enderung gegeben wird/ durch eine
rechtschaffene Verbesserung der Sitten /
und Ordnungen/ auß dem Weg zu rau=
men/ damit die warheit der Lehr deren wir
uns rühmen/durch einen darmit überein=
kommenden Wandel so wol/ als das
Zeugnuß der H. Schrifft bewähret/und
also selbige so wol in uns/ als in sich
wahr zu seyn / befunden werde.

    Gleichwie aber die Warheit/ offtmals
in verächtlicher Gestalt auffgezogen
kommet

kommet; Also fehlet es dem Irrthumb hingegen nicht an solchen Farben und zierlicher bemahlung/ durch welche er unter den Menschen sich beliebt machen/ und für Warheit verkaufft werden möge: Es seye/ daß Herr Petiscus durch dergleichen Schein-Gestalt andere zu verführen suche/ oder (welches wir noch zur Zeit lieber glauben wollen) selbsten verführet worden seye/ so kann dessen ohnlängst heraußgegebenes Tractätlein/ so er Himlischer Sonnen liebliche Frülings-Strahlen/ nennet/ und darinnen die Ursachen seines Ubergangs zu der Römisch Catholisch genannten Religion, mit aller Mahlerey-Kunst vorzustellen/ beflissen ist/ darvon einen Beweißthumb geben; dessen bedachtsame überlesung aber/ und Wahrnehmung einer durchgehenden petitionis principii (und das durch und durch das jenige/ worvon die Hauptfrag entstehet/ daß nemlich die heutige Römische Kirche die wahre und einige

einige Kirche Christi seye) bey vernünfftigen und unpartheyischen Lesern nothwendig ein gantz contrari Würckung haben muß: Und dahero die Beantwortung in ein einige Zeil wol hätte zusammen gefasset werden können; wann nicht zu einiger mehreren Belehrung/ deren so sich lehren lassen wollen/ eine außfürlichere Beantwortung wäre verlanget/und nöthig gehalten worden.

Betracht-

Betracht- und Beantwortung
Deß
Im Eingang angebottenen
Liebes-Grusses/ und Kusses.

§. 1.

WO Liebe und Auff- Annehmrichtigkeit/ sich als lichkeit Einlader/ und Weg- deß Anweiser anmelden/ dabietens. gebühret sich nicht/ das man Gehör verweigere/ oder mit unfreundlicher Verachtung begegne. Wo solche Führer eine Ewigkeit an dem Ende deß Weges zeigen/ und eine solche/ worvon der Menschen höchste Seeligkeit oder gröstes Elend hanget/ hat man noch mehr Ursach/ auch mit hindansetzung aller zeitlichen Betrachtungen/ ein

A auff-

auffmerckendes Ohr zu lehnen/ und den darvon ertheilten Bericht ja nicht außzuschlagen. Wo man von dem Irrthumb zu der Warheit/ von der Trennung/ zu der Einigkeit/ von der Gemeinschafft der ungehorsamen uñ ungerathenen Kinder/ zu dem Schoß der Mutter/ und zwar einer solchen Mutter/ wie die Catholische Kirche ist/ und von deren es heisset: Non habet Deum patrem, qui non habet Ecclesiam matrem: Der hat Gott nicht zum Vatter/ der die Kirche nicht zur Mutter hat/ gelocket wird/ da muß es fürwahr ein unartiges Gemüth seyn/ welches durch Widerspenstigkeit für solchen Vermahnungen die Ohren verstopffen wolte. Wo solche liebreiche Einladung/ von dem jenigen geschihet/ welcher auß eigener Erfahrung/ beydes von den falschen Abwegen/ als auch dem rechten zum Leben führenden Wege/ mit einer Gemüths vergnügenden Gewißheit/ reden kan; da hat man in warheit desselben Anweissungen nicht ausser acht zu lassen.

Billichmässige Begegnung. §. 2. Wann derowegen der gewesene Pfarrer zu Weinheim/ und jetziger Churfürstlicher Bibliothecarius Herr Joh. Jacobus

bus Petiscus, in seinem ohnlängst herauß gegebenem Tractätlein (so er Himmlischer Sonnen/ liebliche Frühlings Strahlen überschreibet) sich als ein Exempel eines solchen zurechtgebrachten Wandersmann/ darstellet/ und zu einem Führer/ seinen vorigen Glaubens-Genossen/ mit allen ersinnlichen liebes Bezeugungen/ in dessen Eingang/ anbietet; So hat er umb so viel weniger einer gähen und unbedachtsamen Abweisung/ oder ungütlicher/ auß natürlich und *biliosen temperament*, oder besonderem *interesse*, und *passionirten* Gemüth herrührenden Außdeutung seiner Intention, bey denselben sich zu besorgen/ da selbige/ vermög der Apostolischen Lehr/ so viel die Lehren anlanget alles zu prüfen/ und das gute zu behalten; so viel aber die Personen betrifft/ einen fremden Knecht nicht zu richten/ sondern das Urtheil Gott/ deme er stehet/ und fallet/ zu überlassen/ und vielmehr nach der Regul der Lieb alles zum besten außzudeuten/ sich verpflichtet halten. Tragen dannenhero kein Bedencken/ uns mit ihm zuruck/ und biß auff den ersten Scheid-Weg/ da man anfänglich von einander gegangen/ zubegeben/ und von dannen

nen uns so lang von ihme führen zu lassen/biß wir einigen erheblichen Anlaß/an seiner Treu oder Erfahrung zu zweifflen/ entdecken werden/in der Versicherung/ daß eine solche / in der Forcht deß HErrn vorgenommene Untersuchung entweder zu unserer Bekehrung von den Irrwegen/ oder zu unserer Bevestigung in der Warheit dienlich seyn werde.

Billich-mässige Forderung. §. 3. Hingegen wird er uns erlauben/von ihme (dafern weder Liebe noch Erfahrung in Zweiffel gezogen werden soll) zu erwarten/ daß er erstlich keine Liebe des Irrthumbs/und willkürige/oder muthwillige Verachtung der Warheit wider besser Wissen/und Gewissen/ uns beymesse; wie dann selbige bey denen jenigen/ so an ihre Lehr durch keine sonderliche Gemächlichkeit angebunden seynd/ weniger/ als bey anderen/ so die Zeitliche Vortheil auff ihrer Seiten haben/ zu vermuthen stehet: Zweytens/daß er uns als Menschen / und auff eine solche Weiße/ welche mit der vernünfftigen Menschlichen Natur übereinkommet/führe; und also den Gebrauch unserer Augen/ bey dieser Nachfolg/ gestatte; nicht aber durch außstechung derselben uns von unserer Blindheit zu befreyen
trachte

trachte: Drittens/ daß er uns als Christen führe/ und auff einem solchen Weg/ welcher dem Gesetz/ oder dem Privilegio des Christenthumbs nicht zuwider/ noch uns in dem Wort Gottes widerrathen/ oder verbotten worden; als welchem dieser Ruhm unbenommen bleiben muß/ daß es unser sicherste Wegweiser/ ein Licht auff unserm Wege/ und eine Leuchte auff unsern Steigen seye: Viertens/ daß er auch selbsten mit uns/ biß auf den ersten Scheidwege zuruck gehe/ die Untersuchung von fornen anfange/ und so wol seiner/ als unserer Seiten/ alle præjudicia und vorgefaßte Meinungen beyseits gesetzet werden; Ohne das es erlaubet seye/ das strittige/ zum Grund deß Beweißthumbs zu gebrauchen/ und den Anfang der Reiß/ per saltum, von dem Orth/ da selbige auffhören soll/ zu machen: Fünfftens/ daß dasjenige/ so dem einen Theil recht/ dem andern nicht unrecht seye/ und so das jenige tadelhaffte/ oder anstößliche/ welches man bey der einen Parthey gefunden zu haben vermeinet/ bey der andern ebenmässig/ oder auch noch mehrers anzutreffen/ solches zu Erweisung deß Unterscheids/ oder Fürzugs keine Gültigkeit habe: Endlich/

lich/ und zum sechsten/ keinem Theil/ Meinungen und Lehren/ so er nicht hat/ angedichtet; Oder die/ so er hat/ verkehret/ und verdrähet/ wie auch denen beyderseitigen Beweißthumben kein mehrere oder mindere Krafft/ als sie in der That haben / durch die/ von dem Authore, p. 13. also genannte perspectivische vergrösserungs/ oder verkleinerungs Kunst/ oder auch Poetische verblümungs Kunst/ zugeleget/ keine falsche Farben/ keine frembde Hülff (als da ist diejenige/ die von Sachen/ so zur Essentz und Wesen der Religion nicht gehörig/ hergenommen seynd) gebrauchet; Sondern alles mit einer Christen geziemenden Einfalt/ und Aufrichtigkeit gegen welche der innerliche Richter/ das Gewissen/ nichts zu sagen habe/ vollbracht werde.

Geschöpfte Hoffnung.

§. 4. So wir nun nach Festsetzung dieser Reguln (derer Billichmässigkeit von niemand in Zweiffel gezogen werden kann) uns mit gleichlöblichem Vorhaben/ den rechten Weg der Seeligkeit außzufinden/ in die Gesellschafft dieses Führers begeben; so finden wir in dem Eingang solche/ und so außfürliche Bezeugungen einer auffrichtigen Liebe/ Mitleidens/ und Fürsorge/ welche keine geringe

ringe Hoffnung einer guten Anleitung uns
geben/ und den Muth zu dessen Anhörung
vermehren können: Ich sage/ Hoffnung; Ohne
nicht aber Versicherung; massen man auch Gewiß-
in den Irrthumb und das Verderben mit beit.
Seilen der Liebe/ nemlich einer blinden Liebe
gezogen werden kan; und deßwegen die göttliche Warnung Deut. 13. v. 6. 8. dißfals
nicht in vergeß zu setzen: Wann dich dein
Bruder/ deiner Mutter Sohn/ oder dein
Sohn/ oder deine Tochter/ oder das
Weib in deinen Armen/ oder dein
Freund/ der dir ist wie dein Hertz/ überreden würde heimlich und sagen/ laß
uns gehen/ und andern Göttern dienen/
die du nicht kennest/ noch deine Vätter
rc. So bewillige nicht/ und gehorche ihm
nicht; Auch soll dein Aug seiner nicht
schonen/ und solt dich seiner nicht erbar-
men rc. Auch nicht ausser Acht zu lassen die
Salomonische Unterrichtung/ von dem
frembden Weib/ und deren glatten Wor-
ten/ von denen man nicht anderst behütet
werde/ als so man zur Weißheit spricht;
du bist meine Schwester/ und die Klugheit seine Freundin nennet/ Prov. 7. v. 4. 5.

A 4   Das

Das ist/ so man aller Verwandschafft/ und Freundschafft / die jenige Verbindung / so man mit der wahren Weißheit hat/ vorziehet/ und mit dem Stamm Levi, bereit ist/ zu seinem Vatter/ und Mutter zu sagen: Ich sehe ihn nicht; und zu seinem Bruder/ Ich kenne ihn nicht; und zu seinem Sohn /. Ich weiß nicht: Solche halten die Rede Gottes und bewahren seinen Bund: Deut. 33. v. 9.

Nicht ohne Zweiffel.
§. 5. Es kan aber auch nicht verhälet werden/ daß solche gefassete Hoffnung schon in dem Anfang/ und Eingang dieses Tractätleins/ einiger massen verdunckelt/ und mit etwas Zweiffel vermenget wird / theils durch einige Ungewißheit/ so der Author darinnen bey sich verspüren lasset: theils durch eine allzugrosse und übereilte Gewißheit/ so er von der strittigen Sach vor der Zeit bey dem Leser vorauß gefasset haben will.

Theils wegen bezeugter Ungewißheit.
§. 6. Eine Ungewißheit/ und zwar von keiner geringen Erheblichkeit wird darmit an Tag gegeben/ daß er p. 5. sich gemüssiget befunden/ umbzusehen nach der Kirchen/ die die rechte *Religion*, ja nach der jenigen *Religion*, welche die wahre Kirche gleich als mit

mit Fingern zeiget: Gleich als ob bey einer solchen Untersuchung nicht vor allen Dingen ein gewisser Zweck/ und Absehen vest fürgesetzet werden müsse; Oder als ob es auff eines ankäme/ ja beysammen bestehen könnte/ daß man die wahre Kirch/ durch die Religion; Oder die wahre Religion durch die Kirche erkennen lerne: Und nicht vielmehr eben dieses eine der vornemsten Streit Fragen wäre: Ob man erst zur Erkandtnuß der wahrē Lehr/ und durch dieselbe/ zur Erkandtnuß der wahren Kirchen? Oder aber durch die vorhergehende Erkandtnuß der wahrē Kirchen zur Erkandtnuß der wahren Lehr/ oder Religion geführet werden müsse? Welches letztere dann die gemeine/ ja die rechte Grund-Lehr der Römischē Kirchē/ und dasjenige worauff unser Author selbsten nach der hand/ durch und durch/ als auff ein unbewegliches Principium, sich gründet/ und keiner Sicherheit in Religions-Sachen/ keinem gewissen Verstand der Göttlichē Schrifft/ ohne vorherige Erkandtnuß und Anhörung der Kirchen/ statt geben will. In dem er dann allhier gleichwol den anderen vorherigen/ und in unseren Kirchen angewiesenen Weg (das man nemlich erst die Reli-

gion

gion oder Lehr / und Gottesdienst / so dann nach deren Anweisung die wahre Kirche zu erkennen trachte) sich gefallen lasset / ja für dem anderen gefallen lasset/ (welchen Fürzug das Wörtlein Ja nicht undeutlich mit sich bringet) so lassen wir uns zwar solches / was die Sache und Meinung selbsten anlanget / nicht mißfallen; ihme darbey die Sorge überlassend, wie er solches gegen seine jetzige Glaubens-Genossen verantworten/wie er dasselbe mit diesen ihren Lehrsätzen/ quod Ecclesia sit notior Scripturâ, i.e. sensu & doctrinâ Scripturæ; (daß die Kirche eher und leichter/ als die Schrifft/ und deren Verstand/ und Lehr erkannt werde.) quod articuli fidei, à Deo revelati, non possint securè & infallibiliter à nobis credi, nisi legitimè & infallibiliter, adeoque ab Ecclesiâ ad credendum nobis proponantur Becan. Summ. Theol. part. 3. tract. 1. c. 5. (daß die Glaubens-Artickul keinen sicheren / und unbetrieglichen Beyfall haben können / es seye dann/ daß sie von der Kirchen / als dem einigen unbetrieglichen Offenbahrungs-Mittel / uns zu glauben vorgestellet werden &c.) vergleichen; und was

vor

vor eines Mittels er sich zu erforschung derjenigen Religion, welche ihm die wahre Kirche allererst zeigen soll/bedienen wolle: Halten uns aber gnugsam befugt/ hierauß und auß der Dissonantz dieses Eingangs/ und deß Fortgangs/ ein Kennzeichen zimlicher Ungewißheit/ abzunehmen/ und mit desto mehreren Behutsamkeit/unserm Führer auf dem ferneren Wege nachzufolgen.

§ 7. Eine allzugrosse/ und frühzeitige Gewißheit/ oder vielmehr Parteilichkeit/ wegen kommet uns hingegen darinnen vor/das dem eingeladenen Wandersmann/ oder Leser zugemuthet wird/ gleich in dem Anfang dieses Wegs der Untersuchung/ ja vor Antrettung desselben(der hieroben gesetzten vierten Regul schnurstracks zu wider) das jenige/ worinnen der Hauptstreit bestehet/ und welches das Ende der Untersuchung seyn solte/als eine bekannte Sach/ vor aller Beweißthumb anzunehmen/ oder vorauß zu setzen: das nemlich die jenige Kirche/ zu deren Gemeinschafft er sich begeben/die Catholische Kirche (p.6.) die jenige Kirche des Neuen Test. seye/welche ihre Hoheit und Privilegien von Christo selbsten empfangen (p.15.) das man von dieser rech-

Theils bezeugter Parteyligkeit.

A 6   ten

ten Mutter/Protestirender Seiten/durch eine schädlich und schändliche Trennung sich abgesondert (p. 12. 13.) eine Uncatholische Kirche/ auff perspectivisch erbauet ꝛc. (p. 13.) daß die Reformirte Religion nicht älter/ als von 170. Jahren seye (p. 14.) und durch eine ungebundene Freyheit und Religions Leichtigkeit dem verderbten Fleisch wol zu thun suche (p. 18.) und was dergleichen Beschuldigungen mehr; welche unter die häuffige Liebes-Versicherungen hin und her also eingemischet werden/ daß bey einfältigen Menschen/ welche stracks das eine mit dem andern anbeissen/ (Vernünfftige lassen sich also nicht fangen.) einiger Stachel darvon hafften/ und also einiges Vorurtheil/ in deren Gemüther eingepracticiret werden möge/ so hiernächst denen sonst unkräfftigen Beweißthumben/ zu einem mehrern Nachdruck zu statten kommen möchte. Wann Herr Petisens diesen gantzen Eingang/ an dem End seines Tractats gesetzet hätte/ würde dargegen nichts anders/ als daß vielleicht aus denen in dem gantzen Buch angeführten Gründen und præmissis, eine übele illation und Schluß gemachet werde/ haben eingewendet

wender werden können. In dem er aber solches alles/ vor aller Untersuchung vorher gehen lässet/ (ohnerachtet er dieselbe hernach selbsten mit einer gäntzlichen indifferenz vorgenommen haben will) sihe ich nicht/ was solches vor Nutzen haben kan/ als eine Unfähigkeit des führens/ bey ihme/ der eher in dem anlendungs-Port seyn/ als vom Abreiß-Uffer abfahren will; wie auch des Urtheilens/ bey denen/ welche sich mit so grossen Vor-Urtheilen von ihm einnehmen lassen/ zu beweisen. Er hätte aber gedencken sollen/ daß/ so man alle diese obige Aussagen nicht einmahl auff das Wort der gantzen Römischen Kirchen/ ohne Beweißthumb bißhero annehmen wollen/ man selbige viel weniger auff sein blosses Wort (es seye/ daß er sie crudè, und ungekocht/ oder in einer Brühe von zierlichen complimenten/ darbiete) annehmen würde.

§. 8. Wir schreiten derowegen zu dem Werck selbsten/ in welchem er durch eine Historische Beschreibung deß Anlasses/ und der unterschiedlichen Staffeln/ seiner gerühmten Erleuchtung/ anderen/ annoch im Irrthumb sitzenden/ den Weg zu einer gleichmässigen Glück- *Inhalt deß Büchleins.*

Glückseligkeit / zu entdecken / und zu Verlassung des Irrthumbs selbige anzufrischen / sich bemühet. Er stellet sich derowegen als ein Gegenbild jenes am Weg sitzenden Blinden vor / an dessen Seelen / der HErr Christus / ein gleichmässiges Heil / wie jenem an seinem Leibe / vermittelst der unterschiedlichen Stralen seiner Gnaden erwiesen / und ihn nicht nur von seiner geistlichen Blindheit befreyet / sondern auch in die heilige Statt / ja biß in den innern Tempel derselben geführet habe. Wir wollen nicht zweiffeln / er werde bey Außführung dieses Vorhabens / das jenige Wehe / welches bey Esaia denen gedrohet wird / die aus Finsternuß Licht / und aus Licht Finsternuß machen / Esai. 5. v. 20. Wie auch das jenige / was Christus den Phariseern dorten geprediget: Wäret ihr blind / so hättet ihr keine Sünde; Nun ihr aber sprecht: Wir sind sehend / bleibet eure Sünde / Joh. 9. v. 41. vor Augen gehabt / und also Sorge getragen haben / daß er nicht durch geflissene Verdunkelung der Warheit ein schwäres Gericht sich auff den Halß ziehe. GOTT pflantze die Liebe der Warheit in unser aller Hertzen / und lasse
sie

sie darinnen die Oberhand haben; So wird uns leicht seyn/ dieselbe von der Falschheit/ wie sehr sie sich auch vergleißere/ zu unterscheiden!

Betrachtung des Ersten Strahls.

§. 9.

Der erste Strahl/ durch welchen das Gemüth dieses Bartimæi soll beleuchtet worden seyn/ ist die Erkantnuß der geistlichen Blindheit/ so bey denen/ die sich für sehend halten/ und folgends auch bey ihm selbsten/ in Religions-Sachen sich befinden könne/ zufolg der Sprüche/ Joh. 9. v. 41. und Apoc. 3. v. 17. Wie auch daß durch GOttes unvergleichliche Liebe/ Christi theuren Verdienst/ und des H. Geistes unumschränckte Krafft/ gnugsame Mittel seyen/ solche Blindheit ihme selbsten zu entdecken/ und von derselben befreyet zu werden. *Erster Stral.*

§. 10. Fürwar ein Göttlicher Warheits-Strahl/ und welcher/ da er wäre/ in dem Hertzen rechtschaffen auffgenommen/ und beobachtet worden/ unseren suchenden nimer würde *Nicht übereinkommend mit der angemaßten infallibilität*

der Röm. Kirche. würde zu der jenigen Religion verleiten haben lassen/ welche demselben sich auffs hefftigste/ ob schon nicht mit außdrücklichen Worten/ doch in der That widersetzet ; und durch die angemaßete infallibilität/ so sie gewissen Menschen zuschreibet/ die müglichkeit des Irrthumbs bey denselben/ ja auch die Freyheit des Zweifels und der Untersuchung/ ob man im Irrthumb seye/ bey ihren Angehörigen aus dem Weg geräumet haben will; Dannenhero bey Unpartheyischen sich eben hierdurch verdächtig machet/ ob sie die jenige seye/ von deren die Wort aus Apoc. 3. v. 17. angezogen worden/ daß sie spreche: Ich bin reich/ und habe gantz satt/ und bedarff nichts/ und weiß nicht/ daß sie ist elend/ und jämmerlich/ arm/ blind/ und bloß.

Und in defectibilität eines Lehr-Stuls. §. 11. Hat Herr P. durch diesen ersten Stral die müglichkeit einer geistlichē Blindheit/ an dem hohen Exempel der tieff gefallenen Engeln/ wie er meldet/ abnehmen können/ die anfänglich durch Ehrgeitz erblendet gefallen/ und nach ihrer Stürtzung durch zunehmende Boßheit immer blinder worden/ und deßwegen mit Ketten der Finsternüß gebunden/ zum erschreckſchrecklichen Gericht GOttes behalten werden: So hat er durch eben denſelben auch ſchlieſſen ſollen/ daß es keine Unmöglichkeit/ daß ein gleichmäſſiger Abfall/ und Verblendung/ auch denen Engeln der Gemeinden/ nnd Vorſtehern der Kirchen/ ſonderlich bey allzuklaren Kenn-Zeichen deß eingeriſſenen Ehrgeitzes/ begegnet ſeye; und hätten ihm darbey/ als einem/ der vorhin die Schrifft außgeleget/ die jenige Weiſſagungen/ nach welchen das Exempel des Engliſchen Abfalls/ in der Kirchen nachgeartet werden ſolte/ als 2. Pet. 2. v. 1. 2. 3. 4. Jud. v. 6. 7. 8. wie auch/ was von Verdunkelung der Sonne/ und Fall der Sternen auff die Erden/ Apoc: 6.12. und anderſtwo/ verblümter Weiſe vorgeſtellet wird/ zu Gedächtnuß kommen ſollen.

§. 12. Hat er durch dieſen Stral/ einen feſten Grund ſeiner hiervon habenden Meinung (bey noch nicht erlangter Erkandtnuß der wahren Kirchen) auß denen angezogenen Sprüchen/ Joh. 9. v. 41. Apoc. 3. v. 17. hernehmen können p. 25. wie kan er dann nachfolgends derjenigen Lehre Beyfall geben/ und in dem ſechſten Stral behaupten/ p. 130. 131.

Noch mit der vorgebenden Undeutlichkeit Heil. Schrifft.

131.146.149. Daß die Un-Catholischen/wegen ermanglender Erkandtnuß der wahren Kirchen/ weder die Bibel vor Gottes Wort halten/noch einen rechten Verstand derselben haben/oder einigen Nutzen und wahren Trost darauß schöpfen können? So die Schrifft/ ohne die Kirch/ keine wahre/ und Seelenbefriedende Erleuchtung geben kann/ so hat er in einer so wichtigen Sach auff einen sandigen Grund gebauet/ und ohne nothdringende Ursach/ sein Gewissen in Unruhe gesetzet: So er aber einen gültigen Beweißthumb auß diesen Sprüchen/ zu seinem Vorhaben/ gleichwie auch folgends verschiedentlich/ zu außfindung der wahren Kirchen nehmen können/ so muß dann der Schrifft ihre Authorität und gewisser Verstand/ auch ohne zuthun der Kirchen/ bey Andächtigen Lesern gelassen werden.

Die Römische Kirch will ihre authorität in keinen Zweifel gezogen haben.

§. 13. Hat er durch diesen Stral einen Anlaß bekommen/ von seinem eigenen Zustand und Religion, in deren er erzogen war/ einen Zweiffel zu schöpfen/ ob er nicht etwan darinnen betrogen seyn möchte/ p. 26. 27. So wird er nicht in Abred seyn wollen/ daß dergleichen auch anderen begegnen könne/ und dem-

demnach auch in der Religion, zu deren er getretten/die so darin geboren/ und erzogen/ ja er selbsten/ und andere/ so sich (vielleicht durch übereilung) darzu begeben / weniger nicht zu solchem Zweiffel befugt/und verbunden seyen: Nicht/umb stäts in solchem Zweiffel zu verharren (fern seye es/ daß wir einem solchen Scepticismum in der Religion gut heissen solten) sondern vermittelst solchen Zweiffels zur Untersuchung/ und vermittelst dieser/ zu einer Befestigung in der Warheit (Rom. 14. v. 5. Ein jeder seye in seiner Meinung gewiß) zu gelangen. So er nun dieses in Ansehung aller Religionen für billich achtet (wie dan die von ihme beygebrachte Ursachen/auff selbige alle sich erstrecken) so muß ihm dann diejenige nothwendig für verdächtig vorkommen/ deren Angehörigen die Augen/ zu einem solche Ende zu öffnen / und einige vernünfftige Sorgfalt/ wegen ihrer Religion zu fassen/unter dem Vorwand der Unfehlbarkeit ihrer Lehrer/ und Vorsteher nicht vergönnet werden will; da doch/je grösser die Authorität/ und Vorzüge seynd/ welche selbige über die Glieder der Kirchen empfangen zu haben rühmen/je klärer solche erwie-

-wiesen/ und je mehr Versicherung darvon/ denjenigen/ so sich selbigen unterwürfftig machen müssen/(damit es nicht den Schein einer gewaltsamen Gefangenschafft habe) gegeben werden solte; Und es ja keinem vernünfftigen Menschen/ weniger einem Christen/ zugemuthet werden kan/daß er in eben der Frag/ da von der Unfehlbarkeit der Lehrer gefraget wird/ solche noch nicht erwiesene Unfehlbarkeit/ sich an statt eines Beweißthumbs solle dienen/ oder doch mit einigen gemeineren/ von dem eusserlichen Ansehen der Kirchen hergenommenen motivis credibilitatis abspeisen lassen: Wo man die Menschen verbindet/ mit geschlossenen Augen anzunehmen/ und zu glauben/ alles was die Kirche glaubet: Wo es von den Glaubens-Articuln heisset/ wie Papst Stephanus lehret/ c. dubius. X. de hæreticis: Dubius in fide, infidelis est; Wer Zweiffelhafftig ist im Glauben/ ist unglaubig. Da solte zum wenigsten der Articul von der Kirchen selbsten/ und dem principio fidei, dem Grund deß Glaubens/ unter die Frag/ und Untersuchung gebracht/ und damit dieselbe desto freyer seye/eine Zeit lang in Zweiffel gezogen wer-

werden dörffen: Hier ist es aber/ wo man den so genannten Leyen am wenigsten gestattet. Dieses ist das noli me tangere; so man vor allen Dingen als ein unberührliche Sach vorauffgesetzet haben will; Wer darinnen einigen Zweiffel an Tag geben solte/ würde sich für dem S. Officio, der Inquisition, als ein Sospetto d'heresia, Ketzerey-Verdächtiger vorzusehen haben. Wolte man sagen/daß die Kirch/ in Krafft der Præscription, und Verjährung/ ihr den Titul und Authorität der wahren Kirchen/in deren Possession sie so lange Zeit gewesen/nicht könne von ihren Kinderen Zweiffelhafftig machen lassen; So sage ich/daß die Gewissens-Freyheit/ welche Christus seinem glaubigen Volck hinterlassen/ ein so unveränderliches Eigenthumb desselben seye/ daß/ da nach der Römischen Lehr und Rechten/ bey den Zeitlichen Gütern der Kirchen/so sie von Königen und anderen Menschen empfangen/ keine Præscription und Verjährung/ zu keinen Zeiten Platz haben kan/solches vielmehr von diesem geistlichen und fürnehmeren/ durch Christum selbsten legirten Gut/ gehalten werden müsse. Inmassen die Kirch keine
andere

andere Privilegia, als zum besten der Gläubigen/ keine aber/ zu verminderung deß Rechtens derselbigen empfangen; auch in dem Neuen Testament selbige nicht mehr nach Art der minderjährigen Kinder/ sondern nach Art der erwachsenen Kinder/ und als solche/ in deren jedem der Geist Gottes die nöthige Erkandtnuß würcken würde/ regieret werden solten.

Auch keiner ordentlichen Prüfung unterworffen seyn.

§. 14. Hat demnach auch Herr Petiscus durch diesen Stral die Hoffnung schöpffen dörffen von seinem Zweiffel/ durch eine Prüfung p. 27. und Untersuchung/ und zwar in Krafft der allgemeinen Liebe deß Vatters/ Verdiensts deß Sohns/ und nirgend verschränckter Krafft deß Heil. Geistes; p. 28. befreyet zu werden/ (wie dann auch die H. Schrifft dieses Mittel zu Unterscheidung der Geister und Lehren vorschreibet/ 1. Thess. 5. v. 21. 1. Joh. 4. v. 1.) So hätte er dardurch zugleich einen Eckel für derjenigen Kirche bekommen sollen/ woselbsten beydes die Macht und die Mittel einer solchen Untersuchung denen Christen entnommen/ das rechte Aug ihnen gleichsam außgestochen/ und sie in dem hochwichtigen Werck ihrer

Seelig-

Seeligkeit/ als Blinde sich von andern (etwa gleichfals blinden) leiten zu lassen/ unter Gefahr beyderseits in die Grube zu fallen/ angewiesen werden. Wie bald hat er doch dieses ersten Stratz/ und dieses einem jeden Christen zukommenden Rechtens vergessen/ wann er unter dem sechsten Stral/ p. 120.121. allen Verstand der Bibel/ und alles Urtheil der Layen/ in Religions=Sachen/ so sie sich selbsten nehmen/einer Temerität bezüchtiget? Villeicht hat es die Meynung/ daß nachdem man sich in den Schoß der Kirchen begeben/ man das Urtheil/ zu dem man vorhero selbsten berechtiget gewesen/ der Kirchen überlassen müsse: Aber wir hören die heutige Scribenten/ ins besonder den berühmten Frantzösischen Authorem der Vorurtheil gegen die so genannte Calvinisten/ in der Vorrede/ ernstlich behaupten/ daß auch denen jenigen/ so die wahre Kirch und Religion allererst suchen/ viel gerathener seye/ sich deß Wegs der *Authorität*/ als deß weitläuffigen/ und beschwerlichen Wegs der Erforschung und Prüfung zu bedienen: Wäre auch eine ungereimte Sach/ daß man durch die Gemeinschafft mit der Kirchen/ deßjenigen Rech-

Rechtens/ so man ausser der Kirchen gehabt/ verlustiget werden; und ein Un-Christ von Göttlichen Sachen zu urtheilen/ mehrere Tüchtigkeit/ als ein Christ haben solte: Ist derowegen wol gethan/ daß Herr Petiscus diesen Weg der Untersuchung/ zu seinem Vorhaben erwehlet; Aber nicht wol/ daß er in solcher Untersuchung/ nicht dem Licht deß Göttlichen Worts/ sondern dem Glast irrdischer angezündeten Dünsten nachgefolget/ wie nunmehr schon bey dem zweyten gerühmten Stral zu ersehen seyn wird.

Betrachtung des Zweyten Strahls.

§. 15.

Verdächtige Unordnüg der vorgenommenen Untersuchung. WAs Herr P. den zweyten Strahl seiner Erleuchtung nennet/ ist nichts anders, als eine Vermischung verwirrter Gedancken welche weder unter sich eine rechte Ordnung/ noch zu dem vorgenommenen Zweck einige Dienlichkeit haben; auch also beschaffen/ daß so man nicht deß persöhnlichen Urtheils sich entschlagen wolte/ mehr ein Streit gegen das Licht/ und eine Bemühung selbiges in seinem Gemüth

Gemüth zu verdunkeln/ als eine auffrichtige und reine Lieb d'Warheit darauß abgenomen werdē möchte. Ein rechtschaffenes vorhaben gibt sich durch die Mittel/ so zu dessen Außführung angewendet werdē/am besten zuerkennen. Das Vorhaben einer recht gründlichen Religions Untersuchung will gleichfals auff ordentliche Weiße/ und ins besonder also vollzogen werden/daß zuforderst die Religionen, so gegen einander zu vergleichen genommen werden/ nach ihrer wahren Gestalt und wesentlichen Theilen/mit unparteyischen Augen angesehen/ und wie zwey Gemählde/ in einer gleichen situation, unter einem gleichen Licht/ der Betrachtung vorgestellet/ nicht aber die dunckele oder letze Seite des einen/ der rechten und hellen Seiten des andern entgegen gehalten: viel weniger eine falsche Farb an deren einige angestrichen; so dann ferners die Prüfung und Vergleichung beyder/nach einer rechten/ und unbetrüglichen Regul und Richtschnur/ als da ist bey Gemählden die Gegenhaltung des wahren Originals, und bey Religionen, des göttlichen geoffenbarten Worts/ angestellet werde. Dergleichen hätte man auch von Herrn P. nach der im vorigem

B   gem

gem Capitul bezeugten ernstlichen Begierd/ seinem Gemüth/ auch mit Hindansetzung aller zeitlichen Bequemigkeiten/ durch Außfindung der Warheit/ Ruhe zu verschaffen/ verhoffen mögen: Aber an statt dessen/ kan schon bey dem jenigen/ wordurch er meldet in seinem Gemüth den ersten Schwanck bekommen zu haben/ eine klare Parteyligkeit in der Zuneigung/ so dann eine darauß erfolgte Verwirrung in den hervorgesuchten Bewegungs Gründen beobachtet werden.

Zeichen einer Parteiligkeit/ in dem Anfang.
§. 16. Die Parteiligkeit wordurch man zu allem vernünfftigen Urtheil/ sonderlich in Religions-Sachē untüchtig gemachet wird/ gibt sich nur zu klar daran zu erkennen/ Daß 1. das jenige/ was nur eine gemeine Müglichkeit deß Irrthumbs weisset/ und so wol auf der einen als der andern Seiten statt hat (das nemlich die Reformirten nit allein in der Welt/ sondern hinter dem Berg auch Leut seyen; und diese mit schönen naturalibus begabt seyn können; sich auch nach der Warheit zu suchen bemühetē/ und die Seeligkeit sich angelegen seyn ließen. Item daß der Falschheit jederzeit ein schein gesuchet/ und daß auch die ärgste Ketzer den Be-

den Besitz der Warheit sich zuschreiben p. 30. 31. § 1. 2. 3. 4. 9. 10.) zu einem Vorurtheil gegē die Reformirten/ und einiger ferneren Erleuchtung/ über die in vorigem Stral schon supponirte allgemeine Müglichkeit deß Fehlers ihme dienen muß; welches/ da es von einiger Wichtigkeit/ und die Sach zu beyden Seiten nicht vielmehr in statu quo liesse/ vielmehr ein Vorurtheil gegen diejenige Religion geben solte/ in deren ein solches Monopolium und vorzügliches Eigenthums der Warheit gerühmet wird/ gleich als ob dißseits deß Appenninischen Gebirgs keine Menschen lebten/ sondern allein auß ihrem Mund das Wort Gottes erlernet werden müste. Das 2. bey der einen Religion, nur ein kleines Ecklein/ wo selbige einigen Glantz zu haben scheinet/ nemlich das strenge Leben p. 30. §. 5. (und zwar ohne Meldung als es von den Bischoffen/ oder Thumbherrn/

sen/ werden: gleich als ob man darmit den Spruch Petri, Charitas operit multitudinem peccatorum, die Liebe decket eine Menge der Sünden hätte erfüllen wollen: Das 3. hingegen der andern Religion/ gegen welche man eingenommen/ eine falsche Farbe angestrichen / und selbige in den jenigen Modul / daran der Neid eine Habung finden möge/ vorhero eingegossen wird; dañ was ist es anders/ wann durch eine schändliche und 1000. fältig widersprochene und widerlegte Vermischung der Personen mit der Lehr/ die Evangelische Religion/ nach dem Alter und Würdigkeit deß Lutheri, und Calvini abgemessen/ und deßwegen verdächtig gemacht wird/ weil die Catholischen eher nicht nur der Welt bekannt gewesen/ sondern auch Lutherus, und Calvinus &c. bey den Catholischen in die Schul gangen: p. 31. § 6. 7. Nach welcher Art man hinwiederumb sagen möchte/ daß die Reformirte Religion nicht nur eher/ als der Herr Petiscus der Welt bekannt gewesen/ sondern auch die Ehr gehabt ihn in ihren Schulen zu unterweisen, demnach die Catholische/ als deß Herrn P. jetzige Religion vor eine neue

Reli-

Religion gehalten werden müsse: Folgends auch an ihm nichts neues/ daß Undanck/ und Empörung gegen seine Wolthäter der beste Danck/ und Schulgeld seye/ p.31.§.8. Nach dem derselbe aber in solchen Schulen genugsam gelernet/ auch Zweiffels frei auff den Cantzeln mehrmals die seinigen gelehret/ daß unser Glaube von keinem menschlichen Namen sich herschreibe/ und in keinem andern Verstand deß Lutheri, und Calvini, alswie die Catholische Religion deß Herrn P. und seines Herrn Informatoris, Religion seye/ nemlich daß sie/ gleich auch andere vor und nach ihnen/ sich zu derselben bekennet/ ihnē auch ins besonder/ durch die eingerissene Mißbräuch zu deren Verthaidigung ein sonderbarer Anlaß gegeben worden; keines wegs aber/ daß sie von selbigen den ersten Anfang genommen hätte; Nachdem ihm nicht unbewust seyn können/ oder sollen/ daß durch die Reformation keine neue Lehre eingeführet/ sondern die alte Apostolische/ von dem Anhang vieler darein gemischten Irrthumben und Mißbräuch geseubert worden; folgends nicht anderst für eine neue Religion gehalten werden könne/ als wie ein betagter Mensch/

B 3 nach

nach gebrauchter medicin, und Außführung vieler schädlichen humoren, deßwegen ein neuer Mensch genennet werden mag. So kan es nichts anders/ als ein Beweißthumb eines schon verblendeten/und eingenommenen Gemüthes seyn/ daß man mit einer so nichtigen Farb sein Vorhaben zu beschönen/ und in der Neuigkeit etlicher Lehrer/ ein Vorurtheil gegen die Lehr selbsten gefunden zu haben vermeinet.

Es wird entweder gar nit/ oder zu weit fortgeschritten. §. 17. Bey einer solchen Parteylichkeit/ durch welche die Wagschal deß Gemüths gantz in Verstellung gebracht wird/ ist nicht zu hoffen/ das ein gesundes Urtheil/ und rechtmässige Abwiegung der beyderseitigen Gründen vorgenommen werden könne. Solche Unförmlichkeit/ und Ungültigkeit der hervor gesuchten Bewegungs=Gründen ist bereits auß dem obigen genugsam zu erkennen; In dem 1. kein gewisser Schluß/ oder etwas/ so durch diese eilfferley Betrachtungen/ zu beweisen vorgenommen werde/ gesetzet/ und also/ was für ein Fortgang der Erleuchtung durch diesen zweyten/ in eilff Strälgen abgetheilten Stral/ erlanget worden/ nicht gemelmeldet wird: dann/ so man nur eine Müglichkeit deß Irrthumbs darauß erweisen will/ so gehöret solches zu dem ersten Stral/ und kan noch zu keinem Unterscheid dienen; So man aber eine probabilität und Warscheinlichkeit deß Irrthumbs auff Reformirter Seiten darauß hernehmen wolte/ (wie es dann das Ansehen/ daß man hierdurch dem einfältigen Leser ein solches Vorurtheil gegen dieselbe beyzubringẽ gemeynet seye) so werden 2. solche Gründ darzu angewendet/ welche guten Theils so weit nicht reichen/ und wie bereits erwiesen/mit gleichem fug auch gegen die andere Partie gebrauchet werden möchten. Einige aber seynd 3. also beschaffen/daß darinnen das ζητούμενον, oder dasjenige/ worvon die haupsächliche Frag ist/ bereits supponiret/ und unvermerckter weise (gleichwie deß Josephs Becher in des Benjamins Sack) dem Gemuth deß einfältigen Lesers eingeschoben wird/ darmit bey selbigem die folgende Anklagen gegen die bereits discreditirte religion desso besser hafften mögen. Dahin zielen sonderlich der 6. und 7. articul, dieses Inhalts/ daß die Catholischen eher nicht nur der Welt bekandt gewesen/ son-

sondern auch Lutherus, Calvinus und die
so ihnen gleich anfänglich gefolgt / bey
den Catholischen in die Schul gangen;
Dañ wo dieses einmal voraus gesetzet wird/
daß Lutherus, und Calvinus die Urheber der
Reformirten religion gewesen/ und sie also
nicht die jenige seye/ so Christus und die Apostel gelehret haben/ so ist es eine Unothwendig-
keit/ daß man weitere Ursachen hervorsuchet/
umb dieselbe/ als eine falsche zuverwerffen;
Und müssen die/ welche dieses als eine bekan-
te und gestandene hypothesin voraus gesetzet haben wollen/ uns andere/ für wahn-
sinnige Leute entweder halten/ oder doch gehalten zu haben wünschen; da sie/ wañ Aufrichtigkeit bey ihnen platz findet/ vielmehr ge-
stehen/ und die Jhrigen berichten solten/ daß
darvon der Streit zwischen beyden Theilen
seye/ ob die Lehr/ so wir mit Luthero und
Calvino, und anderen/ auch mit Hn. Petisco, so lang selbiger noch den Pfältzischen
Catechismum zu Weinheim gelehret / in
den vornehmsten Glaubens-Puncten füh-
ren/ die jenige Lehr/ so Christus und die Apostel hinterlassen/ oder ein neue Lehr seye? Ein
gleichmässiges möchte auch von dem ange-
maß-

maßten Nahmen der Catholischen/ gesagt
werden/ und daß eben darvon der Streit/
ob die jetzige Römische Kirch selbigen mit
Recht sich zueignen möge? Aber dieses alles
muß hier præsupponiret/und der Sieg desto
leichter gemachet werden.

§. 18. Sonderlich aber/ ist sich 4. über Be-
das künstlich ersonnene argument, welches trach-
sub num. 11. von der proportions- regul tung
hergenommen wird/ zu verwunderen/ daß gumēts
nemlich/ bey genau und offt wiederholter von pro
Betrachtung/ die Größe der Reformir- portion
ten und Lutherischen Kirchen/ in regulā der Ref.
proportionis sich nirgends zur waaren Kirchē.
Kirchen fügen wolte/ dieweilen selbige
in ansehung des Catholischen Nahmens
viel zu klein/ und in ansehung der von
Christo genannten kleinen Heerd/ viel
zu groß/ &c. p. 31. 32. §. 11. Nichts darvon zu sagen/ daß der aus diesem Grund gezogene Schluß/ die Reformirte religion
mehr als verdächtig machet/ und man also
darmit/ gleich auch bey den vorigen angemercket worden/ über das Ziel dieses Capituls
hinauß schiesset (dann/ so es der Reformirten Kirchen/ an einem gewissen Kennzeichen

der waaren Kirchen fehlet/ so muß ihre Warheit nicht nur in Zweifel gezogen/ sondern
platt geleugnet werden/ und kan man alsdañ
der ferneren Untersuchung überhaben seyn.)
So wird in dieser Schluß-Rede supponi-
ret/ daß die waare Kirche zu gleicher Zeit/ und
in einerley Betrachtung/ beydes groß und
klein seyn/ das ist/ zwey gantz widerwärtige
Eigenschafften/ auff ein mahl an sich haben
müsse: Ich sage/ in einerley Betrachtung/
und Vergleichung/ nemlich in Betrachtung
ihres eusserlichen und sichtbaren Zustandes;
massen sonsten leicht zu begreiffen/ welcher
gestalt/ in unterschiedlichem ansehen/ eine
Kirch/ und ins besonder die Reformirte/ beyderley Eigenschafften zugleich besitzen möge;
wormit aber unserem opponenten nicht ge-
dienet gewesen wäre; Welcher dannenhero/
der Reformirten Kirchen den Mangel einer
sichtbaren Grösse/ und auch einer sichtbaren
Kleine vorwirfft/ sprechend/ p. 32. daß die-
selbe/ zu einer Catholischen/ sich durch
die gantze Welt erstreckenden Kirchen/
in viel zu engen Gräntzen/ und meisten-
theils nur gegen Mitternacht einge-
schränckt/ viel zu eng und klein: Zu dem
klei-

kleinen Häufflein aber/ worvon Christus redet/ Luc. 12. v. 32. viel zu groß/ in dem die Socinianer, Widertäuffer/ Quaker/ &c. einen viel kleineren Hauffen/ als die Reformirt- und Lutherischen außmachen. Nicht bedenckend/ daß durch diese Betrachtung erstlich so wol/ und noch mehr der Römischen Kirchen die Ansprach zu dem Ruhm der waaren Kirchen benommen wird/ als welche/ je mehr sie sich ihrer sichtbaren Grösse rühmet/ und dardurch zu dem Catholischen Namen berechtiget vermeynet/ je weniger die andere Eigenschafft deß kleinen Häuffleins bey sich erweisen kan; Zweytens/ vielmehr in favor der Evangelischen Kirchen darauß ein Schluß gezogen werden möchte; Indem/ wo zweyerley widerwärtige Eigenschafften von einem Ding erfordert werden/ kein andere Weiß ist/ solches zu erfüllen/ als durch den Mittelstand zwischen beyden/ welcher dann an der Evangelischen Kirchen ohne Zweiffel besser/ als an der Römischen (so von einigen Schrancken ihres Begriffs nichts wissen will) beobachtet werden kan.

§. 19. So wenig nun unser illuminirte

durch

Gleich- durch die angeführte Betrachtungen einig
und erhebliches Vorurtheil gegen die Reformirte
mehr, Religion hat schöpffen können/ so leicht/ ja
gegrün- mit noch mehrerem Grund hätte derselbe
dete vor- nach diesen und dergleichen Reguln, von der
Urtheil Päpstlichen Religion abwendig gemachet
gegē die werden können; wann er nemlich unter den
Röm.
Kirch. Füncklein dieses zweyten Strahls (damit ich seine Red-Art behalte in eine unparteyische Erwegung genommen hätte:

Das ja die Römischen Stuhls angehörige nicht allein in der Welt/ noch der Fürsehung Christi/ und Beywohnung des Geistes sich allein zu rühmen Ursach haben: daß der Geist Gottes/ unter dem N. T. blaße wo er will/ ohne sich an ein einig Orth/ Stul/ oder Stand anbinden zu lassen.

Daß die Würckungen dieses Geistes/und so wol eine auffrichtige Begierde nach der Warheit/als ein hertzliches Verlangen nach der Seeligkeit/ auch bey denen/ so dem Römischen Stul nicht zugethan/ anzutreffen seye. Und von ihm selbsten/bey deren vielen/ ob schon nicht allen/ habe vor diesem wahr genommen werden können:

Auffs wenigst auß den Früchten ihres
gott-

gottseligen Wandels/ und großmutiger Erduldung der schwersten Drangsaalen/ und Verfolgungen/ ja des Todes selbsten in standhafftiger Behauptung ihres Glaubens/ zu vermuthen/ daß der Baum ihres GottesDienstes/ und Religion, nicht so wild und unartig/ als der jenige/ seyn müsse/ welcher seine würcksame Fruchtbarkeit/ durch die gewaltsame Verfolgungen/ und allerley der moralitet zu widerlauffende practiquen zu erkennen gibt; und selbige allesampt mit einer eusserlichen Scheinheiligkeit gnugsam entschuldigt/ja durch das strenge Leben anderer Menschen/ seine eigene Uppigkeiten und ungezämtes Leben (gleich als wann man/ durch die von einem andern genommene medicin gesund werden möchte) genugsam außgesöhnet zu seyn vermeinet.

Daß die Christliche Religion nicht nur eher als die Hildebrandinische Sect der Welt bekannt gewesen; sondern auch durch dieselbe nicht also habe gänzlich verdunckelt werden können/ daß nicht

Lutherus; Calvinus und andere/ von Gott erweckte Männer/ welche/ wie David/ kluger waren/ dann alle ihre Meister/ die eingerissegetissene Mißbrauch hätten entdecken/ und die Undanckbarkeit der Römischen Bischöffen/ durch welche sie/ nachdem sie durch die Christliche Potentaten erhöhet und bereichert worden/ selbige sich gäntzlich unterwürffig zu machen/ und unter die Füsse zu bringen gesuchet/ benebenst andern/ darauß entstandenen/ und darmit verknüpften Mißbrauchen/ der Welt vor Augen legen könen:

Ohne daß der gerühmte langwierige Besitz der Warheit/ dessen sich auch die ärgste Ketzer anmassen können/ und dessen sich über etlich 100. Jahr/ die für Ketzer gehaltene Reformirtē gleichfals bedienē werden könen/ solche Sect besser/ oder weniger verdächtig machte.

Das auch endlich das Urtheil/ so aus der grösse hergenommen wird ein ungewisses Urtheil; der Ruhm sothaner grösse/ auch öfters grösser/ als die That selbsten: und das es ein Römischer Bischoff gewesen/ Liberius mit namen/ welcher/ als ihm der Arianische Keyser Constantius sagte: Quota pars es orbis terrarum, ut tu solus homini impio (Athanasio) suffragari velis, & orbis Romani ac totius mundi pacem dissolvas? Der wievielte Theil der Welt bistu/ daß du allein

dem

dem Gottlosen Athanasio die Stang halten/ und des gantzen Römischen Reichs/ ja der gantzen Welt Frieden verstören wilt? selbigem zu Antwort gegeben. Etiamsi solus sum, fidei causa non idcirco minuitur: nam & olim tres tantum reperti sunt, qui regis mandato resisterent: Ob ich schon allein bin/ wird doch die Sache des Glaubens hierdurch nicht geschwächet; dann auch ehmals nur 3. gefunden worden/ welche des Königs (Nebucadnezars) Gebott widerstanden. Der Herr Bibliothecarius findet die histori umbständlich beschrieben/ bey dem Theodorito, Hist. Eccles. l. 2. c. 16.

§. 20. Gewiß ist/ daß so Vorurtheil gegen Vorurtheil gehalten werden solten/ die jetzige Partey deß Hn. P. den kürtzeren ziehen würde: und wird vestiglich geglaubet / daß der berühmte Sorbonist Arnault, mit seinen so genannten Rechtmäßigen Vorurtheilen gegen die Calvinisten würde daheim geblieben seyn/ wann er gewust hätte/ daß er dardurch eines anderen vornehmen Theologi Rechtmäßige Vorurtheil gegen das Papstumb herauß locken würde; nach dessen

Römischgesinte gewinnen nichts mit Vorurtheilen.

ſen Leſung unſer Proſelytus (wann ihm ſelbige verſtattet werden ſolte/) mehrere Urſach haben würde/ſolches für ein Reſpice und Reſipiſce, ſo Chriſtus ihme in ſeiner Blindheit zuruffet/zu halten/als diejenige/ die er mit ſeinen eilferley Einbildungen genommen/ und durch welches/ ſeiner Erzehlung nach/ ihme der Weg zu dem Dritten Strahl/ und mit demſelben/ zu der geſunden Vernunfft-Schul (bekennet alſo/ daß das vorige aus einer ungeſunden Vernunfft herkommen) gebahnet worden.

Betrachtung des Dritten Strahls.

§ 21.

Anweiſung des dritten Strals

Dasjenige/ ſo durch dieſen Strahl entdecket worden/und alſo der Jnhalt dieſes Capitels/ ſollen nach laut der vorangeſetzten Summarien/ ſolche Lehr - ja gleichſam fundamental-Sätz der UnCatholiſchen ſeyn/ welche dem Gemüth eines fleißig auffmerckenden nicht einmahl eine probabilität/ oder Glaubens-ähnligkeit/ vielweniger deren Gewißheit zurück

rück laßen können. Die Sätze so in dem Capitel selbsten verhandlet/ und also gäntzlich improbabel, und der Vernunfft zuwider lauffend/ außgeruffen werden/ seynd diese: daß Christus seine Kirch habe in Irrthumb und Abfall gerathen lassen; daß die Kirche Christi über 1000. Jahr verborgen gewesen seye; daß die Warheit GOttes in wärender solcher Zeit sich verstellet und verändert habe: daß bey eintzelen Personen mehr Erleuchtung/ und Beystand deß Geistes Gottes/ als bey der gantzen Kirchen zusammen/ anzutreffen: daß Lutherus und Calvinus, ohnerachtet ihres ermanglenden Beruffs/ohnerachtet deß ermanglenden beyfalls der Schrifft/ der Kirchen/ der Väter/ ohnerachtet ihrer selbst eigenen Uneinigkeit und Strittigkeiten/ ohnerachtet ihres späten Herkommens/ohnerachtet ihres/ nichts sonderbars verheissenden Lebens / sich gleichwol den eigenthumblichen Besitz der Warheit für allen anderen anmassen wollen.

§. 22. Nach den Reguln der **gesunden** Unter-**Vernunfft-Schul**/ in welcher man sich schied anjetzo promoviret zu seyn berühmet/ und Religinach der Erwartung deß Warheit-begieri-one/soll nach de gen

Zweck/ gen Lesers hätte auff die bißhero außgefunde-
uñ nach ne müglichkeit einer Verfehlung in Religi-
s Regul ons-Sachen/ eine Vorstellung deß waaren/
der Reli- und beyderseits unleugbaren Originals der-
gion ge- selben/ und eine Gegenhaltung der beyder-
urtheilt seitigen strittigen Meynungen erfolgen sol-
werden. len; Es hätten selbige theils nach dem Zwek
und Characteren der religion ins gemein/
und der Christlichen religion ins besonder/
examiniret/ und abgeurtheilt werden sollen;
da sich dañ etwa befunden haben würde/ daß
an statt die Religion, nach ihrer gemeinen
und bey allen Völckern bekanten Natur (uñ
so fern sie von der sensualität/ und fleischli-
chen/ wie auch weltlichen Vernunfft unterschieden) das Gemüth deß Menschen über
dieses sichtbare und zeitliche/ zu dem unsichtbaren und ewigen erheben/ die wilde und un-
gezämte Gemüths-Bewegungen in demselben dämpffen/ und den Vorzug der Seelen
über den Leib/ und GOttes/ beydes über
Seel und Leib/ unter den Menschen behaupten solte; An statt die Christliche religion
ins besonder (so fern/ als von der Jüdischen
und Heydnischen unterschieden) durch den
Glauben der herrlichen Offenbahrungen
von

von dem waaren Mittler/ und zukünfftigen
Seeligkeit/ die Liebe und Hoffnung/ und
den Fleiß warer Auffrichtigkeit/ Reinigkeit/
Gerechtigkeit und eines Göttlichen Lebens
bey den Menschen noch mehr beveſtigen/und
erhöhen; und mit dem Heydenthumb/ alle
heydniſche/ abgöttiſche/ auff Unheiligkeit ab-
zielende; mit dem Jüdenthumb/alle Jüdi-
ſche/gleißneriſche/ auff Werckheiligkeit ab-
zielende Gedancken und Gewonheiten/ ab-
ſchaffen ſolte; Daß/ ſag ich/ bey einer oder
der anderen der beyden Religionen/ ſolcher
Zweck/ durch die darinnen führende Lehren
und Gebräuch entweder gar umbgeſtoſſen/
oder weniger als bey der anderen beobachtet
werden könne. Es hätten ſelbige demnechſt
auch nach der von Chriſto hinterlaſſenen
vollkommenen Glaubens- und Lebens- Re-
gul/ der H. Schrifft probiret werden ſollen: da ſich gleichfalls der Unterſcheid leichtlich würde gewieſen haben.

§. 23. Nachdem aber dieſer Weg der Gegen-
Unterſuchung ſchon von langem hero/ ge- theil
ſcheuet und dardurch Anlaß gegeben wird/an ſcheuet
den Spruch Chriſti zu dencken: Wer ar- ſolchen
ges thut/der haſſet das Licht/und kompt Weg.
nicht

nicht an das Licht/auff daß seine Wercke nicht gestraffet werden: Joh. 3. 20. nachdem an dessen statt man/ durch allerley gesuchte Umbschweiff/ die Mühe und Gefahr der Schrifft Prob/ in den sonderbahren Streitpuncten zu umbgehen/ und unter dem venerablen Namen der Kirchen (hier ist des Herren Tempel: Jerem. 7. 4.) allen Irrthumben einen Schutz zu verschaffen/ beflissen ist; und demnach Herr P. seinen Vorgängeren darinnen nachzufolgen rathsam erachtet: So hätte man von selbigem zum wenigsten verhoffen mögen/ daß er bey Vorstellung dieser seiner Betrachtungen/ das jenige/ was er aus der Reformirten Lehr/ durch gefolterte Folgereyen zu erzwingen vermeinet/ denselben nicht als ihre Lehr: und fundamental Sätz/ auffgebürdet haben würde: Wordurch uns dann eine Nothwendigkeit aufferleget wird/ neben der Nichtigkeit seiner Folgereyen/ und ferneren Vorurtheil/ auch die Falschheit solcher Beschuldigungen vor die Augen des unparteyischen Lesers zu legen.

Beständigkeit §. 24. Von dem ersten Puncten/ nemlich dem **müglichen Abfall der Kirchen** dar-

darvon §. 1. & 2. als von einer gantz unglaub-
lichen/ und doch von den Uncatholischen ge-
glaubten Sache/ geredet wird/ ist die Lehr der un-sichtba-ren Kir-chen.
der Reformirten diese; daß nachdem das
Wort Kirche in einem zweyfachen Verstand
in H. Schrifft gebrauchet wird; nemlich
1. vor die Gemeine der Ausserwehlten/ so der
Sohn Gottes aus dem gantzen menschlichen
Geschlecht zum ewigen Leben/ durch seinen
Geist und Wort in Einigkeit des wahren
Glaubens versamlet/ und führet; welche
dannenhero der Leib Christi/ Eph. 5 v. 23.
seine Braut/ so er geliebet/ und sich selbst für
sie dahin gegeben/daß er sie heiligte/ nachdem
er sie gereiniget durch das Wasser-Bad/ im
Wort Eph. 5. 25. genennet werden: maß-
sen diese Benennung deß Leibs Christi/ selbst
nach des Melchioris Cani Urtheil/ allein der
Gemein der wahren gerechten zukomet; So
dann 2. vor die gemeine der jenigen/ welche
in eusserlicher Bekandtnuß des Christlichen
Glaubens/ und Gebrauch der H. Sacramenten sich miteinander vereinbaren/ so daß
sie selbige entweder an einem Orth/ oder da an
unterschiedlichen Orten/ doch gleichförmig/
nach dem Hauptwerck/ verrichten; Nach
wel-

welchem Verstand bißweilen/ in der mehreren Zahl/ die Kirchen/ oder auch mit einem beschränckenden Zusatz/ die Kirchen dieses oder jenes Orts/ oder Lands/ oder Volcks (mit einem Absehen auff die sonderbaren/ und verschiedene Vereinigungen) bißweilen in der einzelen Zahl/ die Kirche Gottes/ oder die Kirche Christi/ mit einem Absehen auff die zwischen ihnen allen befindliche gemeinere Vereinbarung/ genennet wird: Das/ sag ich/ so viel die erstere Gattung der Kirchen/ die Gemein der Außerwehlten/ und Gerechten anlanget/ (welchen dann solcher Name der Kirchen/ und mit demselben die der Kirchen beschehene vornehme Verheissungen/ zweifels frey am eigentlichsten zukommen) selbige der Gefahr des Abfalls keines wegs unterworffen/ sondern der Sohn Gottes dieselbe dergestalt schütze/ und erhalte/ daß ihr Glaube nicht aufhöre Luc. 22. v. 32. daß sie durch die falsche Lehrer und deren verführische Wunderzeichen nicht verführet werdē/ Matth. 24. v. 24. und also daß die Pforten der Höllen sie nicht überwältigen mögen: Matth. 16. 18. über welche Wort/ der vornehme Päpstliche

Com-

Commentator Ferus, also schreibet: Non loquitur de Ecclesiâ, sicut communiter accipitur Ecclesia, pro his, qui Christiani dicuntur, sive boni sint, sive mali, quasi omnes, qui Christiani dicuntur, salvi futuri sint: sed loquitur de Ecclesiâ secundum Spiritum, quâ solos electos complectitur: Er redet nicht von der Kirchen/ wie man dieses Wort gemeiniglich zu brauchen pfleget/ nemlich vor alle die/ so Christen seynd/ sie seyen gut/ oder böß/ als ob alle/ so Christen heissen/ selig werden solten; Sondern er redet von der Kirchen/ nach dem Geist/ welche allein die Außerwehlte in sich begreiffet. Und gewißlich seynd es dießfalls die Römisch-Catholische selbsten/ welche sich durch ihre Lehr von der müglichkeit deß Abfalls der Gerechtfertigten/ und zwar deren aller/ und also deß gantzen Leibes Christi/ aus dem Stand der Gnaden/ derjenigen Anklag/ so alhier von unserm Scribenten/ gegen die Reformirten geführet wird/ fähig machen; und denen deßwegen die allhier angezogene theure Verheissungen/ dessen der die Warheit selbsten ist/ und an seiner Braut nicht untreu wird/ noch

noch sie an sich untreu werden läffet/ zu Gemüth geführet werden möchten: Hier hätte er Ursach zu ruffen: Ich erschricke/ wañ ich anjetzo nur daran gedencke! Dann welches ist erschrecklicher/ daß der eufferliche Beruff GOttes an den Heuchlern/ oder daß die ewige Wahl GOttes und der Bund Christi/ an den glaubigen Gliedern Christi/ durch deren Abfall/ zu nicht werden solle? Es bleibt aber darbey/ daß welche Christus liebet/ er biß ans Ende liebet/ daß ihm seine Schäfflein niemand aus seinen Händen reissen werde/ daß der Bund seines Friedens/ so er mit ihnen gemacht/ ein ewiger und unwandelbarer Bund seye; und daß auch bey abgang der einen durch den zeitlichẽ Tod/ gleichwol zu allen Zeiten Christus eine solche Gemein/ und Reich unter den Menschen habe/ und biß aus End der Welt behalten werde/ in welchem er/ als an einem außerwehlten Geschlecht/ Königlichen Priesterthumb/ und Volck deß Eigenthumbs verherrlichet werde: ja daß diese allein die jenige und nach Christi Red-Art/ das Saltz der Erden seyen/ umb derentwillen GOtt die Welt erhalte/ und länger nicht/ als biß

zu

zu deren völligen Versamlung erhalten werde/ 2. Pet. 3. v. 9. Daß es nun diese unsichtbare Kirche der Außerwehlten seye/ welche die Verheissung der beständigen Erhaltung fürnemlich angehe/ mögen wir/ aus dem jenigen erlernen/ was dorten Paulus von dem Abfall der Jüdischen Kirchen meldet/ Rom. 11 v. 1. 2. So sag ich nun/ hat dann Gott sein Volck verstossen? das seye ferne/ Gott hat sein Volck nicht verstossen/ welches er zuvor versehen hat; welches er v. 5. die überbliebene nach der Wahl der Gnaden nennet.

§. 25. Was nun die sichtbare Kirch anlanget/ bestehend aus den jenigen/ die sich zu Christo eusserlich bekennen / und in solcher Bekandtnuß vereinbaren (deren Anzahl ohne Zweifel grösser/ als deren/ so durch wahren Glauben würcklich zu Christo gehören/) nachdem es mit solchen Gemeinden und Kirchen diese Beschaffenheit/ daß sie zwar von Rechtglaubigen ihren Anfang nehmen/ aber nach und nach durch einen Zusatz vieler/ und vielerley Menschen / ja aller darinn gebohrnen und getaufften vergrösseret/ und also mit Heuchleren nach und nach angefüllet

Müglicher uñ verkündigter Abfall ð sichtbare particularKirchẽ.

E wer-

werden: So gehet die fernere Lehr der Reformirten dahin/daß 1. durch die Fleischlichkeit solcher eingemengten Heuchler/ und deß Feindes Gewalt über dieselbe/ wie auch die Unwachtsamkeit der übrigen (in dem die Leute schlieffen/ sagt Christus/ in der Parabel/ Matth. 13. v. 25.) Unkraut zwischen dem guten Samen auffgehen/ das ist/ allerley Irrthumb und Mißbräuch allmählich in eine Kirche einreissen mögen. 2. Das gleichwie die Heuchler und Gottlose offtmahls den mehreren Theil einer Kirchen außmachen/ ja die stellen der Lehrer und Vorsteher erlangen können/also solche Irrthumb die Oberhand darinnen bekommen/und der gute Samen durch solch Unkraut Noth leyden/ ja endlich/in Ansehung eines solchen sonderbaren Orts/und Kirchen/erstickt werden möge. 3. Daß gleichwie die Erfahrung bezeuget/ das solches an etlichen Kirchen/ der Jüdischen/der Jerosolimitanischen/ von Christo selbsten; und denen Asiatischen von den Aposteln gepflantzten Kirchen/geschehen/ also keine Verheissung einiger anderen Particular-Kirchen gegeben seye/ daß sie nicht auch dergleichen zu befahren hätte: Ohne das dißfalls

falls die Römische Kirch eines sonderbaren Privilegii sich anzumassen; zumalen da auch die Antiochische/ ob schon mit dem Stul Petri ohnlaugbar beehrte Kirche/eine gleiche Verfinsterung erfahren müssen; ja ihro selbsten/ der Römischen/ von dem Apostel Paulo/eine gleiche Abhauung/wie der Jüdischen widerfahren/ außdrucklich angedrohet worden/Rom. 11. V. 20. 21. 22. 4. Das nach den deutlichen Weissagungen Christi/ und der Apostel/in der Christlichen Kirchen ein sehr grosser und notabler Abfall sich habe zutragen/und über einen grossen Theil derselben/ über die vornembste und meiste Particular-Kirchen erstrecken sollen/ durch welchen die wahre Kirch/ in dem sich der Wider-Christ mit deren Nahmen zieren/und in dem Tempel Gottes/als ein Gott/ sitzen würde/ gleichsam in die Wüsten verjaget/und in einer Babilonischen Gefangenschafft/ biß zu der von Gott bestimbten Zeit/ auffgehalten werden solte. Hiervon seynd die Zeugnuß der H. Schrifft (sonderlich 1. Tim. 4. 2. Thess. 2. 2. Petr. 2. 1. Joh. 2. Matth. 24. und durch die gantze Offenbahrung) so klar/ die Beschreibung so umbständlich/ nach dem Anfang/

Wachsthumb/ und Abnehmen selbigen Abfalls; nach der Lehr/ welche eingeführet; nach der Authorität/ mit welcher sie getrieben; nach den Mitteln/ List/ Gewalt/ durch welche sie behauptet; nach den Würckungen/ und allgemeinen Beyfall/ welche sie bey den meisten Innwohnern der Erden erlangen würde/ daß man die Augen gleichsam zuschliessen muß/ und eben hierdurch die verkündigte Krafft deß Irrthumbs erkannt werden kan/ so man sich dessen allen ungeachtet/ und ungeachtet der so kennbahren Erfüllung dieser Weissagungen/ und welche den allereiferigsten Verfechtern solcher abfälligen Kirchen/ den Mund zuweilen zur Bekandtnuß auffgezwungen/ daß sie den Greuel der Verwüstung auff ihren Tempel deuten müssen (Siehe Card. Baron. annal. ad A. C. 900. §. 1.) gleichwohl sich und andere bereden will/ das die eusserliche/ und ins besonder die Römische Kirche/ das ist die Gemeine der Bekenner/ allezeit eine reine Jungfrau geblieben/ und nimer in einen solchen Stand gerathen/ darinnen sie der Reformation benöthigt gewesen wäre: welches da es/ wie unser Author will/ der Ehre/ und Warheit Christi zuwider

lieffe/

lieffe/eben so wenig an dem Ende der Welt/ als in den vorherigen Zeiten geschehen/ und also so wenig die Außlegung deß Riberæ, Viegæ, Corn. à Lapide, Leſſii, und anderer Päbſtlicher Scribenten/ nach deren noch in künfftigen Zeiten durch den Antichriſt/ Rom/ in Babel verwandlet/ und von dem Glauben Chriſti zu dem Heydenthumb verfallen solle/ als die unserige von solchen Weissagungen statt haben könnte: Es iſt aber weiters/ und so wol zu mehrerer Erleuterung unserer Lehr/ als auch Verthaidigung der Göttlichen Warheit/ und Fürsorg für seine Kirche/ bey diesem Werck zu wissen; Das 5. diese Verhängnuß Gottes/ gleichwie sie zum Gericht/ und gerechter Beſtraffung der sündhafften Welt/ und deren/ so die liebe zur Warheit nicht haben annehmen wollen/ 2. Theſſ. 2. v. 10. sondern die Welt mehr als Chriſtum lieben/ also zu keinem Præjuditz, oder Nachtheil der wahren Kirchen/ und außerwehlten Glieder Christi/ sondern vielmehr zu deren Reinigung/ und Bewährung/ 1. Cor. 11. v. 19. weniger nicht/ als die Verhängnuß schwerer und allgemeiner Verfolgungen/ gerichtet ist. So wir sagen/ das die Kirche zu Antiochia,

Göttliches Absehen bey solchem Abfall.

zu Jerusalem/ zu Ephesen,&c. auffgehöret/ so wollen wir damit keinen Verlust/ so die Kirche erlitten/sondern einen Verlust/ so der Ort oder das Land erlitten/ zu erkennen geben. Die Kirche verlieret nichts/sondern gewinnet vielmehr/wañ ein Absonderung der Heuchler von derselben geschihet; Aber weh der Stadt/ dem Land/ von welchem der Leichter deß reinen Worts Gottes hinweg genommen wird. Bey den Gliedern der wahren Kirchen/ist es nur eine Veränderung deß eusserlichen Stands/ oder Orts/an welchem ihre Wolfarth nicht angebunden; zugleich aber auch eine Bevestigung ihres Geistlichen Standes/ durch den Anlaß/ den sie dardurch bekommen/ ihren Glauben zu bekennen/ dem Irrthumb zu widersprechen/ Gottes Ehr und Warheit zu vertheidigen. So unterlasset auch 6. Gott nicht/ bey aller solcher Wandelbarlichkeit der Mon-gleichen Kirchen/seine Fürsorg für dieselbe auff mancherley Weise an Tag zu geben; Bey dem Anfang; in dem er den Irrthumb offtmahls eine geraume Zeit zuruckhaltet/ und nicht eher außbrechen lasset/ biß die Warheit genugsam unter den Menschen bevestiget/ die

Göttliche Fürsorg für die Kirche/ zwischē solchem Abfall.

Lehr

Lehr deß Evangelii außgebreitet/ und also ein heiliger Saame/ in welchem die Kirche erhalten werde/ zubereitet seye; gleichwie von dem Geheimnuß der Gottlosigkeit gemeldet wird/ daß es sich schon zu der Apostel Zeiten/ aber nur heimlich/ gereget/ und zuruck gehalten worden/ biß das jenige/ so es auffhielte/ nemlich die Weltliche Macht deß Römischen Reichs/ hinweg gethan würde/ 2. Thess. 2. v. 7. Bey dem Fortgang; in dem Gott zu allen Zeiten/ mitten unter den Irrenden einige Verfechter der Warheit (zween Zeugen Apoc. 11. v. 3.) erwecket/ so den Irrthumben widersprechen/ die reine Warheit deß Evangelii verthaidigen; ja verhänget/ das selbsten die falsche Lehrer/ in dem sie ihre Irrthumb mit dem Schein der Warheit zu bemäntelen und selbige daran anzuflicken suchen/ eben darmit ihren Zuhöreren Anlaß geben/ das Fundament von dem darauff gebauten Heu und Stoppeln/ die Stimme ihres Hirten Christi/ von der Stimme deß frembden/ die gesunde Weide/ von dem darunter gemischten Gifft/ zu unterscheiden/ und ihre Nahrung an der ersteren dergestalt zu suchen/ daß sie dardurch zum ewigen Leben erhalten/ und

also

also die Kirch auch in der Wüsten an dem von Gott bereiteten Ort/ 1260 Tage ernehret werden konte; Apoc. 12. v. 6. In dem er auch dieser anwachsenden Flutte solche Gräntzen beydes in Ansehung deß Orts und der Zeit/ setzet/ das obschon viel und vornehme Kirchen darmit überschwämmet werden/ doch nimmermehr die gantze Catholische Kirche in solchem Abfall verschlungen wird. Sondern immer einiges Häufflein/ gleichsam in einer Arcken/ unter solcher Sündfluth/ und auch in den dickesten Egyptischen Finsternüssen/ gleichwol allezeit irgends wo in der Welt/ ein Goschen, eine sichtbare Kirche/ von solcher Verdunckelung und Abfall befreyet bleibet: Bey dem Außgang: In dem endlich auch/ zu der von Gott bestimbten Zeit/ und durch die von ihm erweckte Werckzeug/ nach dem Exempel der von den Königen Asa, Ezechiâ, und Josiâ, vorgenommenen Reformationen, das verfallen Christenthumb wiederumb reformiret/ der Tempel Gottes gereiniget/ der Greuel der Verwüstung von der heiligen Stette hinweg gethan/ und beydes die Lehr und der Gottesdienst wiederumb in den ersten und rechten Stand

Stand gesetzet werden. So das die Warheit zwar eine Zeitlang gedrucket/ nimmermehr aber gäntzlich unterdrucket werden kan;
sondern ihr der Sieg an dem Ende/ und ein
umb so viel herrlicher Sieg/ als die Werckzeug geringfügig/und die Gegenwehr mäch-
tiger gewesen/ verbleiben muß.

§. 26. So ist es dann eine gantz unge- *Abfall
gründete Beschuldigung der Reformirten/ der Rö-
und zugleich eine gantz unerhebliche entschul- mischen
digung deß beschehenen Außtritts/welche all- Kirchē/
hier von dem unmüglichen Abfall der Braut verheis-
und Kirchen Christi hergenommen wird.; sungen
Massen beyde auff dem grossen und nicht Christi
so leicht passirlichen supposito beruhen / das nicht zu
die Römische Kirch/ und die Kirche und wider.*
Braut Christi ein Ding seyen; und das
durch den Abfall der Römischen Kirchen /
die Catholische Kirche auffgehöret/ und
Christus in gäntzlichen Wittwenstand gesetzet worden. Eine feine Art zu disputiren/
und leichte Weise zu gewinnen/da das jenige/
worüber der eigentliche Haupt-Streit geführet wird/als ein voraußgegebenes und aufge-
machtes supponiret/und zum grund deß Beweißthumbs geleget wird: Gewiß ist/das die

E 5   Juden

Juden sich dieses Vorwands mit noch mehrerem Schein gegen die Apostel hätten bedienen mögen/da selbige von der Jüdischen Kirchen sich abgesondert/ als welche nicht geringere Verheissungen einer ewigen Gegenwart Gottes/für sich allegiren konnte; wie dann/ dem Spruch Christi/ Math. 28. 20. (Ich bin bey euch alle Tage/ biß an der Welt Ende) das jenige/was dorten 2.Reg. 21. v. 7. gelesen wird (in diesem Hause/und zu Jerusalem/ will ich meinen Nahmen setzen ewiglich.) Item Ps. 87. v. 2. (Der HErr liebet die Thor Zion über alle Wohnungen Jacob.) gar wohl gleich gehalten werden könnte: So aber dorten die sonderbahre Verheissungen/ so eben der selbigsten Jüdischen Kirchen gegeben waren/ nicht gehindert/ das sie nicht wäre/ wegen ihres Unglaubens/ und Abfalls abgehauen worden/ Rom. 11. v. 22. und es von ihr geheissen hätte; Die fromme Stadt ist zur Huren worden/ Esai 1. v. 21. als welche Verheissungen ihre Erfüllung gleichwohl an dem geistlichen Israel/ an denen 7000. verborgenen/ so die Knie dem Baal nicht gebogen/ 1.Reg. 19. v. 18. an denen 144000.

ver-

versigelten Knechten Gottes/ Apoc. 7. v. 4.
gehabt; So mögen wir gedencken/ daß die
gemeine Verheissungen/ so der allgemeinen
Kirchen Christi (und nicht/ wie dorten/ der
Römischen Kirchen ins besonder) geschehen/
nicht haben im Wege liegen können/ das diese sonderbare Römische Kirch nicht gleichfalls von dem rechten Glauben abfällig/und
an ihr/ die Apostolische Bedrohung (welche
wir wol als eine Weissagung ansehen mögen) Rom. 11. v. 22. erfüllet werden können;
So das gleichwol/beydes innerhalb/als aus-
serhalb derselben solche Verheissungen/ihren
effect erlangeten. Wollen wir von dieser
Sachen/nach der Gleichnuß eines Hauses
reden (wie dann die Kirch darmit verglichen
wird 1. Tim. 3. v. 15.) So ist ja zu begreiffen/
das in einem Hauß ein/ und mehr/ auch die
vornembste Gemächer/in eine Verwüstung
gerathen/oder auch unter dem Schein einer
Erneurung die erste Gestalt verlihren/ und
doch einige andere/in eben demselben Hauß/
ihren unveränderten Stand behalten mögen; Wollen wir darvon unter der Gleichnuß eines Reichs reden (wie die Kirch unter selbiger vielfältig abgebildet wird) so ist

E 6   leicht

leicht zu begreiffen/ das in einem Reich ein Theil/ und ein grosser Theil/ in Rebellion verfallen/und doch das ander Theil/ ja auch in dem rebellirenden Land/ oder Stadt/ mancher getreuer Unterthan/ bey seinen Pflichten und in einer unverbrüchlichen dependentz von seinem rechtmässigen Obersten Herrn/ ob schon in einer gezwungenen/ oder auch unwissenden Nachfolg deß anmassenden Statthalters (nach dem Exempel deren/ von welchen 2. Sam. 15. v. 11. gemeldet wird/ das sie in ihrer Einfalt dem Absalom nachfolgten/ und umb die Sach nichts wusten) verbleiben möge. Wollen wir darvon unter der Gleichnuß eines Leibes reden (deren sich die Schrifft gleichfalls in dieser Materi bedienet) so ist wiederumb leicht zu begreiffen/ das ein Glied/ von der Schwindsucht/oder anderer Kranckheit unnütz gemachet/ja der gantze Leib offtmahls in eine gefährliche Kranckheit gebracht/ schweren convulsionen unterworffen/ und doch bey leben erhalten/ja wiederumb zur Gesundheit/ vermittelst guter Medicamenten/ gebracht werden möge.

§. 27. Bey dem zweyten Puncten/ nemlich

Von

lich von der vorgegebenen Unsichtbarkeit der Kirchen/ in welcher selbige/ nach der Reformirten Lehr/ gantzer 1000. Jahr gelegen seye/ braucht es abermals nur eine deutliche Vorstellung solcher Lehr/ umb zu sehen/ durch welchen Theil neben der Warheit/ auch die Ehr der Kirchen am meisten gehandhabet/ oder verdunckelet werde: Ob es geschehe durch die jenige/ ja ob denselben die Verleugnung der sichtbaren Kirchen also schlecht hin aufgebürdet werden könne/ welche/ wie sie darvorhalten/ daß die beste/ und theuereste Verheissungen Christi allein die wahren Glieder Christi angehen/ also das jenige/ wordurch man zu einem solchen wahren Glied Christi/ und der Kirchen gemachet/ und zu denselben Verheissungen berechtiget wird/ nicht in der eusserlichen Bekandtnuß/ als welche sie mit den Heuchlern gemein haben/ sondern dem innerlichen Schmuck der Braut Christi/ Ps. 45. v. 14. dem verborgenen Menschen des Hertzens 1. Petr. 3. v. 4. wie auch dem innerlichen Zeugnuß des H. Geistes/ welches selbiger unserem Geist/ von unseren Kindschafft giebet/ Rom. 8. v. 16. 1. Joh. 5. v. 10. als dem weißen Stein/ und neuen Namen/

barkeit und sicht-barkeit der Kirchen; insgemein.

E 7 wel-

welchen niemand kennet/ dann der ihn empfähet/ Apoc. 2. v. 17. bestehen machen; so das in solcher Betrachtung/ der Herr allein sie als die seinen kenne 2. Tim. 2. v. 19. und ihr Lob nicht aus den Menschen/ sondern aus Gott komme/Rom. 2. v. 29. In dem übrigen aber keines wegs in abrede seynd/daß solche innerliche Gnade/und Vereinigung mit Christo/ sich auch eusserlich zuerkennen gebe; Theils an den sonderbaren Personen/ so deren theilhafftig seynd/ wann selbige/nach der Vermahnung Christi/ durch eine offentliche Bekandtnuß ihres Glaubens/ und einen Glauben gemässen Wandel/ihr Licht für den Menschen leuchten lassen/Matth.5.v.17.und sich/ als Lichter der Welt/ als eine auff den Berg gebaute/und durch ihren Beruff über die irrdischen Eitelkeiten erhabene Statt (wie dann unter diesen beyden zusammen gesetzten Gleichnüssen das Ampt der Apostel/ und Jüngern Christi/fürnemlich zuerkennen gegeben wird/ ib. v. 14) in allerley Christlichen Erweissungen anderen zum exempel vorstellen; Theils auch an gantzen gemeinen/ durch eine offentliche Vereinbarung der Glaubigen/oder Bekenner in einer gemein-
schafftli-

schafftlichen Bekandtnuß/ und Gottes-Dienst; welcher Gestalt Christus freylich zu den meisten/ja zu allen Zeiten/ein sichtbares Reich/ und sichtbare Kirche auff dem Erdboden hat/ bestehend aus denen unterschiedlichen Hauffen/ und Societeten der jenigen/welche Christum für ihren Herren und erlöser/ theils mit dem Munde allein/theils auch von Hertzen bekenen/und ihme dienen: Mit diesem Unterscheid (in Ansehung der Weise solcher Sichtbarkeit) das solches allgemeine Reich/und Catholische Kirche Christi von keinem Menschen auff einmal in seiner gantzen extension, gesehen/ oder übersehen werden könne/ (massen dieses kein Gegenwurff deß Gesichts/ sondern deß Glaubens/und es heisset: Ich glaube eine allgemeine Christliche Kirche) sondern nur Stückweiß/in seinen sonderbahren Theilen/ und also/ nicht ohne grosse Verschiedenheit/ Theils der innerlichen Reinigkeit; Dann gleichwie eine jede Particular-Kirch durch einreissende Irrthumb und Mißbräuch/nach der hierobigen Erzehlung kan verdunckelet werden; Also kan sie nicht allezeit mit einem gleich reinen Schein den Menschen in die

Augen

Augen leuchten. Theils deß eusserlichen Zustandes: in dem sie auch nicht allezeit mit dem Glantz deß Friedens/ und deß Wolstandes umbgeben/ sondern je zuweilen mit einer trüben Wolcken der Verfolgung und Widerwertigkeit bedecket wird/ wie darvon die offtmahlige Erfahrungen genugsam Zeignuß geben. Mit diesem ferneren Unterscheid (in Ansehung deß Orts) daß/ gleichwie die Kirche selbsten/ also auch ihre Sichtbarkeit an kein Ort dermassen angebunden/ das sie nicht durch überhandnehmung entweder der falschen Lehr/ oder der feindlichen Verfolgungen solte daselbsten ein Ende nehmen/ und wie die Schrifft darvon redet/ und an den Asiatischen gemeinen wahr gemacht worden/ der Leuchter deß Evangelii von seiner Stette gentzlich weg gestossen/ und an ein ander Ort versetzet werden können/ Apoc. 2. v. 5. Mit diesem endlichen Unterscheid (in Ansehung der Würckung) das solche Sichtbarkeit der Kirchen für sich selbsten betrachtet dem Herrn Christo zwar zu Ehren gereichet/ als dessen Herrlichkeit darauß erkannt wird/ daß auch diejenige so ihm im Hertzen Feind seynd/ (deren die sichtbare Kirch jeder Zeit eine

ne grosse Anzahl in sich begreifft) sich ihme unterwerffen/ seine Feind ihme lügen/ und alle Zungen bekennen müssen/ das JEsus Christus der HErr seye/ zu Ehre Gottes deß Vatters/ Phil. 2. v. 11. Im übrigen aber/ der Kirchen selbsten keinen Vorzug gibt/ massen auch das Reich deß Satans/ und deß Wider Christen seine Sichtbarkeit hat: Und der Cardinal Bellarminus, l. 3. de Eccles. mil. c. 2. meldet daß es dißfals eine gleiche Bewandtnuß mit der Kirchen/ wie mit dem Volck der Stadt Rom/ oder dem Königreich Franckreich/ oder der Republic zu Venedig habe; und es also nicht so sehr auf die Sichtbarkeit/ als auf die Weise der Sichtbarkeit/ und was es vor eine Gestalt seye/ welche die Kirch an sich sehen lasse/ ankomet/ wan dadurch einige Menschē zu dem wahrē Glauben bekehret/ und sie/ die Kirch/ deßwegen für anderen geehret werden solle. Und zwar/ umb hiervon noch etwas deutlicher zu reden; So wird die Kirch sichtbar genennet/ entweder in Ansehung der Personen/ auß welchen sie bestehet; Oder in Ansehung der Vereinigung unter solchen Personen; Oder in Ansehung der Lehren/ und Handlungen/ so
unter

unter ihnen geführet und geübet werden; Oder endlich in Ansehung deß eusserlichen Glück und Wolstandes/ dessen selbige bey solcher Vereinigung und Handlungen geniessen.

Von Sichtbarkeit der Kirchen/ in Ansehung der Personen.

§. 28. Was die Sichtbarkeit anlangt/ so selbige hat in Ansehung der Personen/ aus welchen sie bestehet/ so kan diese ihro zu einigem Vorzug / und andern zur Bekehrung/ anderster nicht dienlich gehalten werden/ als etwa durch die Mänge/ wie auch den Gewalt und hohes Ansehen derselben. Wie wenig aber dieses beydes zu Beglaubung einiger Lehren / oder das Gegentheil zu Benachtheilung der Warheit thue/ kan niemand in Zweiffel ziehen/ der von dem kleinē Häufflein/ welchem Christus das Reich bestimmet/ Luc. 12. v. 32. und von dem gantzen Erdboden/ und allen Geschlechten/ Sprachen und Heiden/ und allen die auf Erden wohnen/ so den Drachen angebetten Apoc. 13. v. 3. 4. Item/ von dem Urtheil/ der ehmaligen ungläubigen Juden; glaubet auch irgends ein Oberster oder Pharisäer an ihn? Joh. 7. v. 48. und von dem Urtheil deß Apostels/ das Gott das unedle für der Welt

Welt/ und das verachtete erwehlet habe/ 1. Cor. 1. v. 28. Bericht empfangen: Die Mänge/ohne Beweißthumb/ kan zwar Forcht/aber keinen Glauben erwecken: Wie viel 1000. Menschen müssen es seyn/umb mich zu überreden/ das Tag Nacht/ das Kupffer Gold/ und Gifft gesunde Speise seye? So wir dann in irrdischen Dingen uns durch eine übelgenannte Mänge nicht bethören lassen/ warumb solten wir es thun in Sachen/ so die Seeligkeit betreffen? Du magst/ so du wilt/ die Mänge derjenigen vorziehen/so in der Sündfluth ertruncken; Laß mich meine Sicherheit/bey den wenigen/so in der Arcken erhalten worden/ suchen: Du magst/so du wilt/ bey den mehreren/in der Stadt Sodom bleiben; Für mein Theil will ich mit Loth darauß wandern: Seynd denckwürdige Wort deß Kirchenlehrers Theodoreti, darmit er den Einwurff der Eutychianer/ so sich auff ihre Mänge beruffeten/widerleget; in einem sonderbaren Buch/dessen Titul: Gegen die jenige/ so die Warheit allein nach der Mänge urtheilen: Bey dem Photio, in Biblioth. cod. 46. §. 29.

In Ansehung ihrer Vereinigung.

§. 29. Was die Sichtbarkeit betrifft/ so selbige/ durch die Vereinigung ihrer Glieder/ unter einerley Vorstehern/ empfanget/ so hat zwar eine jede Ordnung/ etwas annehmliches/ darmit sie dem Gemüth des Menschen behaget: Es ist aber selbige so wol als die Einigkeit nicht nur in guten/ sondern auch bößen Gesellschafften: und kan/ in sich selbst betrachtet/ für kein Kennzeichen der Warheit gehalten werden: nam & vespæ habent suas cellulas: die Wespen/ haben so wol/ als die Bienen/ ihre Zellen/ oder Häußlein: die wilden Thier/ so wol als die zahmen/ eine Einträchtigkeit unter ihrem Geschlecht. Eine eusserliche Vereinigung kan auch wol/ ohne die innerliche bestehen/ gleichwie die Sadduceer und Pharisäer bey ihren grossen Lehr Strittigkeiten/ gleichwol in einer Societet, unter einem Hohen-Priester vereiniget waren: was entweder Zwang oder interesse zusammenhaltet/ ohne daß die innerliche Unruh/ und Unordnung des Gemüths auffgehoben werde/ kan zu dem Religions Fürzug kein Gewicht nicht geben.

In Ansehung der

§. 30. Die jenige Sichtbarkeit der Kirchen/ welche von der darinnen üblichen Lehr und

und offentlichen Gottes-Dienst herrühret/ ist zweiffels ohn die vornembste/ und zu Unterscheidung wahrer und falscher Kirchen die dienlichste/ selbsten nach dem hieroben angeführten Urtheil unsers authoris, wann selbiger p. 5. vielmehr die wahre Kirche/ durch die Religion, als die rechte Religion, durch die Kirche zu finden/ sich angelegen seyn lassen: aber eben die jenige/ durch welche der Mensch nothwendig auff ein anders vorheriges principium, nach welchem er solche Lehr/ und Gottes-Dienst examiniren möge/ zu kommen genöthiget wird; nemlich das Licht des göttlichen Worts/ so Gott in der Schrifft; und des innerlichen Gewissens/ welches er in dem Hertzen eines jeden Menschen angezündet/ ohne welches weder von der Lehr noch von den Handlungen der Kirchen einig beständig Urtheil gefället werden kan: Nachdem dann in diesem Stuck eine Kirche sich zu erkennen gibt/ nachdem hat sie sich ihrer Sichtbarkeit zu rühmen. Ist es eine falsche Lehr/ ein unrechter Gottesdienst/ wäre es besser/ das sie unsichtbar blieben wäre; Ja sie mag in solchem Verstand unsichtbar genennet werden/ wie in H. Schrifft das unordent-

Lehr/ uñ Gottesdienstes.

dentliche uñ das unsichtbare für gleichgültige Wort gebrauchet werdē/ Hebr. 11. v. 3. Ist es eine Lehr/welche den Irrthumb mit Warheit überkleistert und vermänget/möchte sie in so weit/ und wegen deß verborgenen Giffts noch gefährlicher gehalten werden/wañ nicht Gott durch eine sonderbahre Würckung in den Hertzen der Zuhörer/ (deren Ohren offtmals reiner/ als die Hertzen der Priester: Sanctiores aures plebis, quàm corda sunt Sacerdotum, sagt Hilarius, adverſ. Auxent.) zuweilen einen solchen Geschmack der Warheit erhielte/und verschaffte/ daß sie an der fundamental Warheit sich haltende/ durch ihre Einfalt/ gegen die Gefahr deß Irrthumbs beschützet bleiben mögen. Ist es endlich eine gute und reine Lehr/ so empfanget sie ihren Wärth nicht so sehr von der Kirchen/darinnen sie gehöret wird/als aber vielmehr die Kirch den ihrigen von solcher Lehr empfanget; und würde auch in Ermanglung einer sichtbaren Kirch/ein Mensch/vermittelst glaubiger Annehmung solcher göttlichen Lehr/ eine innerliche Gemeinschafft mit der wahren und unsichtbahren Kirchen der Aufferwehlten haben können; auff solche

che Weise/wie Bellarminus von denen/so unbillicher Weise excommuniciret worden/ meldet/talem esse in Ecclesiâ animo, seu desiderio, quod sufficit illi ad salutem; Daß ein solcher durch sein Gemüth/ und Verlangen/ mit der Kirchen vereiniget/ und ihme solches zu seiner Seeligkeit genugsam seye/ l. 3. de Eccl. milit. c. 6.

§. 31. So viel endlich die letztere Sichtbarkeit belanget welche in dem eusserlichen Ansehen/ und gläntzenden Wolstand der Kirchen bestehet/ so hat schon Salomon zu seinen Zeiten/ diese regul gesetzet/ daß auß den eusserlichen Begegnüssen der Menschen kein Urtheil von der Liebe oder Haß (Gottes) genommen werden könne/ Eccles. 9. So lauten auch die Verkündigungen Christi weit anderster/ die Erfahrung bringet weit anders mit sich/ als das die wahre Kirch/ den Frieden und Wolstand zu ihren stäten Gefährten haben/ und dardurch sich unter den Menschen zu erkennen geben solle: Wir hören wol/ von einer anderen/ von dem Blut der heiligen truncken en/ daß sie/ über ihrer zeitlichen Glückseeligkeit also triumphirend außruffet: Ich sitze/ wie eine Königin/ und bin

In Ansehung deß eusserlichē Standes.

bin keine Wittwe/uñ werde keine Traurigkeit sehen/ Apoc. 18. Von der Braut Christi aber/welche auch in diesem Stück ihrem Bräutigam gleich werden sollen/ daß Band und Trübsal auff sie gewartet/daß die Welt sich freuen/ Christi Jünger aber in der Welt Traurigkeit haben und weinen/ und durch viel Trübsaal in das Reich Gottes eingeführet werden solten: Die jenige so eine solche Sichtbarkeit/ ich meine einen sich:baren zeitlichen Vortheil/oder Beförderung bey der Kirchen suchen/und durch keine andere Thür des Tempels/als die da heisset die schöne/ quæ dicitur speciosa, Act. 3. v. 2. zur selbigen hinein tretten wollen/ mögen an einer vermelcklichen Ehren-Cron ihr Antheil haben; gewiß ist aber/daß sie zur Marter-Cron nicht tüchtig: Ein rechter Christ trachtet durch die enge Pforte und auff dem schmalen Creutzweg dahin zu kommen/ da man nicht vergängliche/ sondern unvergängliche Cronen außtheilet 1. Cor 9. v 25. Wo Christus Brod außtheilet/ da ist kein Wunder wan alda viel Volcks sich versamlet; gleichwie aber Christus dorten sagte: **Ihr suchet mich nicht daß ihr Zeichen gesehen habt/**
son-

sondern daß ihr vom Brod geſſen habt/
und ſeyd ſatt worden/ Joh. 6. v. 26. Alſo
wird die Kirche Chriſti die Mänge des Zu-
lauffs/ bey ſchönem Sonnen-Schein/ für
verdächtig halten/ und ihre Kron nicht von
expreßtem/ oder erkaufftem/ ſondern von
einem/in heiligem Schmuck ankommenden
populo ſpontaneitatum, freywillige Volck
zuſammen flechten. Pſal. 110. v. 3. Phil. 4.
v. 1. Apoc. 12. v. 1.

§. 32. Iſt alſo auß bißheriger Vorſtel- Die
lung unſerer Lehr/ unſchwär zu erſehen/ daß Frag iſt
die Frage zwiſchen uns beyden nicht auff die nit/ ob/
Sichtbarkeit der Kirchen/ ſondern auff die wie die
Weiſe und Würckung ſolcher Sichtbarkeit Kirche
ankomme; Ob ſie nemlich zu allen Zeiten / ſichtbar
an einem Ort/ in einer unveränderten Rei- ſeye?
nigkeit/ und Klarheit ſichtbar blieben ſeye?
und durch ſolch ihr Anſehen die Menſchen
zum Glauben bringen/ und bey demſelben
habe erhalten ſollen? wie auff Römiſcher
Seiten vorgegeben wird; Oder ob ſolche
Sichtbarkeit/ was die Weiſe derſelben an-
langet/ bey particular, und namentlich der
Römiſchen Kirchen einer Veränderung
unterworffen/und die Lehr der Warheit/und

D Got-

Gottesdienst/als worinnen ihre fürnembste Sichtbarkeit bestehet/ und dardurch den Völckern zu ihrer Bekehrung zu statten kommen muß/ nach und nach in eine mehrere Verdunckelung bey derselben gerathen habe können? Wie auff Reformirter Seiten/nach Anweisung der Schrifft/ und der allzuklaren Erfahrung gehalten wird.

Durch den mangel äusserlichen sichtbarkeit/ hattet die Kirche nichts verlohren.

§. 33. Ohne das gleichwohl hierdurch die von Gott versprochene Versamlung der vielen Völcker/ und Unterweisung der nach Gott fragenden Seelen/dem gegenseitigen einwenden nach/p. 34. wäre zernichtet worden; Maßen 1. dieser verheissene häuffige Zulauff der Völcker/seine bestimbte Zeiten hatte/zu welchen/1.Tim. 2. v. 6. wie auch seine bestimbte Regul und abgemessenes Ziel/ nach welchem/ 2. Cor. 10. v. 13. 15. er seine Erfüllung haben solte: Es solte die meiste und beste Erfüllung solcher Verheissungen/an den Heiden zwar/zu denen ersteren noch reinen Zeiten der Kirchen/ und vor Außbrechung deß Abfalls (gleichwie an den Juden/ zu den letzten Zeiten/ und nach gäntzlicher Reformation der Kirchen Hos. 3. v. 4. 5.) vollbracht/ja eben der Anlaß deß Abfalls/

falls/ auß der durch solchen Zulauff erlangten Herzlichkeit und Reichthumb der Kirchen hergenommen werden: Es solten aber auch solche Zeiten erfolgen/ da solcher Zulauff sich verringern/ oder doch wegen der veränderten Gestalt und Lockungen der Kirchen/ ein Zulauff von solchen Menschen werden solte/ welche die Schrifft/ wegen ihres fleischlichen Sinnes/ als Thierische Menschen/ und ihre Gemeinschafft unter dem Nahmen deß Thiers beschreibet; Es solte der eussere Vorhoff deß Tempels (das sichtbare Theil der Kirchen) den Heiden (daß ist/ heydnischen Gemüthern) gegeben werden/ umb sie 42. Prophetische Monaten zu tretten: Apoc. 11. v. 2. Es solte der Tempel dergestalten mit Rauch umbgeben werden/ daß man darfür nicht wol in den Tempel gehē konte/ Apoc. 15. v. 8. das ist/ võ dem eusserlichē Pracht/ Mache und Ansehen der Kirchen/ solten die Augen/ und Gemüther der Menschen dergestalt eingenomē werden/ daß sie die Warheit uñ das wahre Reich Christi kümmerlich dardurch erkennen/ und lieb gewiñen würden: Gleichwie es eine Zeit gewesen/ da die vermahnung also gelautet: Kommet/ laßet uns zu dem

D 2   Berg

Berg deß HErrn gehen ꝛc. Ef. 2. v. 3. Also solte eine Zeit kommen/ da ein Außgehen auß einer gewissen Gemein/ und deren verlaßung/ um̃ die gemeinschafft mit dem Reiche Christi zu erhalten/ nöthig seyn würde/ Apoc. 18. v. 4. 2. Mitlerweil gleichwohl es denen nach GOTT auffrichtig fragenden Seelen/ an nöthiger unterweisung/ so wenig als den Israeliten an der Nahrung in der Wüsten gefehlet; Sondern wie jene mit Him̃lischem Manna, also das in die Wüsten geflüchtete Weib/ die wahre Kirche Christi/ nach der Weissagung Apoc. 12. 6. gleichfals von GOtt daselbsten/ und zwar 1260. Tag (grad die jenige Zeit der 42. Monathen/darinnen der Vorhoff von den Heyden zertreten wird) ernehret worden; Nemlich mit dem Wort Gottes/ so ihre Voreltern von Anfang gehöret/und von Eltern auf Kinder in der Hauß-unterweisung mit mehrerer reinigkeit/ als von Lehrern auf Lehrer in der Kirchen unterweisung hat fortgepflantzet werden können; Mit dem Wort GOttes/ so auch noch in der Kirchen/ zwischen dem nach und nach sich vermehrenden Unkraut erhalten worden/ und gehöret/ auch/ wie hieroben gedacht/

dacht/ durch den Geist der Unterscheidung/ von dem anhangenden Gifft deß Jrrthums/ so viel zu der Außerwehlten Seeligkeit vonnöthen war/ unterschieden werden können; Zumalen da auß denen unterschiedlichen alten Trost-Formulen, deß Anselmi, und anderer/ so noch von den vorigen Zeiten vorhanden/ zu ersehen/ das denen sterbenden weit ein andere und reinere Lehr/ von der Rechtfertigung deß Sünders durch Christi einiges Verdienst/ vorgehalten worden/ als die jenige/ so bey den Lebenden und in der Kirchen getrieben wurde; Endlich mit dem jenigen Wort Gottes/ so Gott nun und dann/ durch zween Zeugen/ das ist/ auß dem Zeugnuß der Schrifft altes und neues Testaments/ durch den Mund und Dienst einiger wenigen/ nun und dann erweckten Lehrer/ und Verfechter der Warheit/ zu Entdeckung/ und Widerlegung deß Jrrthumbs/ mit solchem Nachdruck vernehmen lassen/ das so es zu Verbitterung der meisten/ sonderlich in dem geistlichen Stand (die sich ihre Dianam nicht wolten antasten lassen) es nicht weniger zu Erbauung vieler anderer außgeschlagen/ und dardurch so zu sagen/ der Saamen/

zu einer nachfolgenden offentlichen Reformation außgestreuet worden: Nichts anjetzo von denen gantzen Kirchen und Gemeinen in Orient und Occident zu reden/ bey denen die Lehr der Warheit/ von den Irrthumben (obschon nicht gäntzlich/ doch besser) befreyet blieben/ und der Schein darvon auch auff andere sich erstrecken/ und mit denselben eine Gemeinschafft/ wo nicht deß Leibes/ doch deß Gemüthes/ erhalten werden mögen.

Wo die Kirche vor Luthero gewesen? §. 34. Ohne das auch derentwegen die Kirche Christi über 1000. Jahr/ und vom sechsten Seculo, biß zu Lutheri Zeiten (wie uns eine solche Außsag ungütlich auffgebürdet wird) verborgen gewesen wäre/ und sich als eine verzagte Meine verkrochen? p. 35. Dann wir sagen/ das die Kirche Christi/ so fern hierdurch die Gemeine der beruffenen Außerwehlten/ und Gläubigen/ Apoc. 17. v. 14. verstanden wird/ nicht nur vom sechsten Seculo, oder Weltgang an/ sondern von den ersten Zeiten hero/ und biß ans Ende der Welt/ unsichtbar/ und Gott allein bekannt seye/ und bleibe: 2. Tim. 2. v. 19. Und am jüngsten Tag allererst die Schaafe von den Böcken offenbarlich unterschieden werden

werden sollen/Matth. 25. v. 32. So daß es
eine öffters widersprochene Mißdeutūg unserer Lehr ist/wann man vorgibt/ daß wir auß
Anlaß der movirten Frag/ wo unsere Kirch
vor Lutheri Zeiten gewesen/auff diese hypothesin,und Lehre/von Unsichtbarkeit der Kirchen gebracht worden: So fern aber durch
die Kirche Christi/ die Anzahl der Bekenner
Christi/deren so sich Christi als ihres Herrn/
und Erlösers rühmen/ verstanden wird/ so
sagen wir/daß selbige/ auch innerhalb solcher
1000. Jahr/seye sichtbar gewesen; Nur mit
diesem Unterscheid/daß/da sie vorhin/als eine
gesunde/sie damals als eine krancke/ja durch
die zunehmende Kranckheit nach und nach
in Todes Gefahr gebrachte Kirche/seye sichtbar gewesen: Sichtbar/zu einer (der ersten)
Zeit/nach Art der Gemeind zu Epheso, als ei-
ne/die die bösen nicht tragen kan (gleich einem
gesunden Leib/so die böse Feuchtigkeiten alsobald außtreibet) und die falschen Apostel für
Lügner erfindet/und in der Gedult nicht mü-
de wird &c. Zu einer anderen/ folgenden
Zeit/ nach Art der Gemeind zu Smyrnen,
nemlich unter den Lästerungen der falschgenannten Juden. (oder Bekenner/ als der

D 4   Gne-

Gnosticorum &c.) wie auch Zehen-Tägigen Trübsal (zehen Verfolgungen) der Heiden; Zu einer anderen Zeit/nach Art der Gemeine zu Pergamo, mit einer Vermischung solcher/die die Lehr Balaam, und der Nicolaiten (beyde Nahmen heissen eine Verschlingung und Unterwerffung deß Volcks) allmählig einführen wolten; zu einer anderen Zeit/ nach Art der Gemeinde zu Thyatyra, und also bey Erduldung deß Weibes Jesabel, die da spricht/ sie seye eine Prophetin &c. und so fort an; Wie dann die 7. Sendschreiben Johannis, an die 7. Gemeinden/nit ohne grosse Wahrscheinlichkeit/für eine verblümte Abbildung/ der unterschiedlichen periodorum der Christlichen Kirchen/ von einigen Gottesgelehrten gehalten werden; Deme aber seye/ wie ihm wolle/ so ist doch dieses gewiß/das auch zu solchen Zeiten/ wo unter vielen/die der verführischen Jesabel anhangen/noch einige gefunden werden/ (gleich zu Thyatyra) welche ihre Lehre nicht haben/ und die nicht erkannt haben die Tieffe deß Satans/Apoc. 2. v. 24. Wo unter vielen/ die den Nahmen haben/ daß sie leben/ und doch Todt seynd/noch einige wenig Namen/ wie

wie zu Sarden, ſich beſinden/ die ihre Kleider
nicht beſudelt haben/Apoc. 3. v. 4. Wo unter vielen/ die zu deß Satans Schule gehö-
ren/ noch einige/ wie zu Philadelphia, eine
kleine Krafft haben/ und das Wort Chriſti
behalten/und ſeinen Nahmen nicht verleug-
nen/ Apoc. 3. v. 8. Das daſelbſt weder die
Erhaltung/ noch auch die Sichtbarkeit der
Kirchen Chriſti gänzlich auffgehöret habe:
Ja daß auch ſelbſten an den übrigen/ ſo fern
ſelbige wenigſtens mit dem Munde Chriſtum bekennen/und/wie die Schrifft ſolches
nennet/ wegen der ſtercke ſeiner Wercken ihme lügen/ oder ſchmeuchlen/ das ſichtbahre
Reich Chriſti/ genugſam erkannt/ und dardurch ſeine Ehr in der Welt mächtig verherz-
lichet werde: das (wie ihn David redend ein-
führet/Pſal. 18. v 44. 45.) er ein Haupt iſt
worden/unter den Heyden/ ein Volck/
das ihn nicht kennet/ ihme dienet/ ihme
mit gehorſamen Ohren gehorchet/ und
ſelbſt die fremden Kinder ihme lügen/
das iſt/ einen bloſſen Scheindienſt leiſten
müſſen; zumalen da auch ſelbſten dieſer Fein-
den/und Bekenner Chriſti Dienſt/ durch die
allweiſe Regierung dieſes Königs (weniger

D 5 nicht

nicht/ als ehemahls der Gibeoniten/ oder Nethineer, bey dem Tempel) zum besten der unter ihnen sich befindenden rechtschaffenen Christen/ und Außerwehlten/ gebrauchet wird: und selbst ein todes Glied der Kirchen/zu Beförderung deß Lebens der anderen Glieder/ seine werckzeugliche Würcksamkeit haben kan.

Kein Mangel auch an Bekandtnuß der Warheit/vor Lutheri Zeiten. §. 35. Darauß folget aber nicht/ daß die in den wahren Glaubigen bestehende Kirche/ deßwegen/und weil der Irrthumb die Oberhand eine Zeitlang gehabt/ für eine feige Memme außgeruffen werden/ welche an statt der ehmaligen Standhafftigkeit/ sich anjetzo verkrochen habe p. 35. Dann gleichwie die Irrthumb unter dem Schlaffen der Menschen unvermerckter Weise allmählig eingerissen/ und nicht alsobalden den Menschen unter ihrer natürlichen Form/ sondern unter dem Schein der Warheit vorgestellet/ auch nicht alsobalden/als ein Gesetz obtrudiret worden/ so hat auch der Widerstand in dem Anfang/zumalen bey dem Volck/ und da die Kranckheit sonderlich den Lehrstand eingenommen hatte/nicht so hefftig seyn können/ (wiewol es auch an Widersprechern/ob deren schon

schon wenig gewesen / und ihre schwache Stimm / von dem Schall deß mehreren Hauffens überschrien worden/nimmermehr gefehlet/deſſen die Catalogi teſtium veritatis, Uſſerius de ſucceſſione Eccleſiarum Occidentis, und andere genugſamen Beweißthumb geben) biß das ſelbige nicht mehr heimlich / und verſtolener Weiſe ſich eingemenget/ſondern offentlich das Haupt empor gehoben/ ſich auff den Thron der Warheit mit deren Verſtoſſung / zuſetzen unterſtanden/und zu deren Annehmung die Chriſten verbunden werden wollen; Da es dann an ſtandhafftigen Bekennern/und an Gedult und Glauben der Heiligen / nicht ermanglet; und muß Herr Petiſcus allhier entweder ſeinem Gewiſſen groſſen Zwang angethan/ oder aber die groſſen Martyrbücher/und unzehlbare darinnen auffgezeichnete Exempel derjenigen/welche in Franckreich/ Engelland/Spanien/Holland/Italien/und anderen Landſchafften / wegen Widerfechtung der Römiſchen Irrthumben/ die grauſamſte Peinen und Tod außgeſtanden/durch ein ſonderbahres Urtheil Gottes / gäntzlich auß der Gedächtnuß verlohren haben.   Ich
frage

frage ihn/ bey seinem Gewissen/ ob in denen häuffigen/ wider die Waldenser/ Piemonteser/ und andere Evangelisch gesinnte/ in vorigen und diesem Seculo erweckten Verfolgungen/ welche ja denen ehmaligen Heydnischen/ an Grausamkeit/ und an grösse nichts nachgeben/ und darvon viel gewissere und umbständlichere Erzehlungen als von jenen/ vorhanden/ die Kirche sich als eine verzagte Memme erwiesen? ja ob eine feige Memme/ an denen/ vor seinen Augen jetzo schwebenden Exempeln deren/ so viel Tausenden/ welche durch Verlassung alles deß ihrigen und erleidung der grössesten Pein/ und Ungemach/ ja deß Todes selbsten/ der Evangelischen Warheit/ gegen die Irrthumb Zeugnuß geben/ eine verzagte und sich verkriechende Memme abgenommen werden möge? O daß er bedächte/ was es auff sich habe/ solcher gestalt die Krafft deß Geistes Gottes/ zu verhören! und was vor Gewissens-Marter auff eine solche Verdunckelung der Wercken und der Warheit Gottes erfolgen könne!

§. 36. So folget auch nicht hierauß/ daß

Kein Vorzug deßwe- solcher gestalt die verstockte Juden/ bey ihren offentlichen Synagogen, so sie hin und

und her in der Welt gehabt/ beſſer/ als gen bei
die Kirche Gottes verſorget geweſen Juden
wären/ da in ſelbiger eine geraume Zeit/ vor de
weder Predigt noch Sacramenten wä- Chriſte
ren gehört oder geſehen worden: p. 36.
Wol gibt ſolches einen beweißthumb groſſer
und höchſtbekläglicher Verderbnuß/ in der
jenigen Kirchen/ welche denen Feinden und
Läſtereren Chriſti/ mehrere Freyheit deß offentlichen Gottes-Dienſtes/ als denen wahren Bekenneren und Jüngern Chriſti/ ſo
demſelben nach ſeinem Willen zu dienen be-
fliſſen ſeynd/ geſtattet: Wol möchte auch
hierbey einige verborgene Verwandtſchafft
des Judenthumbs mit der Lehr/ und Ceremonien ſolcher Kirchen (worauff von einigen die
Wort Apoc. 17. v. 8. gedeutet werden) neben dem darauß ziehenden Nutzen/ zu ſolcher
unterſchiedlicher Begegnuß Anlaß geben
können. Aber neben dem/ daß es mit der offentlichen Predigt/ und Sacramenten dieſe
Bewandtnuß/ quod non privatio, ſed con-
temptus eorum damnet, daß man nicht
wegen deren Ermangelung/ ſondern
wegen deren Verachtung verdammet
werde/ und ſelbſt nach Bellarmini hieroben
ange-

angeführten Lehr/ ein excommunicirter gleichwol eine innerliche Gemeinschafft deß Gemüths mit der wahren Kirchen haben mag; So haben solche Menschen deß Predigampts und der Sacramenten nicht gäntzlich ermanglet/ sondern/ wie bereits erwiesen/ auch bey einem verdorbenen Lehr-Ampt/ in welchem gleichwol/ neben der Tauff auch noch das fundament, ob schon mit vielen Verfälschungen ist gelehret/ und das Wort Gottes/ ob schon mit einem Anhang vieler Menschensatzungen gehöret worden/ die zur Seeligkeit nöthige Erkandtnuß empfangen können: auff eine gleiche Weise/ wie bey einer Malzeit/ da unter einige Speisen Gifft mit eingemänget worden/ ein oder andere Mensch/ durch Gottes gnädige Fürsorg/ für den vergiffteten Speisen bewahret; oder/ wie in einer durch die Pestilentzische contagion inficirten Landschafft/ oder Statt unter vielen sterbenden/ gleichwol in einigen Häusern reine Lufft/ und deren Innwohner bey Leben erhalten werden mögen; ja gleichwie (damit ich bey dem vorgeworffenen exempel der Juden bleibe) durch eben das Wort des alten Test. welches noch in den

Syna-

Synagogen gelesen wird/(und durch dessen Bewahrung die Juden auff eine solche Weise der Christen ihre capsarii oder Buchverwahrer/und wie hiervon Augustinus redet/ l. 22. contr. F. Manich. c. 23. in cordibus hostes, in codicibus testes, Feind in dem Hertzen/ und Zeugen in den Büchern/gewesen) ein auffmerckender Jsraelit/ zu Erkandtnuß der Warheit von Christo/ und Entdeckung der daran geflickten Jrrthumben gebracht werden kan. Wann nun aber einer dieses dahin außdeuten/ und darauß erfolgern wolte/daß/weilen die fundamental Lehr gleichwol/ unserer Geständnuß nach/ in der Römischen Kirchen erhalten worden/man keine genugsame Ursach gehabt/ sich von derselben abzusondere; So muß derselbe es auch vor unrecht gethan halten/wann ein Mensch den Gott auß sonderbahren Gnaden bey einer vergifften Mahlzeit/und in einer inficirten Statt erhalte/auch bey zunehmender Gefahr/ auch wann man ihn/ das unreine anzurühren Esai. 52. v. 11. und von dem vergifften Wein zu trincken/Apoc. 18. v. 3. verbinden will/ auch bey empfangener Warnung/ und anderwerten Beruff/ umb auß-
zuge-

zugehen und seine Seele zu erretten/ Gen. 19. v. 17. gleichwol in der Gefahr verbleiben/und die angetragene Errettung/ mit des Loths Eidamen/ versaumen wolte: Ja er muß die Standhafftigkeit eines solchen Juden/ welcher/ ohnerachtet er aus dem Gesetz Mosis die Warheit von Christo erlernet/ gleichwol das Judenthumb nicht verlassen will, uñ eben deßwegen/weil er in dem Judenthumb solche Warheit gelernet/ solches nicht verlassen wil/ sich gefallen lassen. Wer aber sich deß Spruchs zuerinnern weiß/ daß wer die Gefahr liebet/ in der Gefahr umbkommen werde/ Eccles. 3. v. 27. wer in natürlichen Gebäuen einen solchen Unterscheid zu machen weiß/ daß ein baufälliges Hauß/ je mehr es zum fallen sich neiget/ je weniger es mit Sicherheit bewohnet werden kan; wer in dem ceremonialischen Gesetz Mosis, von den unterschiedlichen Staffeln deß Außsatzes/ nach welchen ein Hauß für wohnbar oder unwohnbar gehalten werden muste/ gelesen/ Levit. 14. wer zwischen heilbaren / und unheilbaren Schaden/ (Siehe/ Jerem. 51. v. 9. Allwo auff die Wort; Wir heileten Babel/ aber sie will nicht heil werden/ alsobald

bald folget/ so lasset sie fahren/ und lasset uns ein jeglicher in sein Land ziehen) zwischen Irrthumben/ so der Warheit an der Seiten stehen/ und denen/ so auff ihren Thron gesetzet werden; zwischen unerkannten/ und erkannten Irrthumben; zwischen der Zeit zu schweigen/ und der Zeit zu reden Eccles. 3. v. 7. zwischen der Zeit Nebucadnezaris, und der Zeit Cyri, zu unterscheiden weiß/ der wird auch in diesem Stuck den Unterscheid leicht erkennen; und umb so viel leichter von dem unterfangen deß jenigen urtheilen können/ welcher nach dem er durch Gottes Gnade der Gefahr einmal entzogen/ und auß einer inficirten Statt mit dem Leben herauß gerissen worden/ sich/ unter dem Vorwand/ daß ihm/ oder seinen Vorfahren/ darinnen kein Schaden zustossen/ wiederumb in dieselbe hinein begeben wolte.

§. 37. Endlich folget auch nicht herauß/ daß die Kirche Christi/ nur in kleinen unmündigen Kindern/ oder in verborgenen/ gleich als in melancoli. über sich selbst sitzend und seufftzenden Alten/ und erwachsenen/ (in sanctis latibulariis, oder winckelheiligen wie H. P. geliebter/ und gelobter

Eine verborgene Kirch/ ist keine erdichtete Kirch.

lobter Vorgänger Lic. Fromm sie tituliret) bestanden/ und deßwegen mehr als eine Paradoxische Ecclesia imaginaria gewesen seye p.36. Wunder ist es/ daß von solchen unmündigen Kindern/ und krafftlosen melancholicis gleichwol solch eine Forcht/ bey dem grossen Hauffen erwecket worden/ daß man zu seiner Sicherheit Feuer/ und Schwerdt/ und Strang/ und cruciaten oder Feldzüg und weiß nicht was vor gewaltsame Mittel an Hand zu nehmen nöthig erachtet; und eine so mächtige und unverzagte Kirche von lauter Chimærischen entiteten solch einen Schrecken eingenommen. Wunder/ daß bey diesen sanctis latibulariis, und winckelheiligen (die sich aber auß ihren Hölen/ bißweilen so deutlich vernehmen lassen/ daß es bey dem gegentheil geheissen/ utinam aut ille mutus, aut nos surdi fuissemus! wolte Gott/ daß entweder er stumm/ oder wir taub gewesen wären!) in ihren Winckeln eine solche Hertzhafftigkeit und Freudigkeit deß Gemüths verspüret worden/ die sie mit der Gemüths-Beschaffenheit deß jenigen/ so ihnen allhier eine melancoli vorwirffet/ nimmermehr zu verwechseln verlangen würden;

Man

Man kan jetzo allererst von dem Hn. P. erlernen/ was von den jenigen Propheten/ so zu der Jesabel Zeiten von Obadia in Hölen/ verstecket worden/ 1. Reg. 18. v. 13. was von denen 7000. Israeliten/ die Gott allein damalen/als von dem Baalitischen Götzendienst unbefleckt/ bekannt waren/ 1. Reg. 19. v. 18. was von denen ersten Christen/ und ihren nächtlichen und unterirrdischen Zusammen-Künfften/ zu halten seye; Nemlich/ daß es eitel sancti latibularii, und ihre Kirch/ eine Ecclesia paradoxica, imaginaria gewesen. Es kan von selbigem/ die herschende und mächtigere partie in der Welt ein leichtes Mittel erlernen/ wordurch ihre Religion (wie falsch sie immer seye) ohne beschwärliche Verbindung zur Warheits-Prob/ gleichwol den Ruhm der Warheit/ für den anderen erlangen möge/ wann sie nemlich ihrem Gegentheil die Zunge binden/ oder außschneiden/und alsdann ihr Stillschweigen zum gewissen Beweißthumb ihres Irrthumbs anziehen; wan sie dieselbe gefänglich einsperren/und alsdan ihre Gefangenschafft/ für ein Zeichen ihrer Blödigkeit außdeuten will: Ein Argument, woran in Warheit
Celsus

Celsus Porphyrius, Julianus, und andere Verfechter deß Heydenthumbs nie gedacht/ noch einen solchen doppelten Nutzen/ mit ihren gewaltsamen proceduren wider die Christen zu machen/ besonnen gewesen: Ein Mittel und Illation, woran auch die Herren Theologi Scholastici nicht gedacht/ wan sie bey dem Becano (c. 9. de fide, quæst. 2. & 4.) lehren/ daß man in gewissen Fällen den Glauben verhälen/ mit denen Ketzern betten/ von ihnen den Tauff empfangen/ derjenigen Kleider/und Zeichen/ durch welche selbige sich von anderen Secten unterscheiden/bedienen möge: ja/wann sie denen in Indien und China reisenden Christen/ selbsten die eusserliche Anbettung der Indianischen Götzen Chacimchoan, und Keumfucum dergestalt erlaubet haben/ daß sie nur unter ihren Kleidern ein Crucifix verborgen trügen/und auff selbiges mit ihrem Gemüth die Verehrung dirigireten, wie solches der Dominicaner Gravina denen Jesuiten vorwirffet/und dannenhero solche Freyheit durch ein Decret von der Congregation der Cardinälen vom 9. Jul. 1646. beschräncket werden müssen.

§. 38.

§. 38. Biß hieher von den jenigen beyden Puncten/ nemlich/ der Unvergänglichkeit/ und ståtigen Sichtbarkeit der Kirchen Christi/ welche/ wie sie unseren Kirchen/ von denen heutigen Methodisten beständig vorgeworffen werden/ also eine weitläufftigere Erläuterung veranlasset haben. Was nun in dem vierdten articul, als eine fernere Eingebung der gesunden Vernunfft von Veränderlichkeit der Warheit GOttes/ und ob die Kirch nach verflossenen viel 100. Jahren eine heßliche gestalt gewinnen/ und dannoch eine Kirche/ und dem unveränderlichen GOtt gleich sehender Hauffe seyn und bleiben könne? p. 3/. gemeldet wird/ gleich wie solches sich gründet auff die vermerkte Ungleichheit der unCatholischen Kirchen/ mit der ersten Kirchen: Also gehöret es unter die jenige/ in der wahren Vernunfft-Schul unbekante Beweißthumb/ in welcher das strittige/ und zwar das hauptstrittige/ als ein gewisses/ zum Grund geleget/ und darauff gebauet wird; Dann eben darumb ist es Hauptsächlich zu thun/ welche von beyden Partheyen am nächsten mit der ersten/ das ist Apostolischen Kirchen über-

Die Warheit Gottes bleibet unveränderlich.

übereinkomme: und ist es ja die Gegenhaltung und Vergleichung dieses vollkommenen Musters/worauff von den unserigen beständig/aber vergeblich getrieben wird: hätte dennach die so hochgerühmte Liebe zu seinen vorherigen Religions-Verwandten/ bey Hn. P. so viel vermögen sollen/daß er durch ein sonderbahre Vorstellung der befundenen Discrepantien, sie eines besseren berichtete; oder doch keine solche Thorheit von ihnen vermuthete/ daß sie auf diesen seinen generalen Außspruch/die Sach alsobald für bekant annehmen würden.

Die authorität der gantzen Kirchen bleibt von Reformirten unangefochten.
§. 39. Mit dem/ so in dem 5. Articul folget/ hat es fast eine gleiche Beschaffenheit/ ob es nemlich vermuthlich/das *particular* oder einzele Personen/ mehr Verheissung/mehr Erleuchtung und Beystand deß Geistes Gottes haben sollten/ als die gantze Kirche zusammen/ ja die *Concilia*, der von dem Pabst/als dem sichtbaren Kirchen-Haupt zusammen beruffenen/ und vermittelst inbrünstigen Gebetts/von göttlichen Dingen und Glaubens-Artickuln handlender Kirchen-Vätter p. 37. 38. Dañ/so unter diesem weit begreiffli-

begreifflichen Nahmen der gantzen Kirchen/ auch Christus/ und die Apostel begriffen/ so ist die Frage bald mit nein beantwortet; aber auch zu unserer matéri nicht dienlich; in dem man unserseits nicht mehr/ sondern eben dasjenige/ was Christus und die Apostel/ und die gantze/ mit diesen übereinkommende Kirche gelehret/ zu glauben sich rühmet: So aber Christus und die Apostel hiervon außgeschlossen werden/ so tragen wir kein Bedenckens zu sagen/ das ein oder wenig Particular Personen/ so Christi und der Apostel Lehr vor Augen haben/ und deren nachzufolgen auffrichtig entschlossen/ eine mehrere Verheissung deß Göttlichen Beystandes/ und zwar eben in den Worten Christi/ so allhier von dem Authore, auß Matth. 18. angezogen werden (daß wo 2. oder 3. in Christi Nahmen versamblet/ er mitten unter ihnen seyn wolle) empfangen/ als wann gantze/ und grosse Versamlungen/ in dem Nahmen eines Menschen zusammen kommen; und desselben Authorität/ zu Gültigmachung dessen/ was darinnen von Göttlichen Dingen/ vermittelst inbrünstigen Gebetts geschlossen wird/ dermassen nothwendig gehalten wird

wird/daß diesem neuen Proselyto, und der
sich an diesem einigen Puncten wohl hätte
stoffen mögen / gleichwohl nicht vergönnet
worden/von Conciliis, und Versamlungen
der Lehrer/ ohne Beyfügung dieser Bedin-
gung (daß sie nemlich von dem Pabst / als
dem ohndisputirlichen sichtbaren Kirchen-
Haupt zusammen beruffen werden müssen)
Meldung zu thun. Ob aber nicht solcher
gestalt der auff uns loßgedruckte Pfeil/ auff
den Schützen selbsten/ und dessen Religion
zuruck prälle/ und man nicht mit mehrerem
Grund/ von ihme fragen möge/ ob es ver-
muthlich/ daß eine einzele Person/ wie der
Pabst/ mehr Verheissung/ mehr Erleuchtung und Beystand deß Geistes Gottes haben solte/ oder könte/ als die gantze Kirche zu
sammen; so daß bey gantzen Versamlungē
der Glaubigen/ und der Lehrer / weder das
Gebett/ noch die fleißige Untersuchung deß
göttlichen Worts/ noch die beywohnende
gnade deß Geistes Gottes / genugsam seyn
kan/ dieselbe in die Warheit zu leiten/ und
von der Warheit zuversicheren/ wann nicht
die authorität dieser einzelen Person darzu-
kommet/ und also Christus seine Verheissung

sung/ nicht anderster/ als wann es derselben beliebet/ erfüllen würde/ darvon lässet man einen jeden Unpartheyischen das Urtheil fällen. Die purlautere Warheit ist/ daß von Päpstlicher seiten die freyheit und das Recht der Kirchen/ durch das anmaßliche monopolium deß Geistes Gottes/ am stärckesten angefochten; hingegen auf seiten der Evangelischen selbiges am eiferigsten behauptet und verthädiget wird: und wolte GOtt/ daß diejenige/ welchen unter dem ansehnlichen Namen der Kirchen/ solche widrige impressionen gegen die so genannte UnCatholische/ gleichsam als Feinde der Kirchen/ von interessirten Personen beygebracht werden/ dermahleinst begreiffen möchten/ daß es umb ihre eigene privilegia und Gerechtigkeiten zu thun/ welche ihnen/ als Christen/ gemeinschafftlich; wie auch einigen deroselben/ als Obrigkeiten/ anderen als Bischoffen/ und Lehrern fürzüglich gebühren/umb deren Behauptung willen die Evangelische sich solchem Haß/und Verfolgung deß Römischen Stuls unterwürffig machen. Solches könte außführlicher dargethan werden/ als uns allhier/ da wir den unordentlichen

chen Gedancken deß gegenseitigen Schrifftstellers nachfolgen müssen/gestattet ist. Nur will ich zu Ableinung der großlautenden Beschuldigung/ als ob einzele Personen einer mehreren Erleuchtung/als die gantze Kirche und die heilige Concilia und Kirchen-Vätter/nach unserer Lehr sich berühmen dörfften/ dieses einige hinzufügen/daß eine solche Beschuldigung auff eine dieser beyden Manieren erwiesen werden müsse; Entweder/ daß dieser Lehrsatz insgemein also von den unserigen behauptet werde (welches aber nicht geschihet/sondern nur allein unter den Mitteln der Erkandtnuß ein solcher Unterscheid gelehret wird/ daß bey Gebrauch der rechten Mitteln/ als da ist fürnemlich die Betrachtung deß göttlichen Worts/ Anruffung der göttlichen Hülff/ Beyseitsetzung der fleischlichen Affecten und Vorurtheil/ ein Christ/ oder auch eine gantze Versamblung der Christen/mehreren Erleuchtung sich zu getrösten habe/als ein anderer/ oder auch eine gantze Versamblung anderer Christē/welche solche Mittel hindansetzen und fleischliche Affecten bey sich præponderiren lassen; Ohne das einigem Menschen/ oder auch einiger Versamsamlung einige Verheissung der Erleuchtung ausser solchen Mitteln geschehen wäre) Oder/daß auß denen Lehren/so in unsern Kirchen geführet werden/ ein solches erfolge; (welcher Gestalt denen jenigen/so dergleichen vorgeben/eine Nothwendigkeit oblieget/ daß sie die Stimm/und Lehr der gantzen Kirchen/ als deren die unserige zuwider seyn solle/ wissen zu beweisen und kennbar zu machen; dañ leicht zu gedencken/ daß ein vernünfftiger Mensch/auff daß blosse nennen der gantzen allgemeinen Kirchen sich nicht geben werde; so wenig/als wir prætendiren/das unsere sage/von der Päpstlichen Lehr/daß sie dem Wort Gottes zuwider/ohne Beweißthuñ angenoñen werde: Was Hoffnung oder Müglichkeit aber/das solcher Beweißthumb (der eine Durchforschung aller vorigen Zeiten/ und Schrifften der Vätter erfordert) von denen/und bey denjenigen also leicht geschehen möge/ welche die wenigsten solcher Schrifften gesehen/noch weniger gelesen/am wenigsten darauß einig gewisses Urtheil nehmen können? Was Sicherheit aber/ da über einer Sach von solcher Wichtigkeit/ das Zeugnuß der heutigen Kirchen/ja eines einigen Vorstehers derselben / zumalen in Sachen/ da sein Interesse hauptsächlich darunter versiret, ohne anderes Untersuchen/ für unfehlbar angenommen werden solten?

Kirch und Pabstthumb nicht zu confundiren. §. 40. Also ist es dann ein nichtiger und vergeblicher Vorwandt/ gleich denen Blendungs-stratagematibus, welcher von dem ansehnlichen Namen/ und privilegien der Kirchen/ zu Verthäidigung deß Irrthumbs hergenommen wird; Und ist so fern/ daß vernünfftige Christen/ sich durch den bloßen laut und anmaßliche Zueignung dieses Namens auff den Päpstlichen Anhang/ und gleichsam dieses dreyfache ruffen: Hie ist deß Herren Tempel/ Hie ist deß Herren Tempel/ Hie ist deß Herren Tempel / verblenden oder schrecken lassen solten; Daß sie bey rechter überlegung der Sachen/ und wañ sie befinden/ daß unter diesem heiligen Namen/ eine gantz weltliche Republique auffgerichtet/ und ein gantz weltlich Vorhaben fort- und außgeführet wird/ vielmehr einen Ekel und Abscheu darvor bekommen/ und sich der Worten Christi erinnern müssen: Mein Hauß soll ein Betthauß heissen: ihr aber habt ein Mördergrube drauß gemacht/ Matt.

Matth. 21. v. 13. Wann derjenige für einen Feind deß Menschlichen Leibes gehalten werden kann/ welcher ein böses/ umb sich fressendes Geschwär/ so darinnen entstanden/ auffzuschneiden beflissen ist; Oder der für einen Feind einer Stadt/ so denen darinnen eingerissenen Unordnungen zu steuren/ oder heimliche Verrätereyen zu entdecken sich angelegen seyn lasset; wann Christus für einen Feind deß Hauses Gottes zu halten/ weil er die Kauffer/ und Verkauffer auß demselben außgepeitschet; So können auch die jenige vor Feinde der Kirchen gehalten werden/ welche/ auß einer heiligen Veneration, gegen dieselbe/ und umb derselben wahre Ehr/ und Reinigkeit zu erhalten/ nicht die Kirche/ auch nicht einmal die Römische Kirche/ sondern das in selbiger Kirchen gewachsene Geschwär/ das Papstumb/ angegriffen/ und/ nach den Worten Gottes Jerem. 15. v. 19. das vile à pretioso, das schnöde von dem köstlichen abzusonderen/ sich verpflichtet gehaltẽ; massen dann dieses/ und kein anderes/ der Zweck der in vorigem Seculo angestellten Kirchen-Reformation gewesen.

§. 41. Gegen dieses Reformations-Werck

matiös-
Werck
darff
nicht in
sich
selbsten
ange-
griffen
werden.

Werck/ seynd nun die fernere Geschöß unseres Scribenten, gleich auch aller der heutigen Vorfechter deß Pabstumbs gerichtet/ doch also/ daß selbiges nicht/ wie es vernunfftmässig sollte/ in sich selbsten/ und denen darzu gegebenen Ursachen/ sondern obliquè, und nach der quär bestritten wirdt: Nicht durch Angreiffung deß Wercks selbsten/ und Umbwerffung derjenigen Gründen und Bewegungs-Ursachen/ durch welche dasselbige veranlasset worden; Nicht durch Widerlegung der Nothwendigkeit und Rechtmässigkeit einer Reformation, oder Gegenhaltung dessen/ so dardurch abgeschaffet/ und dessen/ so dargegen eingeführet worden; Sondern durch Angreiffung der Personen/ von welchen selbiges vorgenommen und bewerckstelliget worden; und also mit Entdeckung eines heimlichen Mißtrauens/ bey Untersuchung der Sachen selbsten: Inmassen/ da man in dem Werck selbsten erhebliche Mängel finden könnte/ und durch die Reformation keine Besserung in der Kirchen geschehen wäre/ solches allein eine genugsame/ und die wichtigste Beschuldigung gegen die Personen/ so solches Unterfangen wäre; Gleichwie

wie hingegen/auff den anderen Fall/ ohnerachtet aller Persönlichen Mängel derselben/
das Werck gleichwol seinen Wärth haben/
und behalten würde. Ob es nun zwar nicht
dapfer/ so ist es doch klüglich gehandlet/ daß
man bey einer unrichtigen Sach/ und welche
die Prob eines unverwirtzten Gemüths nicht
wol außstehen darff/ vorhergänglich durch
einen beygebrachten Widerwillen/gegen die
Person/ oder Personen/ das Gemüth der
Menschen in einige Entstellung bringe/ damit hernach so wenig das gute/ als das böse
von solchen verdächtig gemachten Personen
angenommen werde. Lasset uns gleichwol
erfahren/ was/ und von was Wichtigkeit
dasjenige seye/so gegen die Personen/ der ersten Reformierer eingewendet wird.

§. 42. Erstlich/ werden sie (Lutherus, Son-
und Calvinus &c.) als *privat* Personen dern
vorgestellet/von welchen nicht zu vermuthen/ nur auf
daß sie der Warheit dermassen in dem seiten
Schoß gesessen/ daß sie allein es solten sonen/
getroffen haben/ wie von ihnen UnCa- und de-
tholischer seiten offt und viel gerühmet ren
worden/ ja sothaner ihrer Lehr/ ohne des.
ferneres Nachdencken/oder Mißtrauen
von

von so vielen gefolget werde p. 39. welches
letztere/wie es mit dem jenigen übereinkome/
das gleich in der folgenden seiten den Reformirten beygemessen wird/daß sie ohne Unterscheid alle aller Zeiten Lehrer/ja selbsten Christi und seiner Apostel Lehr/
dem Ob-Urtheil ihres privati Spiritûs un-
terwerffen/ p. 40. man dahin gestellet seyn
lasset/ und allein diese Observation darauß
nimmet/ daß zwischen zweyen Unwarheiten
sich auch eine Contrarietät befinden könne:
Dann von diesen beyden Aussagen/ daß eine
so wahr/als das ander: wie hierunter bey einer anderen Gelegenheit wird dargethan
werden. Es hätte im übrigen H. P. zu Be-
nehmung dieses Scrupuls bedencken sollen
1. Daß das Reformations-Werck nicht
durch so wenig/ noch durch so gantz privat
Personen/ wie vorgegeben wird/ vorgenommen und verrichtet worden. Man hat nicht
nur Lutherum und Calvinum, sondern
unter dem beygefügten &c. alle diejenige/
welche vor und nach denselben/ einerley Lehr
mit ihnen geführet/ und denen Päbstlichen
Irrthumben und Mißbräuchen gleicher weise widersprochen/ für Mitgenossen dieses
Wercks

Wercks zu halten/ welche in Warheit eine grosse Zahl/ und zwar eine so grosse außmachen/ daß hieroben unser Scribent, die Benennung deß kleinen Häuffleins/ ihnen deßwegen nicht zukomen lassen wollen/ p. 32. Welche auch zum theil in Ansehung ihres Standes und weltlichen/ oder geistlichen Beruffs/ über den Rang der privat Personen erhoben waren/ es wäre dann/ daß man Könige/ Fürsten/ Stands-Personen/ Bischöffe, Lehrer/ gantze Städte/ Herrschafften/ Königreich und Fürstenthumer/ für lauter privat Personen halten wolte; welchen falls deren/ so für public Personen passiren können/ gar wenig übrig bleiben würden. 2. Das die Warheit ihren Schoß/ allen ihren auffrichtigen Liebhabern/ ohne Unterscheid deß privat oder publiquen Stands offen stehen lasse/ und der Geist der Warheit sich an keinen Ort/ oder Art der Menschen anbinden lasse/ sondern blase/ wo er will, Joh 3 ✳ 8. und eben so bald die niedern Thäle/ als die hohen Cedern des Libanon durchwähe; Ja das nach Gottes Wolgefallen es also geschehen sollen/ daß die Geheimnuß der Seeligkeit den Weisen/ und Klugen verborgen blieben/

E 5   hinge-

hingegen den Unmündigen offenbahret würden / Matth. 11. v. 25. vergl. 1. Cor. 1. v. 26. 27. also im geringsten keine Unmüglichkeit/ daß ein frommer einfältiger Fischer / wie die Apostel waren/ es treffen / hingegen ein auffgeblasener Pharisäer/ ja eine gantze Rotte derselben/ wann sie auch schon mit dem Nahmen der Kirchen prangen thäte / fehl schiessen solte. Nach deß Hn. P. Methodo wäre es nicht müglich gewesen/ das die Christliche Religion / von einigen der Juden oder Heyden wäre angenommen worden: massen eben dieser Scrupul auch allda statt haben/ und man also bey sich hätte vernünfftlen können/ woher es wol vermutlich/ das Petrus, Jacobus &c. als privat Personen der Warheit dermassen in dem Schoß gesessen/ daß sie allein es getroffen/ und die gantze Synagog geirret haben solte? Mit mehrerem Grund kan die Frage umbgekehret werden/ woher es vermuthlich/ das da die Warheit allen andern Menschen offen stehet/ allein Petrus, Iacobus, oder allein Lutherus, und Calvinus auß deren Schoß solten außgeschlossen worden seyn; und man also Ursach hätte/ an ihren Personen/ mit vor-

Vorbeygehung der Sachen selbsten/ sich auffzuhalten? Da doch eine Warheit/ wann schon vom Teuffel geredet/ ihren Wärth gleichwol/für der Unwarheit (wann es müglich wäre/ das selbe von einem Engel geredet würde) behalten müste. Gal. 1. 8.

§. 43. Zweytens/ werden dieselbe (nach einer außführlichen Vorstellung deß Streits/ so in dem Gemüth über dem gegen solche Reformierer getragenen respect entstanden/ welcher gleichwol bey rechten Reformirten gegen ihre Lehrer bey weitem so groß nicht ist/ als der jenige/ mit welchem es anjetzo einer menschlichen authoritet zugethan/ ja anverbunden ist) als unberuffene Menschen vorgestellet/ und als solche/ welche ihres weder ordentlich/ noch unordentlichen Beruffs sich keines weges mehr/ als etwan *Arius*, und andere seines gleichen *legitimiren*, oder ihren *characterem* glaubwürdig haben belegen können p. 41. 42. Wann Herr P. angehalten würde/ seinen Beruff/ Krafft dessen er diese Religions-änderung vorzunehmen/ auch durch dieses Tractätlein andere eines gleichmäßigen zu überreden unterstanden/ darzuthun/ würde er sich auff das

Wie auch deren Beruffs.

E 6 gemei-

gemeine Gesetz der Natur (durch welches ein
jeder für sein eigen bestes/ und Seeligkeit zu
sorgen verbunden) wie auch auff das Gesetz
deß Christenthumbs (durch welches ein jeder
sich zu der wahren Kirchen zu halten verpflichtet) sonder Zweiffel beziehen: aber zugleich auch den wider die Reformatores allhier gethanen Einwurff beantworten: Es
seynd dieselbe Menschen gewesen/ und haben also einen gemeinen Beruff gehabt/ sich
nicht wie das Vieh an einem Strick in das
Verderben führen und ziehen zu lassen: sondern für ihre Seeligkeit sorg zu tragen/ für
dem Irrthumb und Betrug sich vorzusehen/
die erkante Warheit/ der erkanten Falschheit
vorzuziehen/ und gegen allen der Menschlichen Freyheit zuwiderlauffenden Gewalt zu
behaupten. Es seynd dieselbe Christen ge-
wesen/ und also durch ihren gemeineren Tauf-
Beruff verbunden/ die von Gott geoffenbar-
te Warheit/ durch welche sie zur ewigen Seeligkeit gebracht werden solten / anzunehmen
und zu lieben; die Lehre/ und die Ehre ihres
Herren Christi/nach Müglichkeit zu verthai-
digen/ verbunden durch das Gesetz Christi/
sich vorzusehen für den falschen Propheten/
Matth.

Matth. 7. v. 15. & 24. v. 11. 23. 24. die Warheit zu lieben/ und in der Schrifft zu erforschen/ Joh. 5. v. 39. die Geister zu prüfen/ ob sie auß Gott seyen/ 1. Joh. 4. v. 1. verbunden/ die erkante Warheit mit dem Munde zubekennen/ Rom. 10. v. 10. und in summa all das jenige/ zu thun/ ohne welches der Haupt-Zweck ihres Christenthumbs nicht/ oder doch nicht anderst/ als kümmerlich erlanget werden mochte: gleichwie unter dem natürlichen Gesetz der selbst Erhaltung zugleich auch alles das jenige was zu solcher Erhaltung nöthig seyn mag (wann es auch schon die Abhauung eines gantzen Gliedes wäre) befohlen zu seyn verstanden wird; Es seynd dieselbe zum theil/ in dem Lehr: zum theil in dem Obrigkeitlichen Stand gewesen/ und also durch diesen ihren sonderbahren Beruff verbunden; jene zwar/ die wahre Lehr bey denen ihnen anvertrauten Gemeinden/ ohne Beyfügung der Menschensatzungen/ vorzutragen; diese aber/ in ihrem Land und Volck den reinen Gottes-Dienst zu handhaben/ mit Abschaffung der eingerissenen Mißbräuch/ und Reformierung der in Irrthumb und Unordnung verfallenen Kirchen/ dem exempel der from-

frommen Königen Asa, Josaphat, Josia, Hiskia, nachzufolgen und sich also als Pfleger/ und Säugammen der Kirchen zu erweisen; Ja ob sie schon dergleichen sonderbaren Beruff nicht gehabt/ so haben sie doch als Mitglieder an dem grossen Leib der Kirchen/ eine Verpflichtung gehabt/nicht nur für sich ins besonder/sondern auch für die Erhaltung und Wolstand deß gantzen Leibes insgemein/ Sorge zu tragen/und auff den erheischenden Nothfall/da ein oder anders Glied erstorben/ oder zu denen ihme anvertrauten sonderbahren Verrichtungen untüchtig gemacht worden wäre/solchen Abgang auff andere mügliche Weise zu ersetzen/ und dessen Ampt zu vertretten; auff gleiche Weise/ wie an dem natürlichen Leib / da ein oder ander Glied/ oder dessen Würcksamkeit abgangen/ein anderes/als etwa die Hand das Werck deß Auges/oder der Fuß das Werck der Hand zu übernehmen/ befugt/ ja schuldig zu seyn / gehalten wird; und gleichwie in einem Hauß/ da selbiges in brand gerathen/ die Schlüssel/ zu dessen Eröffnung/ auch von einem anderen/ als dem ordinari Beschliesser/ mögen ergriffen/und gebraucht werden: Nach der

bekan-

bekanten Regul, daß aller Gewalt/ und Macht/so zu Erhaltung gegeben/nicht könne zur Verstörung dessen/ so dardurch erhalten werden sollte/ mißbrauchet/noch dahin gedeutet werden; In reos Majestatis,& publicos hostes omnis homo miles est, sagt Tertullianus, in seinem Apolog. Wo es die Erhaltung deß gemeinen Wesens erfordert/ ist ein jeder befugt hand anzulegen;und würde einem/ der durch eine Handlung ausser den Schrancken seines ordinari Beruffs/ das Vatterland vom Verderben erretten kann/ die Unterlassung derselben/ wegen ermanglenden Beruffs/ nicht entschuldiget oder vergeben werden könen. So derowegen das Lehr-Ampt von Christo zu dem Ende eingesetzet/ daß die Heiligen zum Werck deß Ampts zugerichtet/ und der Leib Christi dardurch erbauet werde/ Eph. 4. v. 11.12. So bleibet demselben so lang sein Wärth/ und anvertraute Verrichtungen unangetastet/so lang solcher Zweck darbey erhalten werden kan: Sonsten aber gilt dasjenige/was dorten Seneca in einem gleichmässigen Casu, gesprochen: Si parendum in omnibus patri in eo non parendum, quo efficitus, ne pater

ter sit: *l. 2. controv. 9.* So man dem Vatter in allen Stücken gehorchen muß/ so muß man ihm in dem jenigen nicht gehorchen/ wordurch er auffhören würde/ Vatter zu seyn: Und wo dann der Beruff der ordentlichen Vorgesetzen auffhöret/ da fanget der Beruff der jenigen an/ durch welche der Haupt-Zweck deß ersteren ersetzet werden kan. Es wird derowegen jene Antwort deß München Aphraatis, so er dem Arianischen Kayser Valenti gegeben/ von Theodoreto, in seiner Kirchen Histori *l. 4. c. 26.* als rühmenswürdig erzehlet: Dann da selbiger zuvor der Einsamkeit sich beflissen/ hernach aber gegen die einreissende Arianische Ketzerey offentlich geprediget/ und ihme darüber vom Kayser vorgehalten würde; das ihme gebühret hätte/ zu Hauß zu bleiben/ und nach den Reguln deß Closter-Lebens/ im geheimen zu betten; gab er diese Antwort: So lang die Kirche in Ruhe geblieben/ habe ich mich mit solcher *privat Devotion* vergnüget; Jetzo aber bey dieser grossen Verwirrung und Gefahr/ brauchts eines weiteren Versuchs/ umb die Herde Christi zu erhalten; Dann so ich eine Tochter

ter wäre/ deren es sonsten gebüret/ zu Hauß und in ihrem Zimmer zu bleiben; so würde ich doch/ solchen Falls/ da das Hauß im Brand stehen solte/ nicht müssig zu sitzen/ sondern vielmehr/ zu außleschung der Flammen/ Hand anzulegen mich verbunden halten. Eben dieselbe Kirchen Historien melden/ daß zwey junge Christen/ weltlichen Stands/ namens Ædesius, und Frumentius, nach dem sie von den See-Räubern gefangen/ und in Indien gebracht/ folgends von dem Indianischen König/ wegen ihrer sonderbahren Qualiteten zu den höchsten Ehren erhoben/ ja nach seinem Todt/ von dessen Wittib der Auferziehung ihres Sohns vorgesetzet worden/ den Christlichen Glauben daselbsten gepflantzet/ auch gantze Versamblungen der Christen angestellet/ in welchen der Gottesdienst nach den Reguln deß Christenthumbs gehalten wurde/ und solches lang vorhero/ ehe dem einen derselben Frumentio, das Priesterliche Ampt von dem Athanasio conferiret worden: Socrat. hist. Eccl. l. 1. c. 19. & Theodoret. l. 1. c. 23. Nichts anjetzo von den Iberis, und anderen Völckern/ so durch

schlech-

schlechte Weibs-Personen/ oder Leyen zum
Christlichen Glauben bekehret worden/zu gedencken: Niemand hatte damalen gezweiffelt/daß bey Ermanglung eines ordentlichen
Lehr-Ampts/das Werck eines Lehrers/ von
denjenigen/so mit den nöthigen Gaben von
Gott darzu außgerüstet/ oder von der Gemeinde selbsten (als welcher das Ampt der
Schlüsseln/und alles selbigem anhangendes
Recht fundamentaliter zukommet/auch die
Bischöffe und Lehrer solches anderster nicht/
als im namen der Kirchen verwalten) darzu
ernennet worden/ möge verrichtet werden:
Niemand ist damahln noch in diese ungereimte/ und der Ehre deß Herrn Christi
schnurstracks zuwider lauffende Gedancken
verfallen gewesen/ das der Irrthumb und
Abfall von der Lehre Christi/durch einen von
Christo und den Aposteln hergeholten Beruff sich solte in der Kirchen behaupten; Die
Warheit aber/ durch den Mangel eines
rechtmässigen Beruffs/ auß derselben außgeschlossen werden können. Auff welcher
Seiten die Warheit ist/ auff selbiger ist auch
der rechte Beruff/ in massen Christus/ in
dessen Namen alle Bestellungen der Kirchen-

chenämpter geschehen/ die Warheit selbsten ist/ und keine Falschheit von ihm sich herschreiben kan.

§. 44. Wann ich sage/daß in Christi namen/ aller Kirchen Beruff geschihet/ (wie dann dieses von keinem Christen geläugnet werden kan) so hat solches diese Meinung daß selbiges geschehe/ erstlich/ in krafft deß jenigen Willens Christi/ durch welchen er befohlen/alle Völcker zu tauffen/und zu lehren/ daß sie halten alles/ was er seinen Jüngern befohlen/ Matth. 28. ✝. 19. 20. damit also/ ein Volck auß allen Geschlechtern/ und Zungen/ und Heiden/ ihme als dem König in Sion zubereitet/ und versamlet; Oder/ nach einer anderen Gleichnuß eine reine Braut/ ihme als dem Bräutigam/zugeführet werde: Hernach in Krafft deß jenigen Willens/durch welchen er/das Predigampt/ als ein Mittel zu Erlangung deß erstgedachtē Zwecks eingesetzet/auff daß die Heiligen zum Werck deß Ampts zugerichtet/ und der Leib Christi erbauet werde: Eph. 4. v. 12. worauß dann/durch eine gewisse Schlußrede folget 1. daß unter diesen beyden Willen/ der erstere/ als welcher den vō Christo vorgesetztem

Die Reformatores haben ihren Beruff von Christo.

Zweck

Zweck betriffet/einen solchen Fürzug für dem
anderen/ als welcher das willkürige Mittel
angehet/ behalten muß/ daß eher der letztere
dem ersteren/als der erstere dem letzteren auff
den erscheinenden Nothfall weichen müsse:
Massen allezeit der Zweck/denen Mitteln/an
Würdigkeit vorhergehet; und diese alle ihre
Gütigkeit von jenem hernehmen müssen: so
es derowegen dahin komen solte(wie es dann
würcklich dahin zu ein und anderen Zeiten
und Orthen gekommen) daß entweder die
Kirche Christi durch eingerissene falsche Lehr/
Schaden leiden/ oder aber in dem Predig-
Ampt einige änderung vorgenomen werden
muß/ ist es gantz billich/ daß eher das letztere/
als das erstere erwehlet werde: allermassen
das Predig und Lehr-Ampt/ umb der Kirchen; nicht aber diese/ umb jenes willen von
Christo gestifftet; und die änderung in dem
Predig-Ampt/ durch ein anderes gleichgültiges Mittel ersetzet; bey dem ersteren aber
und so die Kirche in verderblichem Irrthumb gelassen würde/ der Haupt-Zweck
Christi keines wegs erlanget werden könte. Es folget 2. hierauß/ daß aller Beruff zu dem Lehr-Ampt/ zu was Zeiten er

auch

auch geschehen (demnach auch derjenige/ welchen Lutherus, Zvvinglius, und andere Reformatores, von Päpstlichen Bischöffen empfangen) ihre Interpretation und Außlegung/ von der ersten Stifftung Christi empfangen/ und nur in so weit sie mit derselben übereinkommen/ verbindlich gehalten werden müssen; und hatt es dißfals eine gleiche Bewandtnuß mit der Päpstlichen Ordination, wie mit der Tauff: also nemlich/ daß in selbiger eine Mixtur von gutem/ und bösem anzutreffen gewesen; von einem solchen guten/ das auß der Stifftung Christi seinen Ursprung hat (als/ daß man auff den Namen deß Vatters/ Sohns/ und H. Geistes getauffet/ zu Absagung deß Teuffels/ und Bekandtnuß deß Christlichen Glaubens verpflichtet wird; Item/ daß man in der Ordination das Evangelium zu predigen/ die Schlüssel deß Himmelreichs zu administriren &c. berechtiget wird) und dann von einem solchen bösen/ welches seinen Ursprung von den Erfindungen Abergläubischer oder vortheilhafftiger Menschen hernimmet; und jenem/ dem guten also angehencket worden/ das es demselben in der That gleichwol
schnur-

schnurstracks entgegen/und jenes neben diesem unmüglich bestehen kann: So nun jemand/der diese widerwertige Verbindung/ unter welche man ihn zu bringen getrachtet/ zu unterscheiden weiß/ sich einig und allein/ an das gute zu halten/ und das darbey hangende böse fahren zu lassen/sich resolviret, ist es so fern/das selbigem ein Mangel genugsamen Beruffs solte vorgeworffen werden können/ daß vielmehr derselbe für allen anderen eines rechtmässigen Beruffs sich rühmen/ und mit einem getrosten Gemüth dem Dienst Christi bey seiner Kirchen abwarten mag: als welcher sich zwar von Menschen/ oder vielmehr durch Menschen/ aber in dem Nahmen Christi/und gleichsam mit einem solchen Beding/ seinen Beruff empfangen zu haben erinneret/ welchen dorten der Kayser Trajanus bey überreichung deß Richterlichen Schwerdts an den Præfectum Prætorio, rühmlich mit diesen Worten außgedrucket: Hoc pro me utere, si rectè impero; si malè, contra me: Dieses Schwerdts soltu dich vor mich bedienen/ so lang ich wol hersche; aber auch wider mich/im Fall ich übel herschen solte.

§. 45.

§. 45. Es wird dannenhero auch/ für
das dritte ihnen vergeblich vorgeworffen das
sie sothanen ihren extraordinari Beruff/
mit keinen Wunderwercken nach dem
exempel Mosis, Eliæ, Christi/ bestättiget
haben: p. 42. 43. Massen bereits erwiesen/
daß ihr ordinari Beruff/ beydes so fern sie
Christen/ und so fern sie Vorsteher im geist
oder weltlichen Stand gewesen/ (ob schon
nicht nach der intention der jenigen Menschen/ von denen sie unmittelbar bestellet worden/ doch nach der intention Christi/ der das
Ampt eingesetzet/ und der wahren Kirchen/
in deren namen solche Bestellung geschehen)
sie darzu verbunden habe: und kan dieses denen jenigen nicht also unbegreifflich vorkommen/ welche selbsten ihre Lehr de necessariâ
intentione ministri, ad efficaciam sacra-
menti, also erleuteren/ daß zum wenigsten/
in dem Ministro oder Priester/ eine virtualis
intentio (gemeinere intention) erfordert/
werde/ faciendi, quod Christus instituit, vel
quod facit Ecclesia; zu thun das jenige/
was Christus verordnet/ oder was die
wahre Kirche zu thun pfleget. Bellarm.
l. 1. de sacram. c. 27. Tirin. controv. 18. §. 5.

Haben nicht von nöthen gehabt/ ihren Beruff durch Wunder Werck zu bestättigen.

Wel-

Welches dann so viel mit sich bringet / daß das jenige/was selbige der Verordnung Christi zu wider intendiren/ (als da ist/ daß der Sacerdos ordinandus den Leib Christi opfern soll &c.) keine Krafft oder Gültigkeit haben könne; Sondern selbiger in Verwaltung seines Ampts/ so wol als der Bischoff/ indessen Mittheilung/ hauptsächlich auff die institutionem oder Einsetzung Christi/ zu sehen habe: Zu diesem ordinari Beruff/seynd damaln noch hinzu kommen/ theils ein mehrer und nothdringender/ von der Päpstischen Kirchen/ durch dero Hartnäckigkeit/ und Verwerffung aller gelinderen Mittel/ gegebener Anlaß; in dessen Betrachtung man wol sagen möchte/ daß eben dardurch die Reformatores genugsam seyen beruffen wordē/ gleichwie die Todesgefahr eines Krancken/ an sich selbsten Beruffs genug/ umb die Herbeykunfft deß Artzts zu beschleunigen: Theils ein ungemeiner Antrieb/und gleichförmiges Verlangen/vieler gottseligen Personen/nach einer dermaligen Reformation der Kirchen/ vergesellet mit sonderbaren herrlichen Gaben der jenigen/ welche in solchem Werck vorgegangen/und mit einer grossen Willigkeit/und

Liebe

Liebe der Warheit bey den jenigen so selbigen gefolget: ja vergrösseret durch die Betrachtung deß nachdencklichen sonderbaren und auff selbige Zeiten gleichsam mit Fingern deutenden Beruffs/ der himlischen Stimm; gehe auß von ihr/ mein Volck &c. Apoc. 18. v. 4. so daß in dessen allen Betrachtung/ einige der unserigen darvon/ als von einem extraordinari Beruff/ zu reden veranlasset worden; in Gegenhaltung nemlich deß jenigen verfälschten Beruffs/ so damaln in der Kirchen im Schwang gegangen; wie auch in Betrachtung der extraordinari Umbständen/ und Gaben durch welche solch Vornehmen bewerckstelliget worden; keines wegs aber umb dardurch einen immediat oder unmittelbaren göttlichen Beruff zu erkennen zu geben; Oder einen solchen/ durch welchen eine neue Lehr/ oder unbekannter Wille Gottes ihnen anvertrauet worden wäre; wie es eine solche Beschaffenheit mit Mose, Eliâ, und Christo hatte/ und bey solchem die Wunderwerck/ zu deren Bestättigung nöthig gehalten werden möchten. Sonsten aber / und da bey einer jeden Reformation, oder Religions-Veränderung Wunder-Werck erfor-

erfordert würden/ und selbige dardurch bestättiget werden müsten/ würde Herr Petiscus gleichfalls gehalten seyn/ die jenige Wunder-Werck zu offenbaren/ durch welche er eine solche Veränderung bey sich selbsten vorzunehmen veranlasset worden: Oder aber in deren Ermangelung seinem Herrn Catechetæ oder Bekehrer kein Gehör zu geben Ursach gehabt haben; Dann/ was Ursach/ das bey dem Ubergang von der Päpstlichen zu der Reformirten Religion, Wunder-Werck für nöthig; bey dem Ubergang aber von der Reformirten zu der Päpstischen für unnöthig gehalten werden solten? es wäre dann/ daß er sagen wolte/ man könne zwar ohne Ruder den Strom hinabwarts/ (zu der jenigen Religion, welche dem Strom der Menschlichen Inclinationen sich bequämet/) aber nicht ohne dieselbe hinauffwerts fahren: Wolte er sagen/ daß der Beweißthumb nicht demjenigen/ so in der Possession ist/ sondern deme/ so selbigen darauß zu verstossen suchet auffgebürdet werden könne? So kan er nicht leugnen/ daß wenigstens/ in ansehung seiner die Reformirte Religion den Besitz seines Gemüths gehabt/ und also auß derselben sich

nicht

nicht anderst als durch Beweißthumb und Wunder-Werck hätte vertreiben lassen sollen: Gleichwie es aber nicht die gegenwärtige/ also ist es auch nicht die vorherige/ oder ehere/ sondern die erste/ zu Christi und der Apostel Zeiten gehabte Possession, welche in Religions-Sachen ein Recht gebären/ und gegen alle anderwerte Prætensionen, und Beweißthumb/ auch selbsten gegen Wunder-Werck (als welche/ nach der Schrifft Verkündigungen/ auff seiten deß Jrrthums nicht ermanglen solten/ Deut. 13. v. 1. 2. 3. Matth. 24. v. 24. 2. Thess. 2. v. 9. Apoc. 13. v. 13.) geschützet bleiben kan. Wolte er sagen/ das die Religion, zu deren er getretten/ durch grosse und vielfaltige Wunder-Werck mehr als genugsam bestättiget; ja solcher Ruhm der Wunder-Wercken/ unter die Kenn-Zeichen ihrer Kirchen gerechnet werde; So sagen wir hingegen/ das die Reformirte Religion (in dem es keine neue/ sondern die alte/ und Apostolische Religion) durch viel gewissere/ und herrlichere Wunder-Werck/ eben diejenige/ so von Christo und den Aposteln vollbracht worden/ bekräfftiget werde; und nach einmaliger so

F 2   herrli-

ndigkeit benehmen/ folgends
auff derjenigen/ so solche Lehr/
Verdunckelung/ wiederumb her-
keinen Schandflecken anzu-
mag: sonsten auch Johannes
wegen ermanglender Wunder-
der eingeführten Reformation,
en hätte als ein Unberuffener/
zu solchem Werck nicht genug-
ren konnte/ verworffen werden

§ Erkandtnuß der Unerheblich- Das
nigen/so gegen den Beruff un- ſtritige
angewendet worden/ und weil wird
te Gemüth auff solche Wei- aber
Ruhe kommen können p. 44. mahl
nser Scribent zu Betrachtung præsup-
ob er vielleicht in derselben poni-
te/ was er in denen Perso- ret.
ahrnehmen konte. Wie or-
unpartheiisch diese Betrachtung
von deren er billich den ersten
machen sollen) kan auß denen
ten vorgefaßten Urtheilen/und
§ demjenigen/so in dem vorher-
agrapho abermal mit behertzter

F 3 Frey-

herzlicher Beſtättigung keiner weiteren Wunder in der Kirchen von nöthen ſeye; ſondern es heiſſe: Quisquis adhuc prodigia, ut credat, inquirit, magnum eſt ipſe prodigium, qui mundo credente non credit: Wer fernere Wunder/zum Grund ſeines Glaubens erforderet/ iſt ſelbſten ein Wunder/als der/ nach dem die gantze Welt glaubet/ doch nicht glauben will: Wie hiervon Auguſtinus nachdencklich redet/ l. 22. de Civ. Dei, c. 8. Summa; So lang die Religions-Puncten ſelbſten nicht berühret/ und nach der Regul der H. Schrifft/und der Apoſtoliſchen Lehr geprüfet werden/kan von den Wunder-Wercken/ und deren Gegenwart/ oder Mangel / nicht das geringſte Vor-Urtheil/zum Fürzug/oder Nachtheil einigen Theils/ genommen werden; maſſen der jenigen Lehr / welche der Apoſtoliſchen zuwider/ keine Wunder / wie groß ſie immer ſeyen/ (und wann auch ein Engel vom Himmel derentwegen herab käme/Gal. 1. v. 8.) zuſtatten kommen; hingegen derjenigen / welche mit der Apoſtoliſchen übereinkommet/kein Mangel der Wunder vorgeworffen werden/ oder das geringſte

an

an ihrer Würdigkeit benehmen/ folgends auch dem Beruff derjenigen/ so solche Lehr/ nach langer Verdunckelung/wiederumb hervorgebracht/ keinen Schandflecken anzuhencken vermag: sonsten auch Johannes der Tauffer/ wegen ermanglender Wunderthaten bey seiner eingeführten Reformation, von den Juden hätte als ein Unberuffener/ oder der sich zu solchem Werck nicht genugsam legitimiren konnte/ verworffen werden müssen.

§. 46. Auß Erkandtnuß der Unerheblichkeit alles desjenigen/ so gegen den Beruff unserer Lehrer eingewendet worden/ und weil das *alarmierte* Gemüth auff solche Weise nicht zur Ruhe kommen können p. 44. begibt sich unser Scribent zu Betrachtung der Lehr/ ob er vielleicht in derselben finden möchte/ was er in denen Personen nicht wahrnehmen konte. Wie ordentlich/und unpartheiisch diese Betrachtung seyn werde/ (von deren er billich den ersten Anfang hätte machen sollen) kan auß denen bißhero erzehlten vorgefaßten Urtheilen/und sonderlich auß demjenigen/ so in dem vorhergehenden paragrapho abermal mit behertzter

Das strittige wird aber, mahl præsupponiret.

Frey-

Freynemigkeit vorraußgesetzet wird (das nemlich die Catholische Kirche/ er verstehet die Römische/ bey 1500. Jahr in vollem Besitz ihrer Ehr/ und Lehr/ nemlich von anbeginn der Kirchen N. T. gewesen/ und noch seye; daß sie die Bibel/ oder den Begriff des Göttlichen Worts treulich bewahret/ ihre Söhne in sachen die Seeligkeit betreffend/ unterrichtet/ die Lehr/ und Gebrauch der alten Kirchen/ und Kirchen-Vätter selbigen bekannt gemacht/ &c.) schon vorhergänglich abgenommen werden; und ist nur zu verwundern/ daß bey erkandtnuß/ und befindung dessen allen/ das Gemüth/ noch in einiger Unruhe schweben/ und eine fernere Untersuchung nöthig gehalten werden können; dann ja dieses supponirte, das eusserste ist/ worzu er durch die Untersuchung zu gelangen/ verhoffen konte; und wer darvon gäntzlich persuadiret ist/ selbiger in keinem vernünfftigen Zweiffel stehen kann/ ob er sich zu der Römischen Kirchen begeben solle/ oder nicht? Wir wollen aber dieses mehr für eine Abschrifft frembder/ als selbst eigener Gedancken halten/ und zu der Sache selbsten schreiten.

§. 47.

§. 47. Dreyerley Mängel seynd es/ wel-Drey-
che bey dieser Untersuchung/ in der Evange-sache
lischen Lehr/von unserem halbsehenden Bar-beschul-
timæo entdecket werden / daß sie nemlich digung
weder mit der H. Schrifft/ noch mit der der
Vätter oder ersten Kirchen Meynung/ Lehr.
noch auch unter sich selbsten überein-
komme/p. 45. 46. 47. Nachdem er sich der
kürtze befleissiget/hätte das erste hiervon genugsam seyn; und er nicht nur der beyden übri-
gen/ sondern deß gantzen Uberrests seines
Buchs entübriget seyn/und mit dem Hohen-
Priester außruffen mögen; Was dürffen
wir weiter Zeugnüß? Math. 26. v. 65.
Ja dem Wort Gottes ist es einiger massen
schimpflich/daß desselben Zeugnuß gegen die
Lehr Lutheri, und Calvini, von dem Zeugnuß der Menschen einige fernere Gültigkeit
empfangen solte. Nachdem er aber dieses/ in
der Vernunfft-Schul/und also beydes als
ein vernünfftiger/und an vernünfftige Menschen geschrieb̄ zu haben vorgibt/ solte er auch
gedacht haben/daß solche grosse Pillulen/ wie
diese/ schwerlich von vernünfftigen Christen
auff sein blosses Aussagen also ungekauet
würden eingeschlucket werden können.

J 4 §. 48.

Refor-
mirte
Lehr ist
schrifft-
mäſſig.

§. 48. So will er dann erſtlich dem Leſer dieſe Meynung beygebracht haben/ daß die Lehr Lutheri und Calvini mit der Heil. Schrifft nicht überein komme/oder übereinkommend befunden worden/ p. 44. 45. Ihme iſt bewuſt/ daß dieſes die Hauptfrag zwiſchen beyden ſtreitenden Theilen; und daß auff Reformirter ſeiten man jederzeit auff die H. Schrifft/ als die einige vollkommene und gewiſſe Regul in Glaubens-Sachen/ provociret, und deren Entſcheidung ſich dergeſtalten unterwürffig gemacht/ daß man alle/ mit ſelbiger nicht übereinkom̃ende Lehren/auff beſchehene Erweiſung/fahren zu laſſen/ erbietig ſeye. So hätte dann eine ſo erhebliche Beſchuldigung/ und dardurch die Seele gleichſam angegriffen wird/ nicht alſo obenhintg und gleichſamb in dem Fürübergang/ ſondern mit behörigen Beweißthumben vorgebracht/und die ſtrittige Lehr-Puncten / einer nach dem anderen/ auß dem geſchriebenen göttlichen Wort widerleget werden ſollen. Daran begehret man aber/ ſeith einer geraumen Zeit/vermuthlich auß Erfahrung deß unglücklichen ſucceſſes, nicht mehr zu kommen; Sondern bedienet ſich einiger
gemei-

gemeineren Gründen/ welches aber nicht so
sehr Gründe/ als Außflüchte/ und Ableinun-
gen der Schrifft-Prob zu seyn befunden
werden/ und bey vernünfftigen Menschen
die Sach nicht anderster/ als verdächtig machen können: Als da ist; 1. Das der Un- Wel-
Catholischen Lehr-Puncten auß der ches
Schrifft/ so weit sie Un-Catholisch gültige
seynd/ nicht erwiesen/ und deren War- schrifft,
heit mit klar: und glaubenswürdigen thumb
Worten nicht können bestättiget wer- seyen.
den p. 45. Mit diesen Worten wann sie
anders eine Ursach deß gesagten/ und nicht
eine schlechte Widerholung desselben in sich
begreiffen sollen/ zielet der Author, auff den
onlängst ersonnenen Methodum, und Kunst-
griff der heutigen Disputanten deß Gunterii,
Cottoni, Regurdii, Arnoldi, Veronii, Ma-
senii, der beyden Gebrüder von Wallem-
burg, und anderer/ welche/ wie sie denen Reformirten den Last deß Beweißthumbs auff-
bürden/ also nichts anderes für einen Beweißthumb auß Göttlichem Wort gehalten
haben wollen/ als welches mit eben denen
Buchstaben/ und Worten/ in H. Schrifft
enthalten; Ohne daß dasjenige/ was daran

F 5 ver-

verknüpfet ist/ oder durch eine rechtmäſſige Conſequenz oder Folgerey darauß gezogen wird/zu einem Grund deß Glaubens dienen könne; es ſeye dann (welches etliche/ zum Schein/ hinzuſetzen) daß man durch einen infalliblen Richter/ nemlich den Römiſchen Pabſt/ von der Gültigkeit ſolcher Conſequentz, oder Schlußrede verſicheret werde; Zum exempel, ob es ſchon in H. Schrifft ſtehet/ daß man Gott allein anruffen/ und verehren ſoll/ ſo ſeye dieſes noch kein Beweißthumb/ daß man die Heiligen nicht ſolle anruffen; Sondern es müſſen ihnen in H. Schrifft die außdrückliche Wort gewieſen werden; **Du ſolt die Heiligen nicht anruffen;** Wiewol auch dieſes/ wan es darinnen ſtünd/ nicht genugſam wäre/ (nach dieſer Regul) umb zu hindern daß man nicht dieſen/ und jenen/ und alſo alle Heiligen/ an dieſem/ und jenem/ und allen Orthen anruffen möchte/weil man nirgends dergleichen außdrückliches Verbott findet; du ſolt die Jungfr. Mariam/zu Loretto,den St. Jacob zu Compoſtell &c. nicht anruffen &c. Wie ſehr man ſich nun bey dieſem neuerfundenen Behelffmittel liebkoſet/ und, dar-

durch

durch auf Römischer Seiten gewonnen zu haben vermeinet/ so bin ich doch versicheret/ daß vernunfftige und gewissenhaffte Personen/ von selbigster Seiten/anderst urtheilen/ und dieses Stratagema viel zu grob/ und zu despectierlich achten werden/als daß es ihrer Kirchen zu sonderbaren Ehren gereichen solte/ als durch welches nicht nur das exempel der ehmaligen Kätzer/ der Arianer, Macedonianer, und anderer &c. (welche gleichfalls auff dem Buchstaben der Schrifft bestunden/ daß homousion, die Gottheit deß H. Geistes/mit so viel Buchstaben und Sylben darinnen gewiesen haben wolten/und deßwegen von Nazianzeno art. 37. alphabetarii sophistæ, & συκοφάνται τῶν ὀνομάτων, buchstäbliche *sophisten*, und betriegerische Namengrübler genennet werden) nachgearttet; Sondern auch alle nutzbarkeit der H. Schrifft/so selbige durch die σύγκεισιν πνευματικῶν, Gegenhaltung/ und Vergleichung geistlicher Dingen/mittheilen kan/ auffgehaben; selbige zu erörterung der heutigen Fragen/ und unterweisung der heutigen Christenheit/ zu tröstung eines jeden Christen ins besonder (als welches allesampt/oh-

ne

ne applicirung durch rechtmäſſige Conſequentzien, deß gemeineren auff daß ſonder-
bare/ deß gleichen auff daß gleiche &c. nicht
geſchehen kan) auff einmal unnütz gemachet/
die Beweißthumb/ ſo Chriſtus und die Apo-
ſtel/ gegen die Juden/ und ins beſonder die
Sadduceer, auß dem alten Teſt. hergenommen/
umbgeſtoſſen; der Spruch Johannis, daß die
Lügen nicht aus der Warheit ſeyn köñe/
1. Joh. 11. 21. verneinet/ und endlich die
Römiſche Kirch in den verdacht gebracht
wird/ als ob ſie ſich übel bey dem Licht bewuſt
ſeyende/ neben dem Licht deß göttlichen
Worts/ auch das Licht der natürlichen Vernunfft in den Menſchen außlöſchen/ und ſich
alsdann in der Finſternuß deſto beſſer zu behaupten trachtete. Es iſt aber dieſe procedur, umb ſo viel unbilliger/ daß/ da allen
denen conſequentzien, und denen allein/
welche für die Hochheit deß Römiſchen
Stuls/ auß den Sprüchen / paſce oves
meas, oder occide & manduca oder/ ecce
duo gladii, oder in principio creavit
Deus &c. erzwungen werden/ genugſame
Gültigkeit zugeſchrieben wird/ hingegen uns
nicht nur/ in Anſehung der Lehr/ ſo wir füh-
ren/

ren/ sondern auch in Ansehung der jenigen/ so wir verwerffen/ ein solcher buchstablicher Schrifft Beweiß zugemuthet wird; (worauff unser Author, mit denen Worten/ so weit nemlich sie UnCatholisch seynd/ zu deuten scheinet) so daß es nicht genug/ so man ihnen auß der Schrifft weiset/ daß Christus der einige Mittler/ wann man ihnen nicht auch mit klaren und druckenen Worten weiset/ daß die Heilige unsere Mittler nicht seyen: Nicht genug/ so man ihnen weiset/ daß Christus das einige Haupt der Kirchen; wann man ihnen nicht auch weisen kan/ daß der Papst zu Rom/ (und warumb nicht auch ins besonder/ ein jeder mit seinem Namen?) das Haupt der Kirchen nicht seye: Nicht genug/ daß Christus vollkömmlich vor unsere Sünde genug gethan/ wann man ihnen nicht auch beweiset/ daß kein Fegfeuer seye/ in welchem man noch vor ein Theil der Schuld genug thun müsse; und so fortan: gleich als ob das gerade nicht auch ein regul deß krummen wäre (nach dem bekannten canone: Rectum regula sui & obliqui) und auß der Warheit/ nicht auch durch eine Gegensatz die Falschheit erkannt und abgeurtheilt werden

F 7 könnte

könnte; gleich als ob zur Vollkommenheit der Schrifft/ so darinnen bestehet/ daß sie dem Menschen den wahren Weg der Seeligkeit anzeiget/ und ihn zu allen guten Wercken geschickt machen kan/ nothwendig erfordert würde/ daß sie alle die unzehlbare Abwege der Jrrthumben/ so in der Kirchen entstehen würde/ zugleich anzeigete; und ein Christ derer aller Erkandtnuß nicht ohne Gefahr seiner Seeligkeit ermanglen könte: Gleich als ob es nicht genugsam wäre/ daß eine Sache/ oder Lehre in H. Schrifft nicht enthalten/ umb selbige auß der Anzahl der Glaubens-Articul außzuschliessen; und das blose Stillschweigen derselben (zu deren Gott so wenig hinzugesetzet/ als darvon hinweg gethan haben will) nicht an statt einer außdrucklichen Verwerffung dienen könte: ja gleich als ob das onus probandi, die Schuldigkeit deß Beweißthumbs/ nicht vielmehr/ nach dem natürlichen Rechten/ dem parti affirmanti, denjenigen so etwas behaupten/ und selbiges als einen Glaubens-Artickul obtrudiren/ als aber dem parti neganti, oder denen/ so solches nicht annehmen wollen/ auffzulegen wäre; sonderlich/ wo meistens über Quæstionistionibus facti, oder von dem/ so geschehen ist/ disputiret wird; Nach welcher Regul in warheit die Römisch-Catholische nicht aber die Evangelische/oder Reformirte, in denen zwischen ihnen schwebenden Streit-Puncten/zum Beweißthumb verbunden wären/ als welche mehreren theils in solchen Sachen/so sie zu den Artickuln deß Apostolischen Glaubens hinzusetzen/bestehen: in dem nach der Herren Gebrüder von Wallenburg Geständnüß die Römische Kirche alles glaubet/ was die Reformirte einmütig glaubet/ aber bey solches/noch andere Glaubens-Artickul/ bey die Schrifft/ noch die traditionen, bey den Mittler Christum/ die Vorbitt der Heiligen/bey die Gnugthuung Christi/ die eigene Gnugthuung/bey die zwey Sacramenten/ noch fünff andere &c. hinzu setzen/ und solche für Stifftungen Christi und der Apostel gehalten haben wollen; welche derowegen die Reformirte nicht anzunehmen schuldig/ biß die Warheit dieses facti, und das Christus/und die Apostel dergleichen eingesetzet/ gelehret/ oder verordnet/ ihnen klärlich dargethan werde.

§. 49. Ein zweyter/ und gleichgültiger Be- Sie hebet die

Authorität der Kirchē nicht auff. Beweißthumb der vorgegebenen Discrepantz unserer Lehr von dem göttlichen Wort/ wird daher genommen/daß die Un=Catholischen der H. Schrifft vornembste Vermahnung/ und gleichsam Königliches Gebott/ sich nemlich (zumalen in strittigen und ungewissen Puncten) bey den Kirchen=Verstehern anzumelden/ Deut. 17. ☧. 11. und die Kirche zu hören/ Math. 18. hindansetzen; Da doch der sicherste Weg zur Warheit zu gelangen seye/wañ man der Kirchen Mund für Gottes Mund halte/ dem Mund der Kirchen glaube/welche wegen ihrer *Infallibilität* und Gewißheit in Glaubens=Sachen ein Pfeiler/ und Grund=Veste der Warheit genennet werde. 1.Tim.3. ☧.15. p. 45.46. Aber fern seye es / daß eine solche Beschuldigung mit Recht auff uns gebracht werden/oder das diejenige/so mit diesem Namen der Kirche am meisten prangen / deßwegen ihre beste und getreueste Freund seyn solten: Dorten hören wir sie selbsten reden/ von Hütern/ die in der Stadt umbgehen/ und auff den Mauren wachen/ (ist die Außlegung deß Worts *Episcopus*, Bischoff/) von

von welchen sie aber wund geschlagen/ und
ihres Schleiers beraubet worden; Cant. 5.
v. 7. Hingegen gleichwie es keine Hindansetzung ist deßjenigen göttlichen Gebotts/
welches uns zu Verehrung und Gehorsam
der weltlichen Obrigkeit verbindet/ wann
man erstlich beflissen ist/ solche Obrigkeit/
und Vorgesetzte recht zu kennen/ und von andern so sich fälschlich darvor außgeben zu unterscheiden; hernach solchen Gehorsam/ in
so weit er befohlen/ und nach denen von Gott
selbsten gesetzten Schrancken/ deroselben zu
leisten; Also kan es auch für keine Hindansetzung deß der Kirchen schuldigen Respects
gehalten werden.

Wann wir 1. die wahre Kirche von der
falschgenannten Kirchen/ zu unterscheiden
uns befleissen; massen Christus/da er will/daß
man die Kirche höre/ darmit nicht meynet/
daß man ein jede Societät/ja gar einen eintzi-
gen Menschē/so sich dieses Namens anmassen würde/darvor alsobald erkeñ solle/gleich-
wie er nicht einen jeden/ so sich für Christum
außgeben werde/alsobald darvor angenomen
haben will. Math. 24. v. 23. 24.

2. Wann wir uns auch zuvor recht er-
kundi-

kundigen/ worinnen/ und auff was Weise Christus solche Kirche geehret/ und gehöret haben wolle/darmit man der Sachen weder zu viel/ noch zu wenig thue; und unter dem Vorwand/ die Kirche zu hören/ nicht gegen das jenige / noch vornehmere/ auß dem Himmel gekommene Königliche Gebott (daß man den Sohn hören solle/ Math. 17. v. 5.) sich versündige.

Son-dern su-chet die-selbe wol zu erken-nen. Wann wir demnächst 3. umb zu dem erstern zu gelangen/und die wahre Kirche/von der falschen/ so dann zwischen den sonderbaren Theilen der wahren Kirchen/die reineren/ von denen unreineren zu unterscheiden / deß-jenigen Mittels/ so uns Gott zu Unterscheidung und Prüfung der Geister gegeben/ nemlich deß Liechts deß göttlichen Worts/ so er in H. Schrifft auffgestellet / Psal. 119. v. 105. und deß jenigen/ so er in unserm Gewissen zugleich leuchten lasset/Prov. 20. v. 27. uns bedienen/und wo wir die wahre darmit übereinkommende Lehr/ und reinen Gottesdienst/ als die wesentliche Stücke einer wahren Kirchen antreffen/daselbsten/und daselbsten allein eine wahre Kirche/ weniger nicht erkennen/als ein Mensch/nicht durch eusserliche

liche Kleydung/ oder andere Sachen/ so er mit andern gemein haben kan/ sondern durch die wesentliche Theil/ und eigene Handlungen eines Menschen für einen solchen erkant werden kan: Nachfolgende in diesem Stück der Anweisung Christi/ welcher/ wie er das hören der Stimme Christi/ und nicht der Stimme eines Frembden/ für das beste Kenn-Zeichen seiner Schaafe/ und seiner Jünger angegeben/ Joh. 10. v. 5. 27. &c. 8. v. 31. 47. also in der damahligen obschwebenden Frag/ ob die wahre Kirch in der Gemeinschafft der Jüdischen Hohenpriester/ und Schrifftgelehrten; oder/ aber in der Gemeinschafft seiner/ und seiner Jünger anzutreffen? sich hauptsächlich auff die Schrifft beruffen/ als welche Zeugnuß vom ihm gebe/ Joh. 5. v. 39. unerachtet auff seiten der anderen/ die Antiquität/ die grössere Anzahl/ die persönliche succession der Priester von Aarons Zeiten/ der Tempel Salomonis, und andere dergleichen Vor-Urtheil allegirt werden könnten: Nachfolgende der Anweisung der Apostel/ welche gleicher Gestalt/ die falsche Lehrer von den warhafften/ durch ihre Lehr (mit Hindansetzung aller

ande-

anderen Betrachtung) unterschieden haben wolten/ Galat. 1. v. 8. 1. Joh. 4. v. 2. 2. Joh. v. 9. 10. Nachfolgende der Anweisung der ersten Kirche; Nulla probatio potest esse veræ Christianitatis, neque refugium potest esse aliud Christianorum volentium cognoscere fidei veritatem, nisi Scripturæ divinæ; spricht der Author Oper. imperf. in Math. hom. 49. Kein anderer Beweißthumb/deß wahren Christenthumbs/ kein anderes Kennzeichen deß wahren Glaubens/als die göttliche Schrifft: wormit auch stattlich übereinkommet/was Chrysostomus hom. 33. in act. auß Anlaß der Arianischen und anderen Ketzereyen saget: Du sprichst: Was soll ich vor eine *Religion* wehlen? Jeder rühmet sich/die Warheit auff seiner Seiten zu haben. Dieses dienet vielmehr für uns: Dann so wir sagten/ daß man sich an solche *Discurs* kehren müsse/ möchte dich solches verwirren; So wir aber sagen/ daß man der Schrifft glauben müsse/ die da einfältig und warhafftig ist; wird dir leicht seyn das Urtheil zu fällen: εἰ τίς ἐκείναις συμφωνεῖ, οὗτος Χριστιανός; So

jemand

jemand mit denselben übereinkommet/ solcher ist für einen Christen zu halten: Ich wüste nicht/wie unsere Meynung/in diesem Stuck/mit deutlicheren Worten außgedrucket werden könnte; Welche/da sie in einigem unserer scribenten sich befinden thäten/ schwerlich der censur deß Indicis expurgatorii würden entgangen seyn/ als in welchem/ gleichgültige Wort (Scripturæ sunt omnibus necessariæ) würcklich durchstrichen worden: Ja nachfolgende der jenigen Anweisung/ welche uns selbsten in dem von Gegentheil gerühmten Apostolischen Spruch 1. Tim. 3. ✝. 15. gegeben wird: dann wann die Kirche/ darinnen ein Pfeiler/ und grundveste (oder/ nach einer anderen Bedeutung deß griechischen Worts ἑδραίωμα, ein Sitz/ oder Stul) der Warheit genennet wird/ 1. Tim. 3. 15. so ist es nur eine verblümte/ jedoch gleichgültige außdruckung dessen/ was der Apostel dorten/ Rom. 3. v. 2. von der Israelitischen Kirchen gerühmet/ daß ihr die Wort Gottes (Τὰ λόγια τοῦ θεοῦ) anvertrauet gewesen: und wird darmit zugleich/ die Warheit/ als ein solcher Zierath und Kennzeichen derselben

auß-

außgegeben daß/ wo Unwarheit oder Ungewißheit/ Lügen/ und Menschensatzungen auff dem Thron sitzen/wo an statt deß Stuls der Warheit/ ein Stul der Spötter Psal. 1. v. 1. und ein Stul deß Satans/ Apoc. 2. v. 13. auffgerichtet wird/ daselbsten die wahre Kirche vergeblich gesuchet werde: Sondern es darvon vielmehr heisse/auß Psal. 94. v.20. Wie solte sich der Stul der Boßheit mit dir vergleichen/allwoUnruhe wider das gesetzte geschmiedet werden?

Und dañ den rechten Gehorsamb ihro zu leisten. Wann wir 4. umb unseren Pflichten/ in Ansehung solcher wahren Kirchen/ nach den Befehlen Christi/ ein gebührendes Genügen zu leisten/uns nicht nur in dero Gemeinschafft begeben/ und durch eine offenbahre Bekandtnuß der Warheit/ und deren gemässen Wandel/ als rechtschaffene Glieder derselben/ erweisen; damit also ein jeder für sich selbsten/ in solcher Betrachtung an dem gemeineren Ruhm der Kirchen theil haben und für eine Stütze/ oder Leuchter deß Liechts der Warheit gehalten werden möge; wie dann der Apostel/ mit einer solchen Benennung alle Glaubigen ins besonder verehret/Phil. 2. v. 16. und vielleicht auch/der

obge-

obgedachte Titul der Kirchen/ auß 1. Tim. 3.
(σύλος κ᾽ ἑδραίωμα τῆς ἀληθείας) keine andere
Bedeutung als eines sothanen Leuchters
hat/ welcher dem Licht der göttlichen Warheit
zur Stützen/ und Erhöhung/ und also mehreren Außbreitung deß Scheines dienet; unter welcher Gleichnuß und Benennung auch
die 7. Asiatische Kirchen dem Johanni vorgestellet worden/ Apoc. 1. v. 13. 20. & 2. v. 5.
inmassen der Glantz und Wärth der gantzen
Kirchen/ ohne zweiffel auß dem Glantz und
Wärth ihrer sonderbaren Glieder herkomet/
und nichts anders als eine Versamlung desselben ist / und also im geringsten nicht zu
Verminderung oder Verdunckelung der
particular Privilegien derselben (als welche
von den singulis auff daß gantze corpus der
Kirchen/ nicht privativè, sondern cumulativè, nach Red-Art der Schulen transferiret
werden) außgedeutet werden muß: Sondern auch die in der wahren Kirchen verordnete authoritet deß Lehr: und Führ-Ampts
in gebürender veneration halten; dergestalt
daß man die durch selbiges Ampt redende/
und richtende Kirche höre; höre/ in ihrer
Lehrstimme/ wann sie im Namen Jesu
Christi

Christi/ und in deſſen Geſandſchafft/ als Bottſchafften an Chriſtus ſtatt/ uns die Gnade/ und Warheit deß Evangelii verkündiget/ und zu deren Annehmung ermahnet; 2. Cor. 5. v. 20. hören in ihrer Richter-Stimme/ wann ſie nemlich die zwiſchen ihren Gliedern entſtandene Strittigkeitē/ oder Unordnungen/ zu entſcheiden/ und die Sünden und Laſter/ durch die Bußzucht zu beſtraffen/ ſich angelegen ſeyn laſſet: von welchem letzteren richterlichen Ampt der Kirchen/ ſo fern es mit Verſöhnung ſtrittiger Glieder/ und Abſtellung der Laſtern beſchäfftiget iſt/ da ein Bruder gegen den andern ſündiget/ und die privat Beſtraffung bey ihm nichts verfangen will/ in denen Worten Chriſti/ Matth. 18. (höret er die Gemeine nicht/ ſo halte ihn für einen Heiden und Zöllner) gehandlet wird; Ohne daß darauß einige infallibilitet der Kirchen Vorſteher/ in der erſteren/ ich meyne/ der Lehr-Stimm/ krafft deren man mit einer blinden Unterwerffung ſo wol dero Urtheil in Glaubens-Sachen/ als dero Urtheil in Sittenſachen anzunehmen gebunden ſeye/ erzwungen werden könne; Zumalen/ da nach der

eige-

eigenen Geständnuß der vornemsten gegentheiligen Lehrer/ dieses Straff-Urtheil/ und Amt der Schlüsseln/ darvon Christus handlet/ dem Irrthumb unterworffen/ und es geschehen mag· daß ein Christ/ per clavem errantem, unschuldig von der Kirchen excommuniciret werde; So nun aber durch diese Wort Christi/ keine infallibilitet, und Unbetrieglichkeit der Kirchen / in der jenigen materi, davon eigentlich gehandlet wird/ gegeben ist/ wie kan man sagen/ daß selbige in einer anderen materi, darvon nicht gehandlet wird/ ihr hierdurch mitgetheilet worden seye? Auch folget nicht ein mahl/ daß weil man schuldig ist/ in jenen Sachen/ dem Außspruch der Kirchen sich zu unterwerffen/ man solcher gestalt auch in diesen Sachen/ ich meyne/ dem Lehr-Urtheil/ sich mit einem blinden Gehorsam unterwerffen müsse; inmassen jenes Urtheil allein den eusserlichen Menschen/ und die eusserliche Gemeinschafft der Kirchen betriffet/ worinnen ein Christ/ ohne Verletzung deß Gewissens sich unrecht kan anthun lassen; dieses aber das Gewissen deß Menschen/ dessen Herrschafft Gott allein sich vorbehalten/ angehet: und es dannenhero

G darvon

darvon heisset/ daß Gott der einige Gesetz-
geber seye/der da selig machen/und verderben
könne/ Jac. 4. v. 12. und daß kein Mensch
über den Glauben eine Herrschafft habe/
2. Cor. 1. v. 24. Dannenhero das von Christo befohlene Hören der Kirchen/und die jenige Ehrerbietung/ so man derselben schuldig
ist/ gar wol mit einer solchen Untersuchung
bestehen kan/ durch welche/ nach dem gerühmten Exempel der Berrhöenser/ die Lehre der Kirchenvorsteher gegen das Göttliche
Wort gehalten/ und dieses zu wege gebracht
wird/ daß durch den Beyfall/ so wir denenselben geben/ unser Glaube/ unter den Gehorsam Christi/ 2. Cor. 10. v. 5. nicht aber
unter einen Menschlichen Namen/ und
Gehorsam/ gebracht; Und also der Kirchen/
das jenige/ so ihr gebühret/gegeben/ daß doch
auch das jenige/ was GOtt und Christo ge-
bühret/ nemlich die Beherrschung unseres
Gewissens gelassen werde. Ja es kan eine
solche Untersuchung/ um so viel weniger zum
præjudiz der Kirchen/ und deß von Christo
derselben gegebenen Vorzugs außgedeutet
werden/ weil sie in der That nicht über dem
Wort der Kirchen/ (als deren Glaubwür-
dig-

digkeit / so ferne man vorhero von der Warheit der Kirchen versichert ist/ ausser zweiffel gesetzet werden kan) sondern über dem Wort der Kirchenvorsteher angestellet wird; und nicht dahin zielet/ ob das jenige/ was die Kirche lehret/ warhafftig seye? sondern vielmehr dahin/ ob das jenige/ was diese oder jene Kirchen-Vorsteher/ und Lehrer aussagen/ für die Stimme/ und Lehre der Kirchen zu halten/ oder aber irrig darvor außgegeben werde? und ist es so fern/ daß diese beyde Kirchen/ und Kirchen-Vorsteher/ wie gleichwohl von dem authore geschiehet/ zu confundiren/ und die Verheissungen/ ins besonder der infallibilitet, so jener der Kirchen ins gemein geschehen/ (daß sie nemlich in keinen allgemeinen und verdammlichen Irrthumb verfallen/ und die Pforten der Höllen sie auch solcher gestalt nicht überwältigen solten) entweder an einigen particular-Kirchen/ oder auch an einigen / ob schon den vornehmeren Gliedern/ als den Vorstehern einer/ oder mehrer particular-Kirchen/ ihre Erfüllung haben/ und aus solcher Ursach deren Lehr keiner Prüfung/ und untersuchung von nöthen haben solten / daß vielmehr eben diese Prü-

G 2   fung

fung und untersuchung/ so von den glaubigen Gliedern der Kirchen vorgenommen wird/ das rechte Mittel ist/ durch welches die besagte Verheissung der infallibilitet, an d' Catholischen oder allgemeinen Kirchen vollzogen wird; in dem es solcher gestalt geschiehet/ daß die stimme deß fremboen/ von den Schäfflein Christi entdecket/ die falschen Propheten abgewiesen/ und die Kirche von manchem Irrthumb/ welchen der Satan unter dem Schlaff/und zwischen der unachtsamkeit der Christen einstreuen würde/ befreyet bleibet; Wann derowegen Christus in seiner Fürbitt für seine Kirche/von GOtt gebetten/daß er sie in seinem Namen erhalten/ und in seiner Warheit heiligen wolle/ setzet er hinzu; dein Wort ist die Warheit/ Joh.17. v.11.17. umb zu weisen/ daß solche erhaltung und Bewahrung für dem argen/ vermittelst beobachtung deß Göttlichen Worts/ als der einigen regul ihres Glaubens vollbracht werden müsse. Ob nun die jenige mehr für die Ehr und das ansehen der Kirchen sorgen/ welche unter dem vorwand einer infallibilitet, so den Vorstehern der Kirchen/ja dem einen Vorsteher Römischer

Kir-

Kirchen zukomme/ alle übrige Glaubige/ und Kirchen ihres Urtheils in Glaubens-sachen berauben/ und einen Menschlichen Nahmen zum grund ihrer Erhaltung legen/ und ob solches mit denen Verheissungen und verheissenen Vorzügen der Kirchen des N.T. überein komme/ krafft deren nicht mehr/ wie in dem A.T. einer den anderen/ und ein Bruder den anderen lehren/ (das ist/ etwas/ das zur erkantnüß des göttlichen Namens und willens gehörig/ und doch nicht in der allgemeinen und allen offen stehenden göttlichen Offenbahrung also enthalten wäre/ daß es von allen und jeden Glaubigen darauß solte erlernet werden können/ hervor bringen/) sondern sie allesamt/ vermittelst eigener Lesung und betrachtung deß göttlichen Worts/ und der innerlichen salbung deß H. Geistes/ θεοδίδακτοι, von GOtt selbsten gelehret seyn solten/ Jer. 31. v. 34. Joh. 6. v. 45 1. Joh. 2. v. 20. lasse ich einen jeden Gottliebenden selbsten urtheilen.

§. 50. Von der H. Schrifft/ und der vorgegebenen/ aber nicht erwiesenen discrepanz unserer Lehr von derselben/ führet uns der Scribent ferners zu denen Kirchen-Vättern/

Gebührende Ehrerbietung gegē die Kirchen-Vätter.

tern/ und findet diesen zweyten Mangel/ in der Lehr Lutheri und Calvini, daß sie mit der Vätter oder ersten Kirchen meinung nicht übereinstimmen; wie dan̄ Lutherº, seiner eigenen außsag nach/ nach 1000. Augustini nichts frage/ und Calvinus, in der materi von den Gnugthuungen/ sie allesam̄t (deren Bücher noch vorhanden) gefehlet/ oder zu hart geredet zu haben/ beschuldige. Wan̄ er gesagt hätte/ daß wir die so genannten Vätter/ oder Kirchen-Lehrer/ nicht für Ober-Richter in Glaubens-sachen/ und ihre Schrifften nicht für eine unfehlbare Glaubens-Regul halten/ würde er unsere meynung außgedrucket/ aber darmit nichts anders uns beygemessen haben/ als was uns nach dem Befehl Christi zu thun oblieget/ daß wir nemlich uns nicht auf Menschen/ die da Lügner seynd/ verlassen/ noch in Glaubens-Sachen jemanden auff Erden/ einen Vatter nennen/ Math. 23. v. 9. Sondern das Zeugnuß Gottes/ in der Schrifft/ grösser als aller Menschen Zeugnuß halten sollen/ 1. Joh. 5. v. 9. Nichts/ als was die Vätter selbsten von sich gehalten haben wolten; genug seye/ auß vielen/ die Außsag deß einigen

nigen Augustini, ep. 3. ad Fortun. Man muß nicht eines jeden/ ob schon Catholischen und berühmten Lehrers Disputationen, in gleichem Wärth mit der Heil. Schrifft haben/ so daß man sich nicht befugt halte/ in einem und dem anderen/ wo sie von der Warheit abweichend befunden werden/ dieselbe mit Ehrerbietung zu verwerffen. Talis ego sim in scriptis aliorum, tales volo esse intellectores meorum: Mit solcher Freyheit liese ich anderer Schrifften/ und will die meinige verstanden haben/ wie dañ dieses/ und dessen gleichlautende unterschiedliche andere Zeugnuß selbsten dem Päpstlichen Rechten einverleibet/ Dist. 9: c. 3. 4. 5. 8. 9. 10. zu finden. Nichts/ als was die Päpstische Scribenten selbsten vielfältig practiciren; in deren Commentariis, und Streitschrifften nichts gemeiners/ als daß sie die Meynung der Väter/ ja zuweilen/ die gemeine Meynung derselben/ widerlegen; So daß nicht ohne Ursach von ihnen gesagt wird/ daß sie der Väter/ auff gleiche Weise/ wie viel/ nach Solons Red-Art/ der Freunden/ sich bedienen/ eos calculorum loco habentes, mit ihnen/ wie mit

mit Rechenpfenningen/ umbgehend/ denen/ nach dem unterschiedlichen Ort/oder Reyen/ wo sie hingelegt werden/das ist/nach dem ihre Auffag dem Interesse deß Römischen Stuls mehr/oder weniger dienlich erfunden wird/ bald ein grosser/bald ein mittelmässiger/ bald ein geringer Wärth gegeben wird: unöthig/ sich mit dessen Beweißthumb auffzuhalten; weil selbiger fast in allen Schrifften anzutreffen; und von unterschiedlichen der unserigen/ sonderlich/ Mortono, in Apolog. Cathol. part. 2. l. 2. und Hundio, in Româ vapulante ore proprio, c. 2. außfürlich dargethan.

Grösser auf unser/ als Römischer seiten. §. 51. Wann er aber/ sich mit einer solchen Nachsetzung der Vätter/nach der Authorität deß göttlichen Worts/nicht vergnügend/ auch eine Verlassung/ ja Verachtung der von den Vättern geführten Lehr unseren Kirchen beyzumessen sich unterstehet/ wird solches krafftigst widersprochen. Ja man kan über die Freymütigkeit dieser Auffag sich nicht genugsam verwunderen/ daß der jenige/ welcher vielleicht eine mehrere Kundschafft mit Postillen/ als Vättern gepflogen/ und sich schwerlich dieselbe allesampt gesehen

gesehen/ viel weniger gelesen zu haben/ rühmen wird/ die widerwärtigkeit zwischen derē/ und unserer Lehr gesehen/ ja auch auß den klaren Schrifften der UnCatholischen erlernet zu haben/ vorgeben darff; auß welchen er aber (wann er nicht hierinnen eben so willkürlich blind/ als dorten anmaßlich sehend gewesen wäre) vielmehr hätte vernehmen können/ daß wir die Vätter der ersten Kirchen sonderlich in den ersten und reineren vierhundert Jahren nach Christo/ ob schon nicht als Richter/ doch als Zeugen der Warheit willigst annehmen; und eben auß denselben die Neuigkeit der Römischen traditionen, gegen den Gibeonitischen Ruhm deß fernen Herkomens/ dermassen klar/ von unseren Scribenten, den Centuriatoribus Magdeburgensibus, dem Juello, Molinæo Dallæo, Drelincurtio, und vielen andern an Tag geleget worden seye/ daß man dardurch gegentheiliger Seiten/ auf allerley fast schimpffliche Hülffmittel (als da seynd/ die castrierung der guten editionen, die Erdichtung einer grossen Mänge falscher Schrifften/ und Pseudepigraphorum, welche auß den jüngern seculis, in die erstere zurück geleget/und für alte Waare außgegeben worden/ und nunmehro in diesen letzteren Zeiten/ zu dem weltlichen titul der præscription, und possession, und daß uns oblige/die eigentliche Zeit einer jeden Änderung zu beweisen/ und was dergleichen neue methodes mehr seynd/ wodurch man den Beweißthumb von sich abzuleinen trachtet) seine Zuflucht zu nehmen veranlasset worden. Ob aber nicht hierdurch eine mehrere Verachtung gegen die Vätter erwiesen werde/ als wann ein Lutherus in den Sachen/ da er die Schrifft vor sich zu haben versichert ist/ nach 1000. Augustinis nichts fraget; oder wann ein Calvinus sagt/ daß fast die alten allesampt/ so viel deren Schrifften vorhanden/ in der *materi* von der Gnugthuung entweder gefehlet/ oder doch allzu hart darvon geredet haben; aber auch alsobald darzusetzet (welches dann ungebürlicher Weiße/ umb gelind zu reden/ von dem alleganten verschwigen wird) sed non concedam eos adeò fuisse rudes & imperitos, ut eo sensu illa scripserint, quo à novis istis satisfactionariis leguntur: gleichwol will ich nimmermehr zugeben/ daß sie/ die Vätter/ also ungeschickt/ und

uner-

unerfahren gewesen/ daß sie dergleichen Sachen/ in dem jenigen Verstand/ geschrieben haben solten/ wie sie von den heutigen Gnugthůnlingen genommen werden: (worauß erhellet/ daß er nicht so sehr die Lehr der Våtter/ als deren Redart/ oder vielmehr die Påpstische Außlegung solcher Red-Art/zu tadeln gemeinet/) kann abermal dem Warheit-liebenden Leser zu bedencken anheim gegeben werden. Zugleich aber auch / ob nicht eine Veracht-und Hindansetzung aller/ so wol gegen todte als lebende schuldiger Auffrichtigkeit/ auß eben dieser letzteren Allegation, und deren Gegenhaltung/ gegen das Buch selbsten/ worauß sie genommen/mit Verwunderung erkannt werden möge; In deme derjenige Ort/ worinnen die gröffeste Moderation, und Ehrerbietung gegen die alten Kirchen-Lehrer erwiesen wird/ durch schändliche Verstümpfung/und Außlassung beydes der innverleibten/ als darauff folgenden Worten/ (in der Hoffnung/daß der Leser den Ort nicht nachschlagen werde) in die gröbeste Insultation, und zwar eine solche verdråhet wird/ daß es heisset, *Calvinus* seye allhier allzu

Ungebürliche beschuldigung deß Calvini.

G 6 grob

grob mit der Thür ins Hauß hinein ge-
fallen/ und müsse allhier auch der beste
Calvinist, der auch sonsten/ wie ein
Strauß das Eysenharte reden Calvini
verdauen kan/darüber stutzen: Die wort
wie sie allegirt werden/ lauten also: Parum
autem me movent, quæ in veterum scriptis, de satisfactione passim occurrunt;
video quidem eorum nonnullos (dicam
simpliciter omnes, quorum libri exstant)
hâc in parte lapsos esse, aut nimis asperè,
aut durè locutos: und werden dergestalt
verteutschet: Wenig aber beweget mich/
(Calvinum) was in der alten Schrifften
hin und her/von denen Gnugthuungen
vorfallt/oder gehandlet wird; Ich sehe
zwar/ daß ihrer etliche/ (ich sage durch-
gehends NB.) alle/ deren Bücher noch
vorhanden seynd/in diesem Articul entweder gefallen/oder doch alle zu (es solte
seyn/allzu) hart und rauh darvon geredet
haben. Bey dem Calvino selbsten lauten
dieselbe also: Parum me movent &c. Video quidem, eorum nonnullos (dicam
simpliciter omnes *ferè*, quorum libri exstant) *aut* hâc in parte lapsos esse; aut nimis

mis asperere ac durè locutos: Sed non concedam eos ipsos adeò fuisse rudes, & imperitos, ut eo sensu illa scripserint, quo à novis istis satisfactionariis leguntur: Ich sihe zwar daß ihrer viel (ja ich darff sagen/ fast alle/ deren Schrifften vorhanden) entweder in diesem Stuck gefehlet/oder doch allzu hart und rauh darvon geredet haben; Gleichwol will ich nimmermehr zu geben/daß sie/die Vätter/also ungeschickt uñ unerfahren gewesen/daß sie dergleichen Sachen/ in dem jenigen Verstand geschrieben haben solten/ wie sie von den heutigen Gnugthuungs-Rühmern genom̃en werden. So das Wörtlein/*ferè*,fast/durch eine præcipitantz der Feder zuruck geblieben/ hätten ja folgende/zu ergäntzung deß periodi nöthige Wort nicht außgelassen werden sollen; auß welchen erhellet/ daß Calvinus nicht so sehr die Lehr der Vätter/viel weniger die gemeine Lehr aller Kirchen-Vätter/als deren Redart/oder vielmehr die Päpstische Außlegung solcher Redart/ zu tadeln gemeint gewesen; Man lese aber fort/ so wird man nicht nur/ deß Chrysostomi,und Augustini Zeugnuß/

zum

zum Beweißthumb unserer Lehr / von der Gnugthuung / angezogen; Sondern auch zu Entschuldigung dessen / was einige andere härter darvon geschrieben / folgende Worte finden: Scio veteres interdum *duriuscule* (NB.) loqui, nec, ut nuper dixi, *forsan* (NB.) lapsos esse nego; Sed quæ pauculis (NB) *navis* aspersa erant, dum illotis istorum (Scholasticorum) manibus tractantur, prorsus inquinantur: Et, si veterum authoritate pugnandum est, quos, Deus bone, veteres nobis obtrudunt? Bona pars eorum, quibus Lombardus eorum coryphæus centones suos contexuit, ex insulsis quorundam monachorum deliriis, quæ sub Ambrosii, Hieronymi, Augustini, & Chrysostomi nomine feruntur, decerpta est &c. Ich
„ weiß wol / daß die Alten bißweilen etwas
„ härtlich hier von reden / will auch nicht leug-
„ nen / wie ich vorher sagte / daß sie vielleicht
„ gefehlet haben; Aber was bey ihnen mit ei-
„ nigen geringen Mängeln angesprenget /
„ wird unter dieser Menschen (der Päpstli-
„ chen Schul-Lehrer) Händen gantz besudelt.
„ Und / so man sich auf die Alt-Väter je beziehen

hen will/ was seynd es doch vor welche/ so sie
uns auffdringen wollen? Ein grosser Theil
derjenigen Zeugnuß/ auß welchen Lombardus seine Schul Theologi zusamen gestickt/
seynd von thörichten München-Gedichten/
so man unter deß Ambrosii, Hieronymi, Augustini, Chrysostomi, Namen außgegeben/
hergenommen &c. Wer hierauß eine hoch-
mütige/ und verwunderungs würdige Verachtung aller heiligen Vätter/und der gantzen
lieben antiquitet erzwingen will/ der wird
solcher Verächter/ an Sixto Senensi, Bellarmino, Maldonato, und anderen (deren
härtere censuren, über die Red-Arten
der Vätter hauffig beygebracht werden möchten) eine gantze Mänge finden.

§.52. Ein dritter/ bey d' Evangelischen Lehr befundener Mangel/ ist die Zwiespaltigkeit der Evangelischen unter sich selbsten/und daß die/ so gegen den Papst und Römischen Stul/ gleiche Waffen/ Wort- und Mord-Schwerter auffgehoben/ unter sich selbsten eben so wenig einig/ als die Ketzer aller Zeiten unter einander einig gewesen seyen. p. 48. 49. Wir rühmen uns unserer Mängel nicht; wir beklagen/ daß die

Zwey-
spalt
unter dē
Evan-
gelischē
ihre ge-
mein
schafft,
die Lehr
nicht
præju-
dicier.

War-lich.

Warheit/ so wir bekennen/ durch die Unreinigkeit der irrdinen Gefässen/ in welchen dieser Schatz vorgetragen wird/ bißweilen verunehret/ und bey denen/ so mehr auff die Schal/als den Schatz sehen/ verächtlich gemachet wird; wir erinneren uns aber darbey/ daß schon zu den ersten/und fast allen folgenden Zeiten/ der Satan den Saamen der Uneinigkeit/ auff dem Acker Gottes/ durch dessen Gestattung/ außgeseet; und zwischen Petro und Paulo, zwischen denen/ so sich von Cepha, Paulo, oder Apollo in der Corinthischen Kirchen hernenneten/zwischen Cypriano, und Stephano, Origene und Epiphanio, Chrysostomo und Epiphanio, Hieronymo und Augustino, Theodoreto, und Cyrillo, Uneinigkeiten/ auch in Lehr-Puncten/ erwecket/und geheget habe/ ohne daß die Warheit der Christlichen Religion deßwegen in Zweiffel gezogen werden können; ja daß/ nach deß Apostels Pauli Verkündigung/ solches habe also geschehen/ und Trennungen/ oder Rotten unter den Glaubigen entstehen müssen/ auff daß die/ so rechtschaffen seynd/ offenbar werden/ 1. Cor. 11. v. 19. Wir sagen noch ferner/ das dieser Einwurff beydes
auff

auff seiten deren/ von welchen/ als auff seiten deren/ gegen welche er gemachet wird/ seine Beantwortung findet: Dann/ mit was Grund wird diese Verscheidenheit der Meinungen/ und sonderbaren Hauffen/ von den jenigen vorgeworffen/ welche unter sich selbsten / eine nicht geringere Mänge der Secten haben/ welche nicht nur durch unterschiedliche Reguln, und Orden/ und Namen/ und Kleidungen/ sondern auch durch unterschiedene/ und widerwärtige meinungen/in vielen/und selbst den vornehmsten Lehr-Puncten (eben denen jenigen/von der prædestination, von der Gnade/ von dem freyen Willen &c. worüber sie den unserigen die Ungleichheit der Meinungen vorrucken/ aber auch anderen/ von der authoritet, und infallibilitet deß Pabsts/ der Concilien. von der Rechtfertigung &c.) voneinander abgesondert seynd; ja offtmals die grösseste Feindseligkeiten üben? die Strittigkeiten der Scotisten, und Thomisten, der Dominicaner und Franciscaner, der Jesuiten/ und Jansenisten/ der Curialium, und der Sorbonisten, der Hierarchicorum, und der München/der

Capuc-

Capucciner, und Recollecten &c. seynd allzubekant/ als daß dieses weitläuffichen beweißthumbs bedürfftig wäre. Wiederumb/ mit was Grund wird selbige uns vorgeworffen/ die wir uns/ nicht an die Personen der Lehrer binden/ noch von selbigen/ den Wärth/ und Warheit der Lehr deduciren/ die wir keine infallibilitet, und Unbetriglichkeit denselben zuschreiben/ noch ein solches sichtbares tribunal infallibile, unbetrieglichen Richterstül in der Kirchen erkennen: wie zwar ihrer seits ein solcher auffgerichtet/ aber eben durch die so vielfaltige/ und ohne Erörterung gelassene Streitfragen/ wiederumb über einen Hauffen geworffen wird: gewißlich/ so ein ding ist/ welches die infallibilitet deß Römischen Stuls verdächtig machen kan/ so ist es eben dieses/ daß so viel und wichtige strittigkeiten/denen durch einen deutlichen Außspruch deß besagten Stuls leichtlich abgeholffen werden könnte/ (auch ohnerachtet vielen und innständigen Ansuchens/ wie in der Controversie, von der unbefleckten Empfängnuß Mariæ geschehen) eine so lange Zeit unerörtert gelassen werden: Oder doch/wann es endlich zu einer Erörterung

rung kommet/auff eine solche generale, und gekünstelte Weise/welche von allerseits streitenden für sich außgedeutet werden kan/(wie in dem Tridentischen Concilio) erörteret werden: Es müste fürwar ein grosser Mangel der Liebe/oder ein grosse Krafft der Forcht seyn/welche den Gebrauch der infallibilität/ mit so grossem Schaden der Kirchen zuruckhaltet: So daß die Betrachtung der in dem Papstumb obschwebenden Strittigkeiten/ dem Hn. Petisco schon ein grosses Vor-Urtheil/gegen dasselbe geben könnte: Ja es hätte auch selbsten die Betrachtung der unter denen Evangelischen schwebenden Mißhelligkeiten/ihme darzu bey vernünfftiger überlegung dienen können/und sollen/daß er das jenige/worinnen so vielerley in anderen Sachen unterschiedene Secten, und Gemeinen einmütig übereinkommen/ (wie sie dann seiner eigenen Außage nach gegen den Papst/ und Römischen Stul/ allesampt gleiche Waffen auffheben) für so viel glaubhaffter hielte; In dem ja nichts/ als eine hellscheinende/und vestgegründete Warheit/einen so einmütigen Beyfall/von so widrig gesinnten Menschen und Partheyen erlangen könnte;
und

und durch eben den jenigen Schluß/ durch welchen er eine Ungewißheit der Lehr/auß deren widerwärtigen meinungen/(in den jenigẽ Puncten, worinnen sie widerwärtig seynd)erzwingen will/ er auch eine Gewißheit derselben/ auß ihrer Einhelligkeit (in deme/worinnen sie einhellig seynd) hätte schliessen sollen.

Spa, the Reformation, deßwegen kein böse Reformation.

§. 53. An dem Ende dieses Capituls, wird noch ein zweyfaches Vorurtheil/ durch welches die Reformirte religion dem authori verdächtig gemachet worden/ berühret: das eine/ hergenommen/ von der Zeit worinnen das reformations-Werck vorgenommen/ und daß in der Grundsuppen der Welt/ keine bessere Lehr/als in der güldenen Zeit der ersten Kirchen/zugewarten seye gewesen; p. 50. welches dann gern gestanden wird/in dem durch die Reformation keine Verbesserung/ sondern Widerbringung der ersten güldenen Zeiten gesuchet worden; nachdem/zu folg der auß 1.Tim.4. angezogenen Apostolischen Verkündigung/ der Abfall vom Glauben/in der Kirchen sich würde zugetragen/und die von Gott bestimte geraume Zeit gewäret haben: Wie dañ eben die jenige Schrifft/welche solchen Abfall/uñ

dessen

deſſen Langwürigkeit verkündiget/ auch verkündiget/ daß in dē letzten zeiten/ viel über die Prophetiſche Schrifften komen/und groſſen Verſtand finden würden/ Dan. 12. verſ. 4. daß die zwey Zeugen/ deren todte Leichnam/eine zeitlang auff den Gaſſen der groſſen Stadt gelegen/ endlich wieder lebendig werden/ und auff ihre Füſſe tretten würden/ Apoc. 11. v. 11. daß eine Offenbarung des boßhafftigen geſchehen/und der Herr ſolchen mit dem Geiſt ſeines Mundes umbringen/ und durch die Erſcheinung ſeiner Zukunfft ſeiner ein gäntzliches Ende machen würde/ 2. Theſſ. 2. v. 8. Und was dergleichen Zeugnuß mehr ſeynd/ welche auff eine Reformation der Kirchen/in den letzteren Zeiten/ deuten.

§. 54. Das andere/ hergenommen/ von dem Leben Lutheri, Calvini, und ihrer Nachfolger/ auß welchem nichts mehrers und vor anderen/von der Warheit ihrer Lehr geſchloſſen werden könnte; Ja ihnen die Wieder-Täuffer und andere Sectierer/an euſſerlich eingezogenem/und uffrichtigem Leben/ weit mehrertheils bevor-

Das Lebē/ aber auch ſterben/ der Lehrer in Betrachtung zu nehmē; uñ welcher geſtalt?

bevorgehen. p. 50. Genug seye es/ daß er in ihrem Leben nichts solches angetroffen/ dardurch er von ihrer Lehr wäre abgeschrecket worden; genug/ daß die jenige/ welche er von ihrem eingezogenen und uffrichtigen Leben selbsten loben muß (wiewol schwär zu begreiffen/ welcher gestalt dieses zweyfache Lob eines nur eusserlich eingezogenen/ und doch uffrichtigen Wandels/ beysammen bestehen können) nicht also von den Reformirten unterscheiden/ daß sie nicht mit ihnen/ in Verwerffung deß Papstumbs übereinkommen solten. So von dem Leben der Lehrer/ eine Warheits-Probe der Lehr selbsten hergenommen werden müste/ so hätte dessen Betrachtung ihre Gültigkeit bey dieser Deliberation haben können; würde aber einen geringen Antrieb zu Annehmung der Päpstlichen Lehr haben geben können; es würden auch die Lebens-Lauff Calvini, Lutheri, und anderer theuren Werck-Zeuge Gottes/ nicht auß einem Bolseco, und dergleichen verzuffenen Scribenten/ sondern auß glaubhafften Beschreibungen gelesen; und bey solcher Lesung die Passionen beyseit gesetzet/ ihre Schwachheiten nicht vergrösseret/

ret/ihre Tugenden nicht übersehen/ und vorbeygegangen/ die grosse und unermüdete Tapferkeit/durch welche sie die Behauptung der Warheit gegen der gantzen Welt Zorn/ und Grim̄/ übernom̄en/ und fortgeführet/ nicht unbetrachtet gelassen: sonderlich aber nach der Apostolischen Vermahnung/ ihr Ende angeschauet/ Hebr. 13. v. 7. und auß deren getrostem und exemplarischen Abschied/ durch welche die Warheit ihrer Lehr/ (offtmals in einem grausamen Marter-Tod) versigelt worden/ eine Muthmassung völliger persuasion, und göttlicher beywohnenden Krafft/ genommen werden müssen: Diese betrachtung deß Todes der Lehrer/ als bey welchem alle Heucheley auffhöret/ und die natürliche Gestalt des Gewissens entdecket wird/ halte ich von weit mehrerer Erheblichkeit/ in dieser untersuchung/ als die Betrachtung deß Lebens derselben; und bin versichert/wann bey einem Theil/ eine Christliche Freymütigkeit/und hertzhafftigkeit/auch zwischen den grössesten Schmertzen/und peinigungen; bey dem andern/ Zweiffel/ Angst/ Bereuung der genossenen weltlichen Ehren und höchsten Kirchen digniteten (wie darvon

von noch frische exempel vorhanden) und in summa, ein Todt mit Schrecken/ beobachtet wird/ daß solches dem Gemüth/ eines bedachtsamen Christen eine so grosse/ und grössere Anweisung/in dieser Sachen/als alle die jenige welche in diesem dritten Capitul bißhero vorgestellet worden/ geben möge/und solle.

Betrachtung des Vierten Strahls.

§. 55.

Vierter Stral ohne neue erleuchtung. IN diesem Capitul fallet der author wiederumb auf lauter præliminaria,und gemeinere Vorbereitungen; und muß ihm ein Stral/ja ein neuer Stral/heissen/durch welches keine neue Erkandtnuß ihme mitgetheilet; Sondern die vorherige Erkandtnuß vielmehr verdunckelt/ und ein Zweiffel/ über all das jenige so er vorhin von den Streit-Fragen geurtheilt/oder gelesen/erwecket worden: Ob er nemlich eine Fähigkeit gehabt/ darvon zu urtheilen? Ob er mit gebührender Sorgfalt/Andacht/Anffrichtigkeit/und Unparteiligkeit auß glaubhafften scribenten
solche

solche Religions-Strittigkeiten gelesen? p. 51.56. welche unnöthige Umbschweiff (zumalen nachdem von Abschaffung der præjudicien, und vorgefaßten Wahns schon vorhero so außführlich gehandlet) zu nichts anders dienen können/ als den verständigen Leser zu ermüden/ den einfältigen aber zu divertiren/ und mit Voruntheilen einzunehmen; zugleich aber auch/ unter solchem Wortgepräng (nach Art der Kunst-Spieler/ die die Augen und Ohren ihrer Zuseher auff was anderes zu wenden trachten/ in dem sie unterdessen ihre Sachen zuverstecken oder zu vertheilen wissen) ein und andere angelegene Meinung mit durch zu bringen.

§. 56. Allermassen auch allhier/ unter dem Irrthumb und Partheyligkeit in der historiâ Henricorum Impp. Geleith dieser unschuldigen und löblichen Bedenckungen/ die Päpstische angemassete temporal jurisdiction, und Gewalt über das Römische und andere Königreich/ und In Summa, die sämptliche Hildebrandinische dictatus, mit durchwischen wollen/ aber nicht also unbeobachtet durchgelassen werden können. Es erscheinet genugsam/ daß derjenige Zweiffel-Geist/ welcher mit diesem vierten Straten in H. Pet. eingestösset worden

den/ein sehr Partheyischer Geist seyn müsse/ in dem er nur das jenige/ was gegen die so genannte Catholische geschrieben/und gelesen worden/in Zweiffel zu ziehen lehret/ das jenige aber/was dem Römischen Stul favorisiret, und in dessen Kram dienet/ für gewisse Warheiten supponiret, und angenommen haben will. Dann wie kommet doch mit einer so mißtrauischen Gemüths Disposition das jenige überein/ was von der Kayser *Henrici* deß zweyten/ und vierten/ langwierigem Streit mit dem Päpstlichen Stuhl/und das viel damals denen Kayseren/auß güldener Hoffnung deß Gewinns/zugefallen/und denen auch warhafftig-löblichen Päpsten viel ungütliches und tugenhafftes/ von *Cardinal Bennone*, und andern angedichtet worden/als von einer bekannten Sach/ gemeldet wird p. 53. Nicht anjetzo von dem jenigen un-Bibliothecarischen Verstoß zu melden/daß diese beyde *Henrici*, welche mit dem Römischen Stul zu streiten gehabt/ der zweyte/ und vierte genennet werden; da es doch entweder/der dritte/und vierte (nach deren hypothesi, welche den Henricum Aucupem,

unter

unter die Römische Kayser rechnen) oder/ der zweyte/ und dritte (nach Baronii, und anderer Zahl-Weise/ welche ihn nur vor einen König in Teutschland/ nicht aber Römischen Kayser gehalten haben wollen) gewesen; und es so fern/ das Henricus der zweyte (in derjenigen Ordnung/ in welcher der berühmte Antagonist deß Gregorii 7. der vierte/ genennet wird) dem Römischen Stul zuwider gewesen/ daß er vielmehr/ wegen der grossen demselben geleisteten Diensten/ mit dem Zunamen deß Heiligen verehret zu werden pfleget: So ist das jenige unrecht/ so der Römische Stul von selbigen Kaysern/ und deren Anhängern gelitten zu haben/ gemeldet wird/ nicht also unzweiffelhafft/ und bekantlich wahr/ das nicht die unChristliche ja unmenschliche Schandthaten der damaligen durch lauter factionen intrudirten Päbsten/ welche selbsten von dem grossen Vorfechter deß besagten Stuls/ Card. Baronio, monstra, und abominatio desolationis in templo, ein Greuel der Verwüstung/ in dem Tempel/ von Genebrardo, Apotactici, Apostaticive potius, quàm Apostolici, genennet werden/ mit noch viel mehreren

H 2   Klar-

Klarheit in die Augen leuchten solte; Ja das nicht ins besonder deß Papsts Gregorii VII. (vorhin München Hildebrandi) greuliche und unerhörte proceduren mit dem Kayser Henrico IV. (den er/ zur Danckbarkeit deß von ihm erlangten Papstumbs excommunicirt, die Fürsten/das gantze Reich/ und seine eigene Kinder gegen ihn auffgewickelt/ dahin genöthiget/ daß er zu Bezeugung der Buß zu ihm in Italien reisen/ und in dem Schloß Canossa, mit zurucklassung alles seines Gefolgs/ Ablegung deß Kayserlichen habits, in dem grössesten Winter/ bey härtester Kälte/baarfüssig/ mit einem einigen wollenen Rock bekleidet/ drey gantzer Tag/ ohne annehmung einiger Nahrung biß auff den Abend/mit einer Scheer und Besem in der Hand/ umb Päpstliche Gnad und Vergebung/ stehen müssen; und selbige gleichwol kümmerlich mit vielen Thränen/und bitten/ endlich auff die Vorbitt der Päpstlichen Lieben getreuen Mathildis, am vierten Tag/ erhalten: und gleichwol doch hernach denselben biß an sein letztes Ende/ durch deß Kaysers eigene Söhne/persequiret) von damaligen meisten Scribenten/und nicht nur dem

Cardi-

Cardinal Bennone, sondern noch 13. anderen Cardinälen/ so selbiger erneñet/ item von Waltramo Bischoff zu Naumburg/ Venerico Bischoff zu Vercell/ Rolando Parmensi Sacerdote, Ivone Carnutensi, Sigeberto Gemblacensi und anderen wäre improbiret/ ja er von gantzen Conciliis derentwegen deß Papstumbs unwürdig erkläret worden; Ins besonder von dem jenigen/ so zu Wormbs/ Anno 1076. gehalten/ und auff welches in diesem unter Wormbsischer censur herauß gegebenem Buch billich einige reflexion hätte gemacht werden / und dessen Author in diesem seinem Noviciat, sich im übrigen nicht alsobald hätte / auff diesen so gefährlichen Posten/ und wo er weiß/ das der Römische Stul von einem grossen und vornehmen Theil seines Anhangs/ ja gantzen Schulen/ und Königreichen verlassen wird/ hazardiren sollen;

Betrachtung des Fünfften Strahls.

§. 57.

Unter dem Namen deß fünfften Strals/ wird das Reformations-Werck/ so in fünfften

Inhalt deß
fünfften
dem Strals.

H 3

im vorigen Seculo vorgenommen worden/ angezäpfet/ und deßen Urheber/ absonderlich Lutherus, theils einer Schwachheit/ (in unternehmung/auß Neugierigkeit/und Ehrgeitz/eines so wichtigen Wercks) theils einer Boßheit/(in Antastung hoher Stands-Personen/ zancksüchtiger Unbeständigkeit und unartigen Reden) theils eines geheimen sündlichen/ und auff Losigkeit und Freyheit deß Lebens zielenden Absehens beschuldiget.

Unbedachtsame Tadlung der Reformation.

§. 58. Es ist in Warheit kein geringes/ von einem Werck Gottes/worinnen selbiger seine Ehr will offenbahren/ also verächtlich zu reden; Das Urtheil der jenigen/welche/ nachdem sie durch eine starcke Hand auß Egypten geführet/ gleichwol die Egyptische Knoblauch/ und Zwiebeln/ dem Himmel-Brod vorgezogen; Wie auch deren/ welche das jenige Werck Christi/ welches er durch den Geist/ und Finger Gottes vollbracht/ dem Teuffel beygemessen/kan zu einer Warnung denen dienen/ welche sich einer gleichen Verkleinerung/ und Verleumbdung deß

Nothwendigkeit derselben

göttlichen Fingers/bey dem Reformations-Werck schuldig machen.

§. 59. Bekannt ist/ und konnte Hn. Petisco

cisco nicht unbekannt seyn/was massen durch die grosse Mänge der in die Römische Kirche eingerissenen Mißbräuchen und Unordnungen/ schon eine geraume Zeit vor Luthero, eine Reformation derselben/ beydes in dem Haupt/ und in den Gliedern/ fur höchstnöthig gehalten/ und von vielen/ mit Begierde verlanget/ und mit Innständigkeit begehret worden. Wie hauffige Zeugnuß könten hiervon auß Bernhardo, Nicolao de Clemangis, Alvaro Pelagio, Theod. à Niem, Wicelio, Petrarcha, Wesselo Groningano, Mantuano, und anderen beygebracht werden? Der Ehr- und Geldt-Geitz war bey der Clerisey auff den höchsten Grad gestiegen/ und die gantze Religion in allen ihren Theilen und Stücken/ diesen beyden Abgöttern dergestalten unterwürffig gemachet worden/ das alles dahin undienliche hindangesetzt/ alles dahin dienliche/ wie schandbar/ und ärgerlich es auch war/ gestattet und gedultet wurde. Die hierüber von gantzen Nationen, der Teutschen/ Frantzosen &c. geführte Klagen und Gravamina, ins besonder deß Kaysers Maximiliani I. seynd von dem Orthuino Gratio in den

H 4   Falci-

Fasciculum rerum expetendarum zusammen getragen: Und hat dannenhero der Frantzösische Abgesandte Alnoldus Ferrerius, auff dem Tridentischen Concilio, in seiner von Thuano l. 32. beschriebenen Rede (welche aber/ so wol als die gantze Beschreibung deß besagten Concilii, als nicht in den Päpstlichen Kram dienend/ in den meisten Editionen deß Thuani außzulassen gut befunden worden) kein Bedenckens getragen/ zu sagen; Centum quinquaginta anni elapsi sunt, ex quo Reges nostri petierunt à Pontificibus Ecclesiasticæ disciplinæ, jam tum labentis, restitutionem &c. Hundert und Funfftzig Jahr seynd bereits verflossen/ seith dem/ das unsere König/ die Wiederauffrichtung der zerfallenen Kirchen-Disciplin von den Päpsten begehret/ und deßwegen ihre Gesandten/ zu den Conciliis zu Costnitz/ Basel/ Rom/ und Trident verschicket haben. Selbsten die hefftigste Verfechter deß Papstumbs haben dessen nicht in Abred seyn können/ wie auß deß Contareni, Sadoleti, Poli, und anderer Consilio, so sie dem Papst Paulo III. gegeben/ bey Onuphrio, zu ersehen; als worin-

worinnen sie melden/ ferè in præceps collapsam esse Ecclesiam Christi, abusus & gravissimos morbos, quibus jam pridem Ecclesia DEI laborat, & præsertim Romana curia, effecisse, ut ingravescentibus pestiferis morbis magnam hanc ruinam traxerit, daß die Kirche fast gantz zerfallen/ und durch die Mißbräuche/ und sehr grosse Kranckheiten/ darmit sie/ und sonderlich der Römische Hoff/ behafftet/ und deren zunehmendes Wachsthumb/ solch eine grosse Ruin verursachet worden: Item, Ecclesiam ad desperationem ferè salutis laborare; daß die Kirch fast unheilbar kranck darnieder lige. Ja wir hören den Römischen Papst Adrianum VI. selbsten hiervon dieses Zeugnuß geben, in der Instruction, so er seinem Gesandten Cheregato, als selbiger zur Reichs-Versamblung nach Nürnberg verschickt wurde/ ertheilet/ Scimus, aliquot jam annis in sanctâ sede multa abominanda fuisse, abusus in spiritualibus, excessus in mandatis, & omnia denique in perversum mutata, ne mirum, si ægritudo à capite in membra, à summis Pontificibus, in alios inferiores prælatos.

H 5 descen-

descenderit; ――― Polliceberis, nos omnem operam adhibituros, ut primùm Curia hæc, unde forte omne hoc malum processit, reformetur, ut sicut inde corruptio in omnes inferiores emanavit, ita etiam ab eâdem sanitas, & reformatio omnium emanet: Wir wissen/ daß schon seith unterschiedlichen Jahren/ viel Abscheulichkeiten/ in dem H. Stul/ viel Mißbräuch in geistlichen Dingen/ *exceß* in den Befehlen begangen/ und durchgehend alles in Verderbnuß gerathen seye: auch die Kranckheit von dem Haupt/ in die Glieder/ von den Päpsten/ auff die niedern Stände der Kirchen geflossen ――― deßwegen solte er versprechen/ daß der Papst allen Fleiß anwenden wolte/ und den Römischen Hoff/ als vielleicht die Quell alles solchen Unheils/ zu *reformiren*, damit/ gleichwie von dannen die Verderbnuß/ auff die untere geflossen/ also auch von dannen der Anfang der Gesundheit und *Reformation* gemachet werde.

Verderbnuß des Lebens inficiret endlich die Lehr.

§. 60. So man hierüber einwenden wolte/ das zwar das Leben und Lebens-Art der Geist-

Geistlichkeit Mangel: und Tadelhafft befunden worden; solches aber der Lehr/ und Kirchen nicht nachtheilig seye/ noch selbige derentwegen beschuldiget/oder verlassen werden können; So ist zu wissen/daß bey einer solchen Verderbnuß/ welche beydes das Haupt und die Glieder/ deß geistlichen Standes eingenommen/ die Lehr nicht habe ungekräncket bleiben können; Massen nicht nur der Mangel deß Wissens/bey denjenigen/welchen die Unterhaltung der wahren Lehr anvertrauet (wann selbige an statt der Wissenschafft Profession von Ignorantz machen/ oder ihre meiste Wissenschafft in Ableß: oder thönung eines Breviarii, oder auffs beste in erlernung deß hageren und mageren Schul-Gezäncks/ und Canonischen Rechtens bestehen lassen) dem Irrthumb die Thür gleichsam öffnet/und den Eingang in die Kirche erleichteret: Sondern auch fürnemlich/ der Mangel deß Gewissens/ bey eben denselbigen/ zugleich mit der Liebe deß Zeitlichen Guts und fleischlicher Gemächlichkeit/auch die Liebe deß darzu dienenden Irrthumbs würcket; und in der Römischen Kirchen/ in der That dieses zuwegen

H 6 ge-

gebracht hat/daß auch die Lehr derselben verfälschet/und vortheilhaffte Irrthumb/der einfältigen Warheit fürgezogen worden. Es ist bey unpartheyischer Uberlegung unschwär zu erkennen/wie fast in allen Stücken / sonderlich aber in dem Articul/von der Buß/und der Rechtfertigung/die Lehr nach dem interesse deß Römischen Stuls/und Clerisey eingerichtet worden / und man von der Leichtglaubigkeit der Menschen/ seinen Nutzen zu machen (ut quæstui essent capti superstitione animi) beflissen gewesen: Sonderlich aber hat dieser Ehr : und Geldsüchtige Welt-Geist sich in der berühmten und vorträglichen Ablaß-Krämerey/ wie selbige vor) und zu deß Papst Leonis X. Zeiten getrieben wurde/zu erkennen gegeben/und zugleich offenbär gemacht/welcher Gestalt lasterhaffte Gemüths-Neigungen ihr Gifft auch auff die Lehr außbreiten können; So daß der Christenheit endlich die Augen darüber auffgehen müssen/und eine Reformation so wol in der Lehr/ als in dem Leben zu verlangen / dannenhero der nechste Anlaß gegeben und genommen worden.

Unheil-
samkeit

§. 61. Gleichwie man aber grosse und erhebli-

hebliche Urſachen gehabt/dergleichen Refor- deß R
mation zu verlangen/ alſo hatte man keine miſch
Urſach/von dem Römiſchen Stul ſelbige zu Stul
hoffen; Nachdem durch eine Erfahrung
von langer Zeit hero/ die Widerſetzlichkeit
deſſelben/und das da man ihn heilen wolte/er
ſich nicht habe heilen laſſen wollen/ kund gemachet worden. In dem Concilio zu Coſt-
nitz/ wurde von reformation der Kirchen/
in dem Haupt/und in den Gliedern/ geredet: Aber Papſt Martinus V. hindertrieb
das Vorhaben/unter dem Vorwand / daß
das Concilium ſchon 4. Jahr gewähret/
zu groſſem Schaden der Biſchöffen/und
Kirchen; daß man deßwegen dieſe Sach
auff eine andere Zeit außſtellen/ und
darbey bedencken müſte/eine jede Provintz
habe/ nach Hieronymi ſagen/ ihre eigene
Gewonheiten und Meynungen/welche
ohne groſſe Verwirrung nicht geändert
werden könten. Platina, in vit. Martini V.
In dem Concilio zu Baſel wurde dieſe materi abermal auffs Tapet gebracht; ja gleich
anfänglich/ als der vornemſte Anlaß deß
Concilii vorgeſtellet: Aber ſo bald man
den Römiſchen Hoff anrühren wolte/ ſahe
H 7 man

man Papst Eugenium IV. so gar dem Werck/und dessen Fortgang sich zu widersetzen/daß er darüber von dem Concilio abgesetzet/und Amedeus von Savoien an seine Stelle erwehlet wurde/ welcher aber jenem gleichwol wieder platz machen/ und also die guten Vorhaben deß Baßler Concilii abermal zernichtet werden musten. Als nach dem Todt deß Alexandri VI. in dem Collegio der Cardinäl beschlossen/und endlich von ihnen allen verabredet worden/ den jenigen Papst/auff welchen die Wahl fallen würde/ zu verbinden/ daß er innerhalb der 2. ersten Jahr ein allgemein Concilium, wegen reformation der Kirchen in capite & membris, in dem Haupt/und in den Gliedern beruffen solte (darzu ihnen sonderlich durch deß vorigen Papsts ärgerliches Leben Anlaß gegeben worden) hat der erwehlte Papst Julius II. an nichts wenigers/ als die vollziehung seines Eyds gedacht; und dannenhero dem Kayser Maximiliano, und König in Franckreich Ludovico XII. Anlaß gegeben/ sich zusetzung einiger Cardinälen/ ein Concilium zu Pisa zu convociren, worinnen von ausrottung der Ketzereyen und Irrthumben/

so

so durch die Nachläßigkeit der vorgesetzten hin und her hervorgebrochen/ und von Reformation der allgemeinen Kirchen/ in fide & moribus, im Glauben/ und in den Sitten/beydes deß Haupts/ und der Glieder/ gehandlet/und vor Bewerckstelligung dessen/ das Concilium nicht getrennet werden solte. Der erfolg ist gewesen/ das Papst Julius II. diese Zusammenkunfft/ als eine Rotte Dathan, und Abirams, durch den Donnerkeil deß Banns/ und Fluchs zerstöret; und (um sich gleichwol wegen solcher gehinderten Reformation in etwas weiß zu brennen) ein ander Concilium, zu Rom/im Laterano angestellet/in welchem er/ und sein Nachfolger Leo X. (zu dessen Zeit Lutherus sein Reformations-Werck in Teutschland angefangen) nach belieben schalten und walten konnte; wie sie dann darinnen/ an statt verlangter Abschaffung der Mißbräuchen/ vielmehr ihr Werck gemacht/durch Abschaffung der Sanctionis Pragmaticæ, und umbstossung deß Baßler Concilii, die Päpstliche Macht über alle Censur zu erheben, und der Welt darhin zu weisen/ daß ihr Schade ein unheilsamer Schade (Jerem. 15. vers. 18.) seye.

§. 62.

Widersetzung gegen die angefangene reformation.

§. 62. Es hat sich solches noch klärer/ auf die von Luthero (jedoch nicht ihme allein/ sondern vielen anderen Theologis, Fürsten/ Stätten/ Ständen/ beschehene Widersprechung/ und vorgenommene Reformation zu erkennen gegeben. Dann/ da von selbigen zum öfftern/ sonderlich in denen zu Nürnberg und Speir gehaltenen Reichs-Versamlungen/ eine Reformation deß in grosse Unordnung gerathenen Kirchen-Wesens/ darvon sie weniger nicht/ als 100. gravamina dem Päpstlichē Legato zugestellet/ und zu solchem Ende/ ein freyes/ allgemeines Concilium in Teutschland/ begehret worden/ hat zu den Zeiten Papst Leonis X. anderster nichts erhalten werden können/ als daß mit citationen, und condemnationen ohne gehörige Untersuchung der Sachen selbsten/ gegen Lutherum verfahren; ja eben die appellation, durch welche er von dem Papst/ auff ein Concilium appelliret, für einen Anlaß grösserer Verbitterung auffgenommen worden. Zu den Zeiten seines nachfahren/ Hadriani VI. hat man zwar einige mehrere Hoffnung der Reformation, wegen dieses Papstes besserer intentionen, geschöpffet/ als

als welcher gleich im anfang seiner Regierung sich gäntzlich vorgenommen/ daß Zerfallene Kirchen-Weßen in einigen besseren Stand zu bringen; auch durch seinen gesandten Cheregatum, wie hieroben gemeldet/ denē Reichs-Ständen/ darvon gute Versicherung thun lassen: In deme ihme aber/ võ seinen Cardinälen/ sonderlich Volaterrano, solche Vorstellungen geschehen/ daß durch Unternehmung einer solchen Reformation deß Römischen Hoffs die Lutheraner in ihrer Meynung gesteiffet/ hingegen die Päbstliche Einkünfften mercklich würden geschmälert werden (neque reformationem ullam posse institui, quæ obventiones Ecclesiasticas non insigniter diminutum eat; dann nachdem solche Einkünfften/ auß einer weltlichen Quellen/ nemlich der gewöhnlichen Landsteuer der Päpstlichen Unterthanen/ und auß dreyen geistlichen Quellen/ nemlich den Indulgentien, Dispensationen, und Außtheilung der Beneficien, herflössen/ könnte keine deroselben verstopft werden/ ohne das zugleich der vierte Theil deß Päpstlichen Einkommens auffhöre;) sihe/ so hat auch derselbe/ wider Willen darvon abstehen müssen:

und

und wird gemeldet/ daß er damalen hero in einem Gespräch mit Guilhelmo Encourt, und Theodorico Hezio, in diese Wort heraußgebrochen/ miseram esse Pontificum conditionem, quibus videret deesse rectè faciendi facultatem, etiam cum maximè velint, & in id operam, ac diligentiam impendant: Es seye der Päpstliche Stand ein erbärmlicher Stand/ als welche das Vermögen nicht haben/ daß jenige gute/ daß sie wünschen/ und darnach sehnlich strebeten/ werckstellig zu machen: wie hernach fast durch einen gleichen Gewissenstrieb/ Papst Marcellus II. (nach deß Onuphrii Erzehlung) als er bey der Mahlzeit/ der Ablesung H. Schrifft und der Vätter eine zeitlang zugehöret/ mit der Faust auff den Tisch schlagend/ ausgeruffen; non video, quomodò qui locum hunc altissimum tenent, salvari possint: Ich sehe nicht/ wie einer/ so diese hohe Stell bekleidet/ seelig werden könne. Ja es hat Papst Adrianus, durch die hieroben gemeldte auffrichtige Bekandtnuß/ von der grossen Verderbnuß und Mißbräuchen der Kirchen/ dergestalt die Römische Prelaten vor den Kopff gestossen/

als

als welche ihre Mängel nicht also auffgedeck-
et/ noch ihre Nutzungen verringeret sehen wol-
ten/ daß der bald darauff erfolgte Tod Adri-
ani, für eine Würckung dessen/ von einigen
gehalten/ und in selbiger Nacht/ eine Siegs
Cron/ deß Papsts Medico an die Thüre/
mit der Uberschrifft/ Liberatori patriæ S. P.
Q. R. dem Erlöser deß Vatterlands
setzet dieses der Rath und Bürgerschafft
zu Rom, gemahlet worden. Der auff ihn ge-
folgte Papst Clemens VII. hat ihn in dem
Verlangen einer Reformation gar nicht
nachgefolget/ und durch seinen gesandten
Campegium zwar/ auff anhalten der zu
Nürnberg versamleten Reichs-Ständen/
einige Reformation, aber nur in Teutsch-
land/ und bey den geringeren geistlichen Or-
den/ versprochen/ und vorgenommen; keines
wegs aber die grössere/ viel weniger den Röm.
Stul antasten lassen; auch wegen deß endlich von dem Kayser selbsten verlangten freq-
en Concilii (als welcher Name zu Rom
ein verhaßter Name) einen Auffschub nach
dem anderen hervorgesuchet/ sonderlich aber
dessen Haltung in Teutschland sich beständig
widersetzet; biß er über solchem Zwiespalt/
wegen

wegen deß Orths deß Concilii, verstorben, und sein Nachfahr/ Paulus III. daſſelbige endlich in Italien/ erſt zu Mantua, hernach zu Trient außgeſchrieben; woſelbſt es/unter ihme/ und denen folgenden Päpſten, Julio III. Marcello II. (dem jenigen/welcher unter allen Päpſten/ von Nothwendigkeit der Reformation, und daß ſelbige/nicht zu Verkleinerung/ ſondern warhafftiger Erhöhung deß Römiſchen Stuls dienen würde/ am beſten geurtheilet; aber nur 22. Tag ſolcher Würde genoſſen) Paulo IV. und Pio IV. zwar gehalten/ aber auff eine ſolche Weiſe gehalten worden/ daß die reguln einer Politiſchen Klugheit beſſer als die Natur der wahren Kirch und Religion darauß zuerlernen ſtehet: und die alleinige Leſung der hiſtori ſelbigen Concilii unſeren abtrünnigen von ſeinem Vorhaben hätte zurück halten können.

Reformation nicht auß neugierigkeit/ oder ungehorſam angefangen.

§. 64. Das erzehlte kan genugſam ſeyn/ umb das vorgenommene Reformations-Werck in ſeinem Anfang ſo wol gegen die Beſchuldigung einer Neugierigkeit/ und Ehrgeitzes/ als auch eines Ungehorſams und rebellion, und daß man (wie H. Peciſcus redet) durch Sicherheit in ſeinem Beruff

Beruff/ Vorwitz in seinen nach Neuerung stehenden/ und sehenden Gedancken/ Ehrgeitz in dem Gemüth/ sich ziemlich fast wie vormals Herostratus einen Namen zu machen/ auß der Wiegen deß kindlichen Gehorsams habe werffen lassen/p. 61. zu verantworten. Ein so ungütliches Urtheil (welches anderseits darinnen allzugütig/ daß es einen solchen Ehrgeitz/ und Ungehorsam/ nur als eine Schwachheit betrachtet haben will) wird der jenige nicht fällen/ welcher auß der histori bericht genommen/ wie vielfaltiges/ innständiges/ aber vergebliches Ansuchen/ einer ordentlichen Untersuchung/ und Abschaffung/ der eingerissenen Mißbräuch/ sonderlich in der damaligen Ablaß-Verkauffung/ mit aller möglicher Gehorsambs und Ehrerbietungs-Bezeugung/ Lutherus bey dem Chur-Fürsten Alberto zu Maintz/ damaligen Bischoff von Magdenburg/ bey Hieronymo, Bischoff von Brandenburg/ bey Papst Leone X. und dessen Gesandten/ Cajetano, und Miltitio; ingleichem die ihme beygefallene Fürsten und Stände/ bey dem Käyser/ den Päpsten/ und deren Gesandten/ der angestellten Reformation

tion vorhergehen lassen: wie sie nicht ehe/ als da alle Hoffnung eines freyen Concilii verschwunden/ und der Römische Stul/ zu keiner Reformation schreiten wollen/ oder doch darinnen mit einer solchen Langsamkeit/ (wie der Historicus redet) verfahren/ ut inter singulos pedes atque passus unius seculi esset intervallum; das zwischen jedem Schritt 100. Jahr vorbey geflossen/ sich an solches Werck begeben; und zwar also begeben/ daß sie das Wort Gottes ihnen darbey zur einigen Regul und Richtschnur dienen lassen; zu einem Urtheil und Prüfung/ auß demselben/ sich jederzeit erbietig gemacht; zwischen dem jenigen/was vermög solchen Worts gut geheissen/ oder doch geduldet werden könnte/und dem/so selbigem schnurstracks zu wider/den Unterscheid sorgfältig beobachtet; in der Reformation selbsten Staffel-Weise verfahren/ und von der separatione negativâ, oder Enthaltung von den Mißbräuchen/ zu der Widersprechung/ von dieser aber zu der separatione positivâ, oder Auffrichtung sonderbaren Gemeinden nicht eher geschritten/ biß man von der Römischen Kirchen gewaltthätig durch die

die Bann und Verfolgungen außgetrieben/ und dardurch zwar von der Römischen verdorbenen Kirch abgesondert/ aber mit der Catholischen Kirchen desto mehr vereiniget worden. So derowegen hierinnen eine Neugierigkeit erwiesen worden/ so ist es eine solche/ wordurch man gierig ist nach der vernünfftigen lauteren Milch/ als die jetzt gebornen Kindlein: 1. Petr. 2. v. 2. So ein Ehrgeitz/ so ist es ein solcher/ durch welche man nach den besten Gaben/ zu folg der Apostolischen Vermahnung/ 1. Cor. 12. v. 31. gestrebet: So ein Ungehorsam/ und Widerspenstigkeit/ gegen die Mutter/ die Kirche/ so ist es eine solche/welche dorten von Gott selbsten anbefohlen wird; Litigate cum matre vestrâ; Sprecht das Urtheil über eure Mutter (oder/ streitet/rechtet gegen eure Mutter) sie seye nicht mein Weib/ und ich will sie nicht haben: heisset sie ihre Hurerey von ihr weg thun/ und ihre Ehebrecherey von ihren Brüsten: Hos. 2. v. 2. So eine Trennung/ so ist es eine solche/ durch welche jene fromme Israeliten auß den 10. Stämmen zu den Zeiten Hiskiæ, und auff dessen beschehene

hene Einladung/ sich von dem abtrünnigen Israel (so lang vorhero zu Jeroboams Zeiten von Juda abgefallen war) abgesondert/ und zu der Gemeinschafft deß reinen Gottes Dienſts mit Juda wiederumb begeben haben/ 2. Chron. 30. v. 5. 11. eine solche dardurch die Bande der Ungerechtigkeit zerrissen/ und man deßwegen freudig außruffen können; Strick ist entzwey/ und wir seynd frey; gebenedeyet seye der Name unsers Gottes.

Wird durch ſwachheit / nicht boßheit fortgeführet.

§. 64. Gegen die Beschuldigung einer mehr als Menschlichen Boßheit/ welche bey der Fortführung deß angefangenen Reformations-Werck sich zu erkennen gegeben hätte/ und aus deß Lutheri Schrifften/ und darinnen befindlichen irreverentz, gegen hohe Stands-Personen zancksüchtiger Unbeständigkeit/ und übel anständigen Tisch: und anderen Reden/ erwiesen werden will (p. 62. 63. 64. 65.) dienet zur Antwort/daß dem Reformations-Werck an seinem würth deßwegen nichts abgehet/ob schon Schwachheiten/ und Fehler/ bey einem und anderem Werckzeug/dessen sich Gott bedienet/mit untergeloffen wären; gleichwie/ da auch zu

Pauli

Pauli Zeiten das Evangelium von einigen zwar auß guter Meinung/ von andern aber/ umb Haß und Haders Willen/ aus Zanck/ und nicht lauter/ geprediget wurde/der Apostel also geurtheilet/ daß/ so fern nur Christus verkündiget würde/man auß beyderley/ Anlaß der Freude nehmen könne/Phil.1.v.15.18. vielmehr die Zuwegenbringung eines so grossen Gutes/ durch so sündhaffte und gebräuchliche Gefässe/ zu Gottes grösseren Ehren/ der seine Krafft in der Schwachheit der Menschen verherrlichet / gereichen müsse: Das auch die vorgeworffene harte und anstößliche Red-Arten deß Lutheri, keinen genugsamen Beweißthumb eines boßhafftigen/vielweniger unmenschlich boßhafftigen Gemüths von demselben geben können/ als welche ihren Ursprung zum Theil auß einem durch gegenseithige obstination erweckten Eyffer/ zum Theil von einer auß dem vorigen Stand anhangenden und allzutieff eingewurtzelten Gewohnheit und Schaam-Befreyung genommen haben mögen: und nicht für eine neuerlernte/sondern noch nicht genugsam abgelernte München Sprach gehalte̅ werden möchten: auch

J allen

allen falls von den jenigen/welche mehr auff
den Kern/ als die Schale sehen/ eine rauhe
Warheit/ einer butterglatten Verführung
vorzuziehen seye: daß hingegen durch einen
gleich: und mehr gewissen Schluß/eine grosse Verderbnuß und Boßheit bey denen/wel-
che solche harte Wort herauß gepresset/ und
veranlasset/ gemuthmasset werden möchte;
noch mehr aber bey denen/ welche gleich den
Mucken sich nur auff die Wunden/ und
bresthaffte Theil deß Leibes setzen/ und mit
Verschweigung deß guten und rühmlichen/
so sich bey einem Scribenten, in weit grösserer
Mänge befindet/ nur allein dessen strauchlen
und übereilungen/ zu notiren/ selbige durch
Verschweigung deß gegebenen Anlasses/
durch eine Absonderung von dē übrigen con-
text, durch Andichtung deß ärgesten Ver-
standes/ durch Zusammensetzung zerstreuter
Reden/ (gleich solches also von deß Hn. P.
fromm-gerühmten Vorgänger geschehen)
zu einem Anlaß der Beschuldigung zu nehmen; und solche so dann noch ferners
von einer Person/ auff eine gantze Kirche/
und Religion, ja auff eine solche/von welcher
bekantlich selbigen Lehrers Meinungen nicht
alle-

allesampt angenommen werden/ zu erweitern beflissen sind; sonderlich/ wann es von denen/ oder in favor der jenigen geschihet/ welche an statt der vorgeworffenen verbal Beleidigungen/ mit realen Beleidigungen/ sich an Königen und Potentaten zu vergreiffen/ oder den Weg zu solchen durch ihre Lehr zu weisen/ kein Bedenckens tragen.

§. 65. Die fürnemste und wichtigste Beschuldigūg ist noch übrig/ betreffend nemlich die Leicht: und Losigkeit deß Lebens/ welche sich in Außführung der Reformation hervor gethan; aber in der intention und Absehen das erste/und gleichsam eine in dem Berg-Werck menschlicher Erfindung fast tief verborgene Ader/oder Geheimnuß seye/ so dieser unser Gold-suchender Bergmann durch die Glück-Ruthen eines auffrichtigen Vorsatzes/ entdecket zu haben sich rühmet (p 66.) Man solte meinen/es habe derselbe das jenige grosse Mysterium iniquitatis, Geheimnuß der Gottlosigkeit darvon der Apostel/ 2. Theil. 2. v. 7. geweissaget/ und welches die grosse Hur an ihrer Stirn geschrieben träget

Ist nicht auff fleischlichkeit und ungebundenheit gerichtet.

träget/ Apoc. 17. v. 5. angetroffen/ weil er mit solchen Freuden/das εὕρηκα εὕρηκα, Ich habs erdappet! außruffet; und mit solchen præambulis, von p. 66. biß 70. sich zu dessen Darweisung begiebet. Dieweil nun auch die Reformatores der Kirchen/ einen gleichmässigen Fund gethan zu haben vermeinet/ und fürnemblichen umb dieser Ursach willen von der Römischen Kirchen sich abgesondert/ als wird es auff den Beweißthumb/und Gegenhaltung ankommen/welche von den beyden Lehren es seye/ die dem Fleisch am meisten favorisire, und durch die Gemächlichkeit/und Wollüste deß Fleisches/ sich angenehm zu machen trachte.

Vom Ehelosen Stand der Geistlichen

§. 66. Daß erste Kenn-Zeichen eines fleischlichen Absehens bey dem Reformations-Werck nimmet unser Ankläger her/ von dem Gelübd der Ewigen Keuschheit/ welches in der Catholischen Kirchen/ von geistlichen Weib- und Manns-Personen abgeleget; von Luthero aber/und seinem Un-Catholischen Anhang abgeschaffet/ die unehliche Keuschheit nicht nur schwär/ sondern gar unmüglich außgegeben/ die von viel 100. Jahren verschlossene Closter-Thüren

ren auß den Angeln gehoben/ der Eheſtand denen Chriſto verlobten München und Nonnen geſtattet; und von Luthero ſelb‑ ſten deſſen ein Anfang gemachet worden. Man hätte aber die Vergleichung und den Unterſcheid recht vorſtellen/ und alsdann das Urtheil darüber fellen/ oder dem vernünfftigen Leſer überlaſſen ſollen. Auff der einẓ Seite (nemlich der Proteſtirenden) neben einem allgemeinen Gelübd der warhafften ewigen Keuſchheit/ als worzu alle Chriſten ſich in ihrem Tauffgelübd verbinden/ eine Freylaſſung deß ehelichen Standes/ als welcher beydes durch die Natur/und das Geſetz Chriſti/ allen erwachſenen/ ohne Unterſchied deß Standes oder Beruffs freygelaſſen/ ja deren einigen/ ſo die Gabe der Enthaltung nicht haben/ gerathen worden/ doch alſo daß bey ſolcher Freyheit/ ſo wol in Antret‑als Fortſetzung deß Eheſtands/ die in göttlichem Wort vorgeſchriebene reguln beobachtet/ und alſo derſelbe/ nach dem Willen/ und zu der Ehre Gottes gerichtet; aber ohne das jemand in einigem Stand oder Beruff zu demſelben verbunden/oder (wie von dem authore höniſch vorgegeben wird) wegen deſ‑

J 3 ſen

sen Unterlaffung belachet/oder bey sonst erbarem Wandel/ in Verdacht gezogen; (allermassen die exempel unverheuratheter Geistlichen/denen solches an ihren Ehren keinen Abbruch thut/ ihme nicht unbekant seyn können) auch ohne das eine solche allgemeine Unmüglichkeit der unehligen Keuschheit/ wie gegen besser wissen angedichtet wird/ behauptet werde: Auff der anderen Seiten/ (nemlich der Römisch-Catholischen) eine von der Kirchen/ wie sie reden/ eingeführte Verbindung aller in dem geistlichen Stande stehenden Personen/ zu dem unehlichen Leben; ohne Unterscheid deß Alters/ und der Gaben/ ob man die Gabe der Keuschheit habe/oder nicht; und unter der höchsten/ja selbsten lebensstraff: welche/ wie sie in ihrem Ursprung Menschlich/ (der Apostel nennet es gar eine teufflische Lehr/ welche verbietet ehlich zu werden/ 1. Tim. 4. v. 1. 3.) allererst von Papst Syricio gegen End deß vierten seculi, zu wider der Apostolischen Lehr/ wie auch Gewonheit der ersten Kirchen/ auff die Bahn gebracht; und noch später von Papst Gregorio VII., oder Hildebrando, so dann auch Päpst Calixto, denen Occidentalischen

schen Kirchen/ nicht ohne widersprechen der Bischoff in Italien/ Teutschland/ und Franckreich/gesetzweise auffgebürdet; wie sie in dem Absehen/ weltlich/ auff die Zusammenhaltung der zeitlichen Kirchengüter/ ob schon unter anderm gesuchten Vorwand/ hauptsächlich abzielendt; gleichwie solches aus jener dispensation deß Papsts Pelagii, mit dem Syracusanischen Bischoff/ in Jur. Canō.dist.28.c.13.klärlich erhellet; uñ aus einer gleichen Ursach bey vornehmen weltlichen familien, je zuweilen einige der Brüderen sich deß Ehestands enthalten; Also in der Beobachtung/ fleischlich/ und ein Anlaß der grössesten Uppigkeiten/ und Unreinigkeiten/ und daß bey Verwehrung dieses einigen Mittels/ welches das Gesetz dem Geblüt deß sündhafften Menschen/ als ein ordentliches remedium incontinentiæ offen gelassen/dasselbe alle übrige Dämme durchbrochen/ und die Welt mit einer gantzen Sünd-Fluth abscheulicher Unthaten überschwemmet/ mithin die angemaßte Heiligkeit der Römischen Kirchen/ in dero Haupt/ und Gliedern/ welche als eines der Kennzeichen derselben gerühmet wird/ mercklich verdunck-

elt

elt worden. Gewiß ist/ daß diejenige mehr lieb gegen die Römische Kirche erwiesen/ mehr für dero Ehr gesorget/ welche in dem Anfang/ der Einführung dieses Gebotts sich widersetzet/ wie solches in dem Nicenischen Concilio, der heilige Mann Paphnutius und nach ihme/die übrige Vätter/und zu den Zeiten Hildebrandi, und Calixti alle Clerici in gantz Teutschland gethan; Oder nach dessen Einführung/und Erfahrung der dardurch veranlasseten Unordnungen/dessen Abstellung verlanget/und gerathen; wie Æneas Sylvius, so hernach Papst Pius II. worden/ solches gethan/ sprechend bey Platinâ: Sacerdotibus magnâ ratione sublatas nuptias; majori restituendas videri: So das Heurathen den Priestern auß erheblichen Ursachen verbotten/ so seye ihnen dasselbe auß noch erheblicheren wiederumb zu verstatten; Wie es Panormitanus, Polydorus Virgilius, Erasmus, Cassander, und andere gethan; wie es selbsten im Tridentischen Concilio, der Ertzbischoff von Prag/ und der Bischoff von Fünff-Kirchen gethan; ja selbsten der Keyser Ferdinandus, und Chur-Fürst von Beyern/ durch schrei-

schreiben an ged. Synodum gethan; und
mit solchem Nachdruck/ vermittelst Beyfügung eines von den Catholischen Theologis in Teuschland hierüber verfertigten Tra-
ctätleins gethan/daß der Papst Pius IV. selbsten dardurch überwiesen/ die Sache einer
neuen Untersuchung zu unterwerffen vorge-
nommen/und wann er durch den Cardinal
Simonetam auß weltlichen Ursachen von
solchem Fürhaben nicht abwendig wäre gemachet worden/solches werckstellig gemacht
haben würde: Mehr/sage ich/ als von Hn.
Pet.und seinen adhærenten für solche Ehr der
Röm. Kirchen gesorget wird; Wann selbige durch rüttelung dieser materi Anlaß ge-
ben/den Gestanck derselben (einen unerträg-
lichen Gestanck in aller keuschen Christen
Ohren/ und Hertzen) außzubreiten; Oder
wann sie durch die falsche Beschuldigung/
als ob nach unserer Lehr/die Keuschheit/auf-
fer dem Ehestand/ein lauteres Ens rationis,
(so redet H. Pet. p. 70.) und unmügliche
Sache wäre/uns nöthigen/ihnen ihrer eigenen Lehrer Worte vor Augen zu legen da sie
sagen/ eò necessitatis rem redactam esse, ut
aut concubinarius, aut conjugatus Sacer-

J 5   dos

dos sit admittendus: (Cassand.in consult.) Sic invaluisse hoc malum libidinis, ut jam major ratio sit tolerandi Sacerdotes fornicarios, quàm meretrices, ne deteriora flagitia admittant (Joh. Gerson de vit. spirit. lect. 4. coroll. 14.) Videri perquàm absurdum, non admittere clericos uxoratos, & tolerare fornicarios; utrosque verò amovere, esse, Ministris velle carere (Consid. sup. matrim. Sacerd. a Theol. Rom. Relig. Pontifici exhib.) das ist/ mit einem Wort daß es unmöglich seye/ einem Priester/ ohne Frau oder concubin zu leben; welches auch jenes rescriptum Papst Nicolai, an Ratholdum, Bischoff von Straßburg/ mit sich führet/ cauf. 33. q. 2. c 15. (Da er einen Mutter-Mörder/ zu einer sonderlichen Buß/ durch entziehung allerley commoditeten/ verbindet; von der Frauen aber hinzusetzet; A propriâ quidem, & legitimâ conjuge non separetur, ne in fornicationis voraginem corruat, das ist: von selbiger solle er nicht abgesondert werden/ damit er nicht in Hurerey verfalle) Nicht anjetzo die praxin selbsten/ die connivenz der Kirchen zu dem concubinat der Priester; die geringe Straff

der

der Hure, ey/ Ehebruchs/ und schwereren Laster/ in Vergleichung deß Ehestands derselbē/ (um̃ der Hurerey willen wird kein Priester vō Dienst entsetzet/ nisi in eâ perduret, quia corpora nostra sunt fragiliora, quàm olim; sagt die Gloss. ad dist. 82. Weil der Menschen Leiber anjetzo schwächer seynd/ als vormals) und dergleichen andere Schanden zu berühren. Hätte derowegen H. Pet. mit seinem gerühmten Gelübd der Ewigen Keuschheit/ wol mögen daheimb bleiben; oder doch vorhero die historien der Päpsten und der Clerisey/ und Ordens-Leuthen/ bey dem Bernhardo, Baronio, Platinâ, Urspergensi, Claudio Espencæo, und anderen / so dann auch die heutige Moralisten, und Casuisten über das sechste Gebott durchblättern/ ehe er ex hoc capite einen Fürzug seiner Kirchen für der unserigen herzunehmen unterstünde: auch die Redarten nicht also gefährlich confundiren/ daß er Keuschheit/ und Ehelosigkeit/ für ein Ding nehmen/ oder doch die Keuschheit dem Ehelosen Stand also zueignen thäte/ als ob er selbsten und andere / so im Ehlichen Stand leben/ deßwegen der Unkeuschheit bezüchtiger werden müsten. J 6 §. 67.

Von dem Verbott deß Fleisch-essens.

§. 67. Das zweyte Kenn-Zeichen/ wird von dem wollüstigen Fleisch-essen/ dessen man bey den Evangelischen sich nicht zu gewissen Zeiten enthalten kan, hergenommen: p. 73. Ist von gleicher Art/ wie das vorige; und/ wie dorten Keuschheit/ und Ehelosigkeit confundiret worden/ also werden allhier/ Mäßigkeit/ oder Fasten/ und Speise-Wahl/ oder Fleisch-Enthaltung für eines genommen; So daß die jenige/ welche lehren/daß man sich der Mäßigkeit zu allen Zeiten befleissen solle/ auch zu gewissen Zeiten/von allen Speisen enthalten/und den Leib casteyen möge/ zu keiner Zeit aber/ dem Gebott Christi/und der Christlichen Freyheit zuwider sein Gewissen durch Menschen-Gebott bestricken lassen/ oder in Unterscheidung der Speisen/ und Enthaltung von Fleischspeisen/zumalen unter dem N. Test. eine verdienstliche Heiligkeit suchen solle/ für Patronen der Unmäßigkeit/ für lüstrende Eva-Kinder/ und nach den Egyptischen Fleisch-Töpfen sich sehnende Israeliten für solche/ welche den Bauch ihren Gott seyn lassen/außgeruffen werden: nicht anderst/als ob dieses eben die jenige verbottene

Flei-

Fleisches-Lust/ welche der Johannes dorten bey die Augen-Lust/ und hoffärtiges Leben stellet: Hingegen die jenige/ welche zu gewissen Zeiten/ die Fleisch-Speisen/ nachdem sie sich vorhero durch einen gierigen Gebrauch derselben darüber ermüdet/ auff eine Zeit lang beyseit setzen/ und in dessen sich bey Fisch- und sonst niedlichen Mahl-Zeiten/ (zu welchen die unserige/ wann sie ihrem Fleisch wol thun wollen/ sich einladen lassen) auch desto besserem Trunck Wein/ behelffen/ den Ruhm der recht Christlichen casteyung/ und mortification darvon tragen/ und es über so thanen Fisch-Banqueten/ zu Trost deß Catholischen Fleischmanglenden/ aber von andern Niedlichkeiten berstenden Magens/ heissen muß: Sic, sic itur ad astra! So/ so fahret man in den Himmel! (ohne Gefahr/ sich zu weit von der Erden hinweg zu begeben.) Wann Herr Pet. diese Fleisch-Enthaltung/ unter die rubrique deß Gehorsambs gebracht/ und ihr dannenhero ein Wärth zu wegen zu bringen getrachtet hätte (gleichwie dorten bey dem Jeremia, die Rechabitische Wein-Enthaltung/ als ein Muster deß Gehorsambs vorgestellet wird) würde die Sach

J 7   noch

noch einigen Schein / und man nur zu erforschen gehabt haben / ob und wie weit man solchen menschlichen Gebotten / ohne Verletzung der Gewissens-Freyheit / und ohne Uberschreitung der Göttlichen Gebotten / Folg zu leisten habe. Nachdem er sie aber unter die rubrique der Mässigkeit bringet / und für eine sonderbare Kasteiung deß wollüstigen Fleisches gehalten haben will/ so möchte man gleicher Gestalt sagen/ daß dem jenigen/ welchem ein einiges Wirtshauß in der Statt verbotten/ alle übrige aber zubesuchen erlaubet worden / ein schwäres Gesetz der Mässigkeit auferleget seye: Man möchte die Sach zur Medicinischen Facultet verweisen/ und von selber die Eigenschafften und eigentliche Würckungen deß Gewürtzes / der gesaltzenen Speisen / deß Weins/ erlernen: Man möchte von den Poëten vernehmen/ aus was Ursach sie die Venerem fürgeben aus dem Meer gebohren zu seyn: Man möchte fragen / ob auch zu Rom/ zu der Zeit/ da die Metzelhäusser geschlossen/ gleichfalls die Metzenhäuser versperret werden? Man möchte dargegen halten, das jenige/ was Bellarminus dorten/ l. 2.

de bon.

de bon. oper. in partic. c. 16. auff die Frag/ warumb das 40. tägige Fasten/ nicht zu eben derselben Zeit/ da es von Christo gehalten worden/ sondern in der frühlings Zeit gehalten werde/ antwortet/ daß keine bequemere Zeit seye/ in deren solches leichter geschehen könne: weil in dem Winter/ wegen der Kälte mehr Nahrung erfordert wurde/ die Fisch wegen ihrer Kaltē Feuchtigkeit nicht vorträglich/ das Kraut aber wenig anzutreffen: Im Sommer würde zwar weniger/ aber öfftere Nahrung erfordert; So könen auch die Fische nicht lang vor der Fäulung bewahret werden; Item seye in Sommer- und Herbst-Zeit/ mehr Arbeit für die Bauersleuth/ mehr Kranckheiten ꝛc. Im Früling hingegen seye die Lufft temperirter, die Fisch gesund/ das Kraut heuffig zu bekommen &c. Welches alles dann so viel mit sich führet / daß dem Leib deß Menschen durch solch Fasten nicht sonderlich wehe geschehen/ sondern vielmehr auff dessen Gemächlichkeit (wie es dan̄ in der That genugsam geschihet/ und dieses Spiegel-Fasten nur all zu klar für männiglich am Tage lieget) gesehen werden solle.

§. 63. Die abgeschaffte Ohren-Beicht/ Von der Ohren ist Beicht.

ist das dritte/worauß die Ruchlosigkeit unserer Lehr erwiesen werden will / p. 74. 75. 76. Gleichwie aber in der Griechischen Kirchen/ dieselbe vormals auß erheblichen Ursachen abgestellet worden/ und niemand den Bischoff Nectarium, so solches gethan/ und seinen Nachfolger Chrysostomum, und andere/ so solches gut geheissen/ derentwegen beschuldigen wird/ daß sie der Sünde darmit favorisiren wollen; Sondern vielmehr die befundene Mißbräuch/ und das / unter andern/ eine vornehme Dame mit dem Diacono in der Kirchen/ bey ihrer Busse Unzucht getrieben/ darzu Anlaß gegeben (Sozomen. H. E l. 7. c. 16.) Also seynd es auch die noch weit grössere Mißbräuche/ welche in den Occidentalischen und Römischen Kirchen bey der Kirchen-Buß eingerissen/ und dieselbe von ihrem ersten Zweck und Nutzen gäntzlich abgesondert/ so zu der hierinnen vorgenommenen Änderung Anlaß gegeben: Dann da in den ersten Zeiten keine andere Buß-Bekantnuß/ in der Kirchen/ als wegen offenbahrer Sünden und ärgernuß/ ins besonder wegen deß Abfalls zu Zeit der Verfolgung/ und zwar offentlich für dem

Ange-

Angesicht der Kirchen zu geschehen pflegte/ zu dem Ende/ damit die gefallene/ auff sothane Bußbezeugung/ jedoch nach vorheriger Außstehung der ihnen aufferlegten/ offtmals schwären/ und langwürigen Straffen/ widerumb in den Schoß der Kirchen auffgenommen würden; von verborgenen Sünden aber keine sonderbare Bekandtnuß erfordert/ sondern absolution auff bezeugende Bußfertigkeit und Glauben an Christum (nach der Tauff weniger nicht/ als bey derselben) überhaupt gegeben und erlanget würde; jedoch also/ daß es gleichwol einem jeden Mitglied der Kirchen/ so sich einiger heimlichen Sünden bewust war/ frey stunde/ zu mehrer Erleichterung seines Gewissens/ sich derentwegen bey einem oder mehr der Kirchen Vorsteher anzumelden/ dieselbe für ihm zu bekennen/ umb so wol seine Bußfertigkeit durch eine solche Demütigung zu erweisen/ als auch desselben guten Raths/ wegen Vorkommung ferneren falls in dergleichen Sünden zu gebrauchen/ (zu welchem Ende/ und Anhörung dieser sonderbahren Bekandtnuß/ wie auch Ansetzung gewisser Buß-Handlungen ehmals ein eigener Presbyter Pœnitentiarius oder

oder/Buß-Priester verordnet gewesen) Sihe/so ist in dem Erfolg der Zeiten/das erstere/ und fürnehmere/nemlich die offentliche Kirchen-Disciplin,zu nicht geringem Schaden/ und Unehr derselben/ in gäntzlichen Abgang gerathen; Hingegen das letztere/ nemlich die privat-Beicht/ nachdem man die Nutzbarkeit derselben zu Erhöhung der Römischen Macht einmal wahrgenommen/dergestalten unterhalten/ und mehr und mehr in Gang gebracht worden/ daß endlich Papst Innocentius III. vor ungefähr 500. Jahren/ dasjenige/ so vorhin freywillig war/ durch ein Gesetz nothwendig gemachet/ und geordnet/daß jeder Christ gehalten seyn solle/ wenigstens ein mal jedes Jahr zu beichten; worauff dann dieses erfolget/ das gleichwie der Wärth und Nutzbarkeit dieser Ohren-Beicht/mehr und mehr von den Prædicanten außgestrichen/ und solche Verbindung auff alle und jede Todt-Sünden/deren man sich nach fleissigem Nachsinnen/ erinneren kann/selbsten der Gedancken/erweiteret; also gleichsam das Haupt-Werck der Religion auß derselben/beydes auff Seiten der Geistlichkeit/als auff Seiten der Leyen/ wegen deß

bey-

beyderſeitigen darbey gefundenen Vor‑
theils gemachet worden; In dem jene/ die
Geiſtliche/durch dieſes Mittel/ gleichwie die
Wiſſenſchafft von allen Geheimnuſſen / al‑
ſo eine abſolute Herrſchafft über alle Ge‑
wiſſen erlangen/ ſich in allen/ ſo wol Hauß:
als Staats-Geſchäfften nothwendig/ und
zugleich formidabel machen; hin und her
in die Häuſer ſchleichen/und die mit Sünden
beladene Weiblein gefangen führen/2.Tim.
3. v. 6. Scire volunt secreta domûs, atque
inde timeri: und in Summa ſich dieſes/als
deß aller vornemſten Mittels / zu Beveſti‑
gung deß Päpſtlichen Reichs/ und Erweite‑
rung der Macht deſſelben/gebrauchen: Die‑
ſe aber hinwiederumb dieſe Beicht / welche
nach einiger Lehr auch ohne innerliche
contrition,und Zerknirſchung/ ihren Effect
vermittelſt der Prieſterlichen Abſolution,
erreichen kan/als eine nahe und gegenwärti‑
ge retirade, betrachten/ zu welcher ſie von ei‑
ner jeden Sünden ihre Zuflucht alſobald
nehmen/ und demnach deſto ſicherer ihren
gefälligen Sünden abwarten/ und nach er‑
lägter Abſolution,fein dapfer dahin ſündi‑
gen mögen: Ich verſichere / Perſonen
ge‑

gekannt zu haben (sagt der Engliſche Ritter Edwin Sandıs, in ſeiner Relation von der Religion, c. 4.) welche umb die Zeit/ da die Beicht herbeynahete/ ſich unterfangen/ ſolche Laſter-Thaten zu begehen/ an welche ſie zu einer anderen Zeit/ nicht ohne erzittern hätten dencken dörffen. Die Schame wegen der Offenbahrung ſeiner heimlichen Sünden/ kan ſo groß nicht ſeyn/ daß ſie nicht durch die verhoffte licentz zu ſündigen/ überwogen werde; ſonderlich da man es mit einem ſolchen Beicht-Vatter zu thun/ welcher durch die offtmalige Beicht-Leiſtung/ als ein confident betrachtet/ und darneben durch das ſigillum confeſſionis, oder Siegel der Beicht/ zu einem ewigen Stillſchweigen/ dergeſtalt verbunden/ daß der Jeſuit Binet kein Bedenckens getragen/ zu ſagen; præſtare omnes Reges occidi, quàm vel ſemel ſigillum confeſſionis revelari; Es ſeye beſſer/ daß alle Könige umbs Leben gebracht/ als das Siegel der Beicht nur ein einig mal eröffnet werde/ Caſaub. Epiſt, ad Fronton. Ducæum. Die Forcht der *Satisfaction*, ſo der Prieſter aufflegt/ kan gleichfalls keine groſſe

Krafft

Krafft haben/ den Sünder vom sündigen abzuhalten; nachdem selbige entweder nur in einer gewissen Anzahl Gebetter/ oder dergleichen Handlungen bestehen/ welche dem Fleisch nicht so gar schwer ankommen/ oder durch Geldt/ verwechselt/ verringeret/ oder auff andere transferiret werden können. Die heilsame Erklärungen/ und Unterricht/ so darbey gefüget werden/ wann sie nach dem Wort Gottes eingerichtet/ können ihren Nutzen haben; aber/wan sie in dergleichen Fragen bestehen/ wie bey den Casuisten Toleto, Navarro, Sanchez &c. anzutreffen/können sie offtmals den Beichtling/ in der Kunst zu sündigen geschickter/ oder in seinem Gewissen unruhiger und verwirrter machen/ als er vorhero gewesen; Ja es ist sich zu verwunderen/ das durch die Mänge der von diesem Foro und casibus conscientiæ geschriebenen Bücher/ und deren weitläuffige Indices, vielfältige Reguln, ampliationen, restrictionen, reservationen, und mehr als Mathematische/ offtmals aber sehr grobe/ und keuschen Ohren ärgerliche subtiliteten, durch die zwischen ihnen darüber führende Dissensionen, und ewige Uneinig-

nigkeit/die Sach nicht längstens den Leuten/
verdächtig gemachet werden; sonderlich
wann sie bedencken/ daß vor ein paar Hundert Jahren/noch kein einig Buch/ und vor
100. Jahren/kaum 3. oder 4. Bücher/ von
solcher Art in der Christenheit gefunden wor-
dē/an statt anjetzo dieselbe darmit angefüllet/
und deren Zahl noch imer vergrösseret wird;
worauß ja die Neuigkeit dieser Sachen genugsam abgenommen werden mag. Nichts
von vielen anderen Mißbräuchen und schädlichen Würckungen dieser geheimen Beicht/
und wie solche offtmals zu Außbrütung der
hässtigsten factionen, und conspirationen,
gegen Könige/und Fürsten/ zu Außbreitung
und Beveftigung irriger und schädlicher Leh-
ren/in den Gemüthern deß Volcks/zu Stifftung grossen Hasses und Verfolgung gegen
die Bekenner der Warheit/auch wol zu Voll-
führung unreiner Begierlichkeiten/ dienen
müssen/ anjetzo zu melden. Und dieses ist die
jenige Ohren-Beicht/ deren Abstellung allhier von dem Authore, als ein Beweißthumb deß sündlichen Absehens unserer Reformation angezogen wird. Da doch in
warheit durch nichts so sehr/als durch diese im
Papstum

Papstumb auffgekommene Lehr/und praxin der Buß/ vergesellet mit der Lehr von dem Unterschied der Todt-und venial Sünden/ ven den Indulgentien, und der Dienlichkeit deß Gelds zu Erlangung der Gerechtigkeit/ von vicarischen Gnugthuung durch andere/ &c. die Sünde bey den Menschen geheget/ und ihr Reich unter denselben bevestiget wird; und einmal auff dieser Seiten die Römische Kirch ihre Heßlichkeit und stinckende Geschwären für Gott-und Heyligkeit liebenden Christen/ nicht wol mehr bergen kann: dannenhero auch bey vielen ihrer angehörigen/ an statt daß ihnen die Ohren-Beicht zur Besserung dienen solte, eine gäntzliche Ruchlosigkeit/ und Verachtung aller religion entstehet; So daß Macchiavellus, ein böser Christ/aber gleichwol guter historicus, in die freymutige Wort außbrichet/ in seinen discursen, über den Livium, l. 1. c. 12. Habbiamo adunque con la chiesa, & coi Preti, noi Jtaliani questo primo obligo d'essere diventati senza Religione, & cattivi: Also/ daß wir Italiener/ mit der Kirchen/ und den Priestern/diese erste obligation, oder Wolthat empfangen haben/

ben/ daß wir ohne Religion, und gottloß worden seynd. Bey anderen aber/ welche neben der Vernunfft/ auch einige rechte Empfindung deß Christenthumbs in ihren Hertzen haben/bittere Klagen/ über den verderbten Zustand der Kirchen-disciplin, und sehnliches Verlangen/ nach einer Reformation derselben in diesem Stück/ nach dem Muster der alten Kirchen/ und daß also an statt/oder doch neben dieser geheimen Ohren-Beicht/die offentliche pœnitentz widerumb eingeführet werde/veranlasset worden: worinnen sonderlich die Janssenisten,und Arnaldisten, für andern aber Arnaldus selbsten/in seinem vortrefflichen Buch/ de la frequente communion, einen löblichen Eyffer vormals offenbarlich erwiesen: und deren auch noch heutigs Tags viele gefunden werden/ welche mit ihren heimlichen Gedancken/und Wünschen denenselben Beyfall geben. Ob wir nun zwar/ was unsere Kirchen anlanget/ in diesem Stuck der offentlichen Buß/die Reinigkeit und Strengigkeit der ersten Kirchen selbsten noch nicht erreichet; So ist doch gewiß/ daß die Lehre der Busse/ wie sie bey uns getrieben wird/ daß nemlich zu Erlangung der

Ver-

Vergebung/ neben einer auffrichtigen Erkandtnuß und Bekandtnuß aller Sünden/ eine rechte/ und nicht nur auß Forcht der Straffe/ sondern auß der Liebe Gottes herrührende Zerknirschung und contrition, sampt einem vesten Fürsatz solche hinfüro zu meiden/ ja würcklicher Abstinentz von deren wissentlicher und willkürigter Widerholung/ nothwendig seye; und ohne dieselbe/ weder von der Gnade Gottes/ noch von der zukünfftigen Seeligkeit einige Hoffnung geschöpfet werden möge/ der Priester aber den Abgang eines dieser Stücken/ mit seiner absolution nicht ersetzen möge; vielmehr Krafft habe umb die Menschen von der Sünden ab/ und zu einem ungleißnerischen Fleiß der Heiligkeit zu bringen; Als aber die jenige nach welcher in der Sacramentlichen Buß/ wie sie es nennen/ welche nemlich für dem Priester geschiehet/ auff seiten deß Beichtlings/ neben der Bekandtnuß/ zwar eine innerliche contrition, und Zerknirschung gelobet; jedoch aber auch/ eine schlechte Attrition, so allein auß Forcht der Straff/ ohne Liebe Gottes entstehet/ genugsam gehalten wird/ und daß das übrige/ durch die Priesterliche absolu-

K tion

tion erſetzet werden möge: hingegen aber
auſſer dem Sacrament/ daß iſt/ ohne die
Prieſterliche Ohren-Beicht/und abſolution
eine ſolche contrition oder Zerknirſchung er-
forderet werde/ quæ appretiativè adæque-
tur peccato, welche von nicht geringerem
Gewicht/als die Sünde ſelbſten ſeye/daß iſt/
mit einem Wort/welche von niemand dergeſtalt præſtiret werden kan: wordurch der
Sünder nicht ſo ſehr auff Gott/ und deſſen
Lieb/ als auff den Prieſter zuſehen/und von
ihm ſein Heyl/ auch bey Unterlaſſung der
ſchweren Pflicht der Liebe Gottes/ zu hoffen/
veranlaſſet/ hingegen faſt alle Hoffnung der
Seeligkeit/ohne die Ohren-Beicht (die doch
ſelbſten nach der Canoniſten Meinung/auff
keine göttliche/ ſondern allein menſchliche
Einſatzung ſich gründet; ſiehe die Gloſſam,
ad can. 1. diſt. 5. de pœnitentia) benommen
wird. Was ſonſten die Jeſuiten ins beſonder/
von unnothwendigkeit der contrition, und
der Liebe Gottes halten/ (nach welchen principiis ſie dañ zweiffels ohn auch ihre Beicht
Verhörungen verrichten) kann auß ihrer
Theologiâ morali, und den Epiſtolis Provincialibus, mit mehrerem erſehen:
und

und ihnen der Ruhm gelaſſen werden/ daß ſie durch ſolche ihre Lehr/ das nechſte Mittel gefunden/ umb ſo wol die Beicht in ihren höchſten Wärth/ als auch die Gewiſſen der Sünder/ in eine Sicherheit zu bringen; deßwegen auch dem P. Bauny, auß Anlaß der von ihm außgegebenen Summæ peccatorum, nicht unfüglich/ von einem andern/ M. Hallier, der Spruch appliciret worden: Ecce, qui tollit peccata mundi: **Siehe da/ welcher der Welt Sünde hinweg träget:** Aber mehr als genug von dieſem Puncten.

§. 69. Die Sünden-Büſſung/ ſonderlich die jenige/ ſo in dem Fegfeuer/ geſchihet/ iſt das vierte/ bey welchem Herr P. ſich und ſeinen Leßer auffhaltet/ umb zu weiſen daß die Lehre Lutheri und deren/ ſo er Uncatholiſch nennet/ auff Zärtlichkeit/ und Vergnügung deß ſündlichen Fleiſches angeſehen ſeye: dann zu was ende ſolte ſonſten ſolches Fegfeuer durch ihre Lehre außgelöſchet worden ſeyn/ als damit der Himmel/ und der Weg zu demſelben/ denen jenigen/ welche gern haben/ daß es Gott mit ſeinen Züchtigungen fein kurtz mache/ die allhier gern wol/ und nach dieſem Leben nicht gern übel ſeyn/

Von dem Fegfeuer.

deſto

deſto leichter und anmutiger gemacht werde?
p. 77. — 80. ja er beziehet ſich deßfalls
auff ſeine eigene Erfahrung/ kraft deren dieſes die gemeine Schlender bey denen UnCatholiſchen ſeye/ daß ja von ihnen keiner/ oder wenig reiffes Nachdencken haben/ ob auch Gott mit ihnen allerdings zufrieden/ und ihre Sünden-Abrechnung unterſchrieben: p. 78. Wañ
dieſes ein anderer/ als der jenige/ von den unſerigen außgebe/ welcher das Gegentheil wo
nicht in ſeinen Predigten getrieben/ doch in
der erſten und vielen andern Fragen deß Catechiſmi, in allen Kirchen-formuln, ſonderlich der Vorbereitungs formul zum öfftern
vorgeleſen / ſo hätte man ſich weniger
über eine ſo ungütliche/ ſo lieb: als warheitloſſe Auſſage zu verwundern. Das iſt unſer
einiger Troſt im Leben und im Sterben/ damit wir uns gegen alle Widerwertigkeit dieſes Lebens/ auch gegen Verleumbdung/ auffrichte daß wir durch Chriſtum einen verſöhnten Gott und Vatter im Himmel haben, der
uns unſere Sünde nimmermehro zurechnet/
ſondern die Handſchrifft unſerer Sünden
mit Chriſto ans Creutz genagelt; und
dieſer

dieser Gnade rühmet ein gerechtfertigter sich mit solcher Gewißheit/daß eben wegen solcher gewißheit/so wir von unserer Rechtfertigung zu haben bejahen/unsere Lehr von den Päpstlichen Lehrern angefochten/ und also eine Beschuldigung durch die andere (gleichwie in der histori Susannæ) widerleget wird. So wir nun aber der Lehr von dem Fegfeuer/ wie solches in Römischer Kirchen beschrieben wird/ keinen Glauben beymässen/ und uns solche nicht/ als einen Glaubens Artickul/wollen obtrudiren lassen; so thun wir solches nicht/umb die Menschen in ihren Sünden hertzhaffter/und in ihrer Busse träger zu machen; Sintemal wir solchen Menschen/die nicht auffrichtig und mit ernst der Busse sich befleissen/ gar die Hölle und ewige Verdamnuß ankündigen; und ist gewiß/ das bey denen/ so sich durch die Betrachtung der Höllen nicht von wissentlichen Sünden zurück halten lassen/ die Predigt deß Fegfeuers wenig fruchten werde. Die Christliche Religion hat motiven und Reitzungen genug/umb die Menschen zur Heiligkeit anzutreiben/ohne das Platonische Fegfeuer/ (und warumb nicht auch den Heydnischen

K 3   Styx

Styx, und Pyriphlegeton und Cerberum, und dergleichen μορμολύκεια?) zu Hülff zu ruffen: Solches schreib ich euch/sagt dorten Johannes, 1. epist. 2. v. 1. auff daß ihr nicht sündiget: Was war es aber/daß er in dem vorherigen Capitul geschrieben hatte? Fürwar nichts von einem Fegfeuer/ auch nicht einmal etwas von der Höllen; Sondern von Gott/ daß selbiger ein Licht seye/ und keine Gemeinschafft mit denen/ so im Finsternuß wandlen/habe; von Christo/und daß sein Blut uns rein mache von aller Sünde. Der von den Wiedergebornen nicht einmal auff die Knechtische Forcht der Hölle/ sondern allein auff die Liebe Gottes und Christi/den Gehorsam/un den Haß der Sünden gegründet haben wolte; wie solte er einem solchen Grund platz gegeben haben/ durch welchen sein vornehmster Grund/ (daß uns nemlich das Blut J. C. von allen Sünden reinige) über einen Hauffen gestossen wird? Auch kan und soll dieses bey rechtschaffenen Christen/und die durch den Geist der Kindschafft regieret werden/genugsam seyn; und die Hoffnung deß Himmels/ und Empfindung der Liebe ihres Heylandes/benebenst

ein-

einer heitzgen Sorgfalt/ selbe zu erhalten/ mehr bey ihnen/ als die Forcht deß Höllischen oder nebenhöllischen Feuers vermögen: will geschweigen/ daß sie sich durch einen solchen Grund/ durch welchen der Wärth seines Verdienstes geschmälert wird/ nicht bewegen lassen werden: da hingegen/ was Sünder und gottlose Menschen anlanget/ gleichwie das Fegfeuer/ nach der Catholisch genannten Lehr/ nicht für selbige bereitet/ also sie dannenhero auch keine Zurückzäumung in den Sünden nehmen können; zumalen da nicht einmal die Ewigkeit der Höllischen Qual solchen effect bey ihnen zu wegen bringen kan. Die gerühmte Nutzbarkeit deß geglaubeten Fegfeuers zu der Gottseligkeit muß sich in dem Leben und Wandel der glaubenden zu erkennen geben; und wäre gut/ daß Herr Petiscus, wie er uns vorhin seine Erfahrung deß gemeinen Schlenders bey den Reformirten gerühmet/ also auch eine Erfahrung deß gemeinen Schlenders/ bey den Papisten/ sonderlich in Italien/ zu bekommen trachtete: Dann so er unter selbigen/ umb gelind zu reden/ keine mehrere oder bessere Erweisung der Christli-

K 4   chen

chen Pflichten (ich verstehe aber die jenige/ die uns in dem Gesetz Gottes anbefohlen seynd) antreffen würde/ müste er alsdann diesen gewissen Schluß machen/ das entweder das Fegfeuer nicht von ihnen geglaubet werde (welches dañ bey den meisten gar vermuthlich/ und mit dem hieroben angeführten Macchiavellischen Zeugnuß übereinkommet) oder das der Glaube deß Fegfeuers solcher gerühmten Nutzbarkeit ermangle.

Fegfeuer machet nicht frömmer.

§. 70. Ich sage aber ein mehrers/ und daß die Lehr deß Fegfeuers/sampt ihren appendicibus, und Anhängen/vielmehr zu vermehrung/ als verminderung der Gottlosigkeit der Menschen mitgewürcket habe: In dem dardurch/und durch die Unterscheidung der mortal und venial Sünden/worauff es sich gründet/eine Geringschätzung der Sünden/nemlich der so genanten venial Sünden/ veranlasset worden/ als welche ihrer Meynung nach/ nicht von solcher Wichtigkeit/ daß man die Verdamnuß/ oder eine andere als Zeitliche Straff darmit verdienē solte; In dem auch dardurch/und durch die behauptete eigene Büssung eines Theils an den Sünden/ eine Geringschätzung deß Verdiensts Chri-

Christi veranlasset/ mithin die Liebe gegen
unseren Erlöser/ in ihrem Grund mercklich
geschwächet/ hergegen ein geistlicher Hochmuth dem Menschen als welcher für seine
und anderer Sünden der Gerechtigkeit Gottes genug thun kan/ beygebracht wird: In
dem auch dardurch/uñ durch die Müglichkeit
d' Außbüssung nach diesem Leben/eine Nach-
lässigkeit in der Busse dieses Lebens veran-
lasset/und die gegenwärtige Ergötzlichkeit der
Sünden/ welche ohne das ihre starcke Lockungen hat/ weniger Widerstand bey den
Menschen findet; gleichwie ein böser Schuld-
ner/je weiter er den Zahlungs-Termin auß-
gesetzet bekommen kann/ob schon das interesse unterdessen vergrösseret wird/ dannoch
desto sicherer wird/und desto dapferer Schul-
den häuffet; sonderlich/ wann er auch hiernächst wegen der Zahlung eines guten Ac-
cords, und indulgentz, oder Nachlasses sich
getrösten kan: In dem ferners dardurch/und
durch den Anhang der so genannten Suffra-
giorum, Indulgentien, und Seelmessen/
durch welche man den Seelen eine Erlössung
aus dem Fegfeuer zu verschaffen verspricht/
(und welche in der That das jenige Holtz

K 5 seynd

seynd/ worvon dieses Feuer/ so man sonsten längsten hätte außgehen lassen/ in stätem Brand erhalten wird) der Reichthumb der Römischen Geistlichkeit täglich vermehret/ ihre Kuchen von diesem Feuer trefflich gewärmet/ auch anlaß zu allen den bösen consequentziē solches übermachten Reichthuins/ zu Veränderung der Kirchen in ein weltliches Regiment/ zu Unterdruckung der weltlichen Obrigkeiten/ zu ungerechter Beraubung der Kinder von ihrem rechtmässigen Erbtheil und in summa zu der schändlichen Simonie, und geistlichen Krämerey/ welche die Gaben Gottes/ und Erlassung der Sünden umb Geld verkauffet (massen alle solche Indulgentien und Seelmessen/ allein denen jenigen/ qui manus auxiliatrices præbent, welche die hülffliche Schenck-Hand darbieten/ zustatten kommen können/ wie solche clausula vormals denen Indulgentien außdrucklich inseriret worden/ jetzo aber bey allen verstanden wird) gegeben wordē/ in dem weiters dardurch/ uñ um das leichtglaubige volck bey diesem Wahn zu behalten/ der Fablen/ uñ erdichteten Erscheinungen/ deren sich billich die vernünfftigste Theologi gegentheiliger

seiten

seiten selbsten schämen/ eine solche Mänge außgestreuet/und eine solche handgriffliche Betriegerey in der Kirchen verübet worden/ welche hernach bey vielen fast zu einer gäntzlichen Verlachung aller Religion Anlaß gegeben: In dem endlich die auff der einen seiten mit dem Feuer gemachte Forcht/alsobald auff der anderen/durch die darbey angebottene remedia, und Erlösungs-Mittel benommen/oder veringeret wird; Wie ist es müglich/daß ein Mensch/vor dem Fegfeuer (wie greßlich man auch dessen Plagen vorstelle) sich sonderlich förchten/oder dardurch von ergötzlichen Sünden zuruck halten lassen solte/ wann er höret/ daß die Macht der Erlösung auß demselben/und der gäntzlichen Erlassung von aller übrigen Schuld/ in deß Papsts Händen stehe/und selbiger einen solchen Thesaurum und vorräthigen Schatz der überflüssigen Genugthuungen Christi und der Heiligen/ in seiner Verwahrung und Disposition habe/welcher genugsam seye/ umb allen Menschen und Seelen/ zu Erlassung aller Straff/ appliciret und angewendet zu werden;(worbey man dann über deß Papsts Unbarmhertzigkeit sich verwunderen möchte/

daß/

daß/ da er auff einmal das Fegfeuer außlähren könnte/ er gleichwol so viel 1000. Seelen so lange Zeit darinnen brennen und sengen lasse; Wann er ferners höret/ das auß solchem Schatz Indulgentien, und Nachlaßungen für viel 1000. Jahr/ und zwar vermittelst eines mittelmässigen Stucks Geldt/ oder sonst einiger zum Vortheil gewisser Kirchen/ und Altären/ oder Orden angesehenen leichten Handlungen/ erlanget werden könne/ und würcklich außgetheilet werden: Als zum Exempel/ unter unzehligen anderen; daß bey den Augustinianern zu Padua, eine völlige Indulgentz, von dem Tauff an/ biß zur letzten Beichte/ mit noch acht und zwantzig tausend Jahr weiters/ angebotten worden; Daß Papst Alexander VI. eine Indulgentz von 3000. Jahren/ denen so ein Ave Maria, vor einem gewissen Altar unser L. Frauen betten würden/ außgeschrieben: daß zu Venedig/ bey dem Grab Christi/ ein Gebett deß H. Augustini angeschlagen/ mit Indulgentzien, auff 80000. Jahr/ von Papst Bonifacio VIII. und Benedicto XI. für einen jeden/ der solch Gebett sagen würde; und zwar täglich/ toties, quoties &c.

&c. Daß bey den Carmelitern zu Padua, eine völlige Indulgentz, benebenst der Macht/ noch eine Seele auß dem Fegfeuer zu erlösen/ denen er ertheilet wird/ welch daselbsten 7. Ave Maria, und 7. Pater Noster, vor dem Alter auff den Mittwoch nach Ostern/ betten/ oder den Boden vor dem Altar deß H. Sacraments küssen würde : Summa daß fast kein Altar/ kein Bild/ kein geweihetes Creutz/ Rosenkrantz oder ander Heiligthum/ kein Gebettlein/ oder Anzahl derselben/welches nicht mit der Verheissung Indulgentien, auff viel Jahr lang versehen ist; und deren etliche zusammen genommen/dem Menschen biß weit über den jüngsten Tag hinaus dienlich seyn können: Wan er höret/daß auch eine gleiche facilitet, umb eine andere Seele/ vermittelst einiger dergleichen actionen auß dem Fegfeuer zu erlösen : Daß die dritte/ und vierte Meß eines jeden neuen Priesters/ die Erlössung eines seiner Anverwandten aus dem Fegfeuer zu wegen bringe/ auch wann er selbe ohne intention verzichret; dahero die jenige klüglich handlen/ welche unter ihrē Kinderen/ eines oder mehr/ dem Priesterlichen Stand einverleiben lassen: Daß die Confra-

K 7. ternis

ternitet oder Bruderschafft S. Francisci, von Papst Sixto V. völlige indulgentz, auch die Macht eine andere Seele auß dem Fegfeuer zu erlößen/ bekommen/ so sie etlich Ave Maria, und Pater Noster, den Samstag vor Palmarum, und auff das Fest Johannis Evangelistæ, betten würden &c. So daß von einigen außgerechnet worden/ daß in Ansehung der so unzahlbaren privilegirten Rosenkräntzen/ medailles, Creutz/ Kirchen/ Orden/ Societeten/ Messen welche allesampt mit der Verheissung/ eine Seele auß dem Fegfeuer zu erlößen/ versehen seynd/ nothwendig in einer Statt/ mehr Seelen auß dem Fegfeuer erlößet werden müssen/ als auß der gantzen Christenheit in einem gantzen Jahr hinein reisen: Wann er höret/ daß die Carmeliter, dieses privilegium zu haben sich rühmen/ daß sie nicht länger/ als biß auff den nächsten Samstag nach ihrem Todt in dem Fegfeuer verbleiben dörffen: Wann er endlich (umb in einer unerschöpfften materi abzubrechen) höret/ oder lißet/ dasjenige/ was noch vor 12. Jahren in Teutschland/ in der so genannten Novenâ S. Antonii de Padua, und daran gehengten Offenbarung

§. Bri-

S. Brigittæ, nach dem vorherigen zu Rom gedruckten Italienischen exemplar, permissu superiorum, gedruckt und hernach von dem Capucciner Dionysio Werlensi, in einer eigenen Schrifft verthaidiget worden: allwo Christus also redend eingeführet wird:

Die Bluts-Tropfen/ so mir auß meinem „ Leib geflossen/ seynd gewesen 3. Millionen/ „ achttausend vierhundert/ sechs und dreyssig: „

NB. Alle/ die 50. Tage betten/ und spre- „ chen alle Tage 7. Vatter-Unser/und 7. Ave „ Maria, so lang biß die Zahl der Bluts- „ Tropffen vollendet/ dem will ich verleihen „ fünff nachfolgende Ablaß/ und Gnaden: „

1. Werden sie in das Fegfeuer nicht „ kommen. „

2. Will ich sie den Martyrern verglei- „ chen/ als wann sie für mich und meinen „ Glauben das Blut vergossen hätten. „

3. Die Seelen seiner Freunden sollen „ auch Hoffnung haben/nicht ins Fegfeuer zu- „ kommen. „

4. So sie absterben/ ehe sie die Zahl der „ 7. Vatter Unser/und Ave Maria, vollendet „ haben/ so will ich sie/ als vollendet rechnen. „

5. Die

5. Die dieses mit Andacht an sich tragen/ sollen nicht sterben/ ohne Heimsuchung meiner allerheiligsten Mutter.

NB. Wer diese Andacht übet/ den soll seine gute intention- und Meinung mehr richten zu der Danckbarkeit, daß Gott vor unsere Seeligkeit/ so viel Tropfen Bluts außgegossen hat; als die Gnaden zu verdienen.

NB. Zu mercken ist hier/daß eine Million macht zehenmal hundert tausend; drey Million machen dann dreyssig hundert tausend.

Ich lasse Hn. P. und einen jeden vernunfft- und warheits fähigen Leser das Urtheil fällen/ ob dieses/ und dergleichen andere Sachen/ so alle zu erzehlen viel zu lang fallen würde/ein grosse Forcht deß Fegfeuers/ und also einen grossen Haß der Sünden/ in dem Hertzen der Menschen hinterlassen können? Oder ob es nicht viel mehr ein Mittel seye/ umb alle rechtschaffene Religions-Empfindung/ in dem Hertzen der Menschen zu ertödten und gleichsam zu petrificiren? und ich weiß nicht was vor ein lebloses Bild/ von grosser/ eusserlich veranlaßter Bewegung/ und geringer innerlicher Empfindung/ an dessen Stell zu setzen? Was sonsten er von

Begrund-

Begrundveſtigung dieſer Lehr/in der uralten
Kirchen-Vätter/ beſtändig auff Lutherum
reichendē praxi, und göttlichem Wort/1.Cor.
3.v.13. meldet/ iſt ein Vorgeben/ ſo ſchon
tauſentfältig von den unſerigen widerleget/
auch ratione deß letzteren von P.Cotton ſelbſten anderſter befunden worden/ da ſelbiger
nach Thuani Erzehlung/ von dem Teuffel
ſelbſten/bey Beſchwehrung eines beſeſſenen/
einen Ort der H. Schrifft zu wiſſen verlan-
get/auß welchem das Fegfeuer erwieſen werden möge; wiewol wir endlich deſſen nicht
in Abrede ſeyn wollen/daß auch/ an dem angezogenen Ort/ 1. Cor.3. (nemlich/ unter
dem Wort/deß Heus und Stoppeln; nicht
aber unter dem Wort deß Feuers) darvon/
gleichwie auch von allen gleichmäſſigen fal-
ſchen Lehren/ gehandlet werde.

§. 71. Von dem Fegfeuer kommet Herr
P. auff die Geiſtliche Güter; (die con-
nexion,wie dieſe beyde Stück an ein ander
hengen/und die Gedancken von dem einen
auff das ander geleitet werden können/ iſt
leicht zu begreiffen:) Der Vortheil/welchen
bey der Reformation, weltliche Herrn/ und
Obrigkeiten durch Einziehung ſolcher geiſt-
licher

*Von
Verän-
derung
mit den
geiſtli-
chen
gütern.*

licher Güter/ so sie eine lange Zeit mit neidischen Augen in der Priester Händen angesehen hatten/ erlanget/ muß ihme einen fünfften Beweißthumb geben/ daß solche Reformation durch fleischlichen Antrieb vorgenommen worden/ und auff Eigennutz/ mehr als auff die Ehre Gottes gerichtet gewesen/ p. 80. 81. So dergleichen Absehen bey einem oder dem andern mit untergeloffen wäre/ so kan solches der Reformirten Lehr und Kirchen/ eben so wenig zu præjuditz und Verkleinerung gereichen/ als es dem Christenthumb ehmals zu Kaysers Constantini Zeiten/ an dessen Wärth abbrüchig gewesen/ das viel auß Hoffnung zeitlichen Gewinns von dem Heidenthumb zu dem Christenthumb sich begeben; Oder auch als die Römisch-Catholische sich dardurch verunehret halten/ oder ihrer Kirchen ein patrocinium der fleichlichkeit auffgebürdet haben wollen/ wann ihrer viel/ und etwa die meiste ihrer Proselytorum umb zeitlichen Ansehens/ Vorzugs/ und Nutzen willen/ (gelocket durch die Herrlichkeit der Welt/ und die Stimme/ hæc omnia tibi dabo, dieses alles will ich dir geben) sich zu derselben bekennen. P. Bodler kann

uns

uns dißfalls ein anderes/und das auch zeittliche Vergeltungen/ bey der Bekehrung in Betrachtung komen können/ in seiner Ehren-Predigt lehren; und zugleich diesen Einwurff seines Novitii beantworten. Ja nach dem auff allen Seiten/ und nicht weniger bey der Catholisch genannten Clerisey/ ein Durst der zeitlichen Güter sich zu erkennen gibt/ so möchte man sagen/ daß es noch weniger gut geheissen werden könne/ wann geistliche nach den Gütern der Weltlichen/ als wann Weltliche Potentaten nach den Gütern der Geistlichen streben. Die Sach ist aber gleichwol noch nicht in den terminis, daß allen den jenigen Fürsten und Ständen so einige Güter in ihren Ländern/ denen vorherigen genannten Geistlichen entzogen/ ein solcher sündhaffter Durst/ und sacrilegische secularisirung der besagten Güter imputiret werden müste: Sondern gleichwie bey einem jeden Gut/ die Natur der Possession, oder Besitzung/ durch die unterschiedliche Weise der Acquisition, oder Erwerbung/ und der Administration oder Verwaltung verändert werden kann; Also haben auch auß beyderley solcher Ursach die so genannte

nannte geistliche oder Kirchen-Güter einer
Veränderung unterworffen seyn können.
So derowegen auff befundenen Mangel/
entweder bey dem ersteren/ und daß vi vel do-
lo, durch errichtete/ oder erpracticirte Donationen selbige anfänglich erworben, Oder
bey dem letzteren/ und das die anvertraute
administration (wie dann die Geistliche
sich nur einer Verwaltung/ keines wegs aber
eines Eigenthumbs der Kirchen-Güter anmassen können) nicht nach den allgemeinen
Verordnungen der Canonum, oder sonderbahren Verordnungen der stifftenden Personen verrichtet worden; die Fürsten und Potentaten, krafft der ihnen anvertrauten
Vorsorg für die Handhabung der Gerech-
tigkeit/ und für den Wolstand der Kirchen/
eine solche Enderung mit besagten Gütern/
in Ansehung der vorherigen Mißbräuch/ vor-
genommen/ durch welchen die der Kirchen
rechtmässig gehörige Güter/ derselben er-
halten/ und dem Dienst Gottes/ ob schon
nicht in denen vorherigen wegen deß Irr-
thumbs/ gewiedmet verbleiben; so ist es so
fern/ daß sie deßwegen zu tadlen wären/ daß
sie vielmehr darmit ihrem Ampt ein Genügen

gen gelegen, und sich als Pfleger und Säug-Ammen der Kirchen erwiesen; und ist ohne allen Zweiffel der Zweck der geistlichen Stifftungen solcher gestalt besser erreichet worden/ als wann andere (dem Namen nach) geistliche Personen/ selbige zu weltlichem Pracht/ und sündlichen Wollüsten verwenden/ und verschwenden. Sie haben es umb so viel mehr Ursach zu thun gehabt/ weil ein grosser Theil solcher Güter/ durch die Freygebigkeit ihrer selbst eigenen Vor-Eltern und Vorfahren/ der Kirchen gewidmet worden; und sie dahero als Ober-executores deren/ und anderen dergleichen Stifftungen/ darauff zu sehen gehabt/ daß wie sie hauptsächlich zu der Ehre/ und Dienst Gottes gewiedmet/ alsoa auch dahin angewendet wurde.

§. 72. Endlich/ und zum sechsten/ so muß auch der bald auff die Reformation entstandene Bauern-Krieg auff die Bahn gebracht werden; gleich als ob auch darinnen eine Würckung der gepredigten Evangelischen Freyheit sich zu erkennen gegeben hätte: p. 81. 82. Die histori desselben Kriegs/ oder Empörung weiset genugsam die Nichtigkeit dieser Anklag/ und das niemand so sehr/ als

Von Rebellion wider die Obrigkeit.

Luthe-

Lutherus selbigem vornehmen der Bauern/ und deß Munceri mit Predigten/ und Schrifften sich wiedersetzet; gleichwie dann bey Sleidano, l. 5. seine deßwegen/ an die Stadt Mülhausen/ an die Bauern selbst/ und endlich an die Fürsten abgelassene Schrifften/ und Warnungen/ mit mehreren anzutreffen. Und ist die Lehr der Evangelischen so fern/von den jenigen principiis, durch welche die Unterthanen zum Auffstand gegen ihre Obrigkeiten verleitet werden/das wann wir von dergleichen Empörungen/ so die Päpste ehmals/ mit ihren Bannkeilen gegen die Kayser/Könige/ und Potentaten erreget/ lesen/ oder hören/ wir darauß eines der fürnemsten Kennzeichen einer verworffenen und verwürfflichen Lehr/ eben der jenigen/ welche nach den Apostolischen Weissagungen/ die Majestäten lästeren/sich über alles/das Gott heisset/ erheben/ und Feuer vom Himmel/über die Menschen fallen machen solte/ abzunehmen pflegen. Wir dörffen uns aber eine solche Art der Beschuldigung/da das jenige/ deme unsere Lehr am meisten zu wider ist/ uns auffgebürdet wird/nicht frembd vorkommen lassen/ nachdem

dem auch denen Aposteln/ und ersten Christen ein gleichmässiges begegnet/ daß sie für Empörer der Welt/und Urheber aller Krieg/ uñ alles Unheils/seynd außgeschrien worden.

§. 73. Das bißherige kan genugsamb seyn/umb die Unschuld unserer Kirchen/gegen die vorgebrachte Beschuldigung (als ob deren Lehr und die vorgenommene Reformation auff fleischliche principia erbauet wäre) zu verthädigen/ und also den Ruhm/ deß tieff hervorgeholten Geheimnuß zu zernichten. Ob es an der rechten Glück-Ruthen/ eines auffrichtigen Vorsatzes/ wie er es nennet/p. 66. Oder woran sonsten gefehlet/ lasset man dahin gestellet seyn. Gewißlich/ da er die rechte Glück-Ruthe gehabt/ und sich deren zu gebrauchen gewußt hätte/ würde er darmit vielmehr auff die viel kennbarere Adern deß Welt-Geistes/ so sich in dem Berge der Römischen Kirchen antreffen lassen/ gebracht worden seyn. Waar ist/das nirgendts mehr/als daselbsten/ von Geistlichkeit/ geredet und gerühmet/ nirgends ein mehrerer Schein der Heiligkeit/ als in deren eusserlichen Ceremonien, gesehen wird/und der Pracht ihres

Ruhm der Heiligkeit/ kein Beweißthumb derselben.

Got-

Gottes-Dienstes mit grosser Ansehnlichkeit und venerabilitet, in die Augen scheinet; vannenhero auch die Heiligkeit der Lehr/ und deß Lebens für eines der vornehmsten Kern-Zeichen ihrer/ als der wahren Kirchen/ von Bellarmino, und andern angegeben wird: Nachdem aber auch die Laster sich in Tugenden verbilden/ und falsche religionen, mit dem Namen und Schein der Heiligkeit prangen können; auch in göttlichem Wort/ von spiritualibus malitiæ, Eph. 6., v. 12. Geistlichkeit der Bosheit/ gegen welche man mit den Waffen deß Geistes zu kämpffen haben werde; von einer selbsterwehlten Geistlichkeit/ und Demuth/ so einen Schein der Weißheit habe/ und wordurch man dem Leibe nicht verschonet/ (nach deren es heisse: du solt das nicht angreiffen/ du solt das nicht kosten/ du solt das nicht anrühren) Col. 2. v. 21. 23. von Schaffs-Kleideren/ in welchen falsche Propheten erscheinen würden/ Matth. 7. v. 15 Von einem Thier/ das Hörner hatte/ gleichwie das Lamb/ aber redete wie der Drach/ Apoc. 13. v. 11. Warnungen vorhanden; So erfordert die Christliche Behutsamkeit/ daß man sich durch solchen

euß-

eusserlichen Schein/und anzemaßten Ruhm nicht verblenden lasse; Sondern vielmehr auff den Grund/ und zur Erkandtnuß der anderswo genenneten Tieffen deß Satans/ Apoc. 2. v. 24. so darunter verborgen seyn möchten/zu kommen trachte. Solches kan füglicher nicht/ als durch nachfolgende methode geschehen: Daß man nemlich erstlich eine mixtur deß weltlichen/ und fleischlichen/ zwischen solchem geistlichen wahrnehme; und so dann/ den Unterscheid/ und Prævalentz deß einen für dem anderen/ vermittelst einer ordentlichen Gegenhaltung/und Abwiegung/ deß einen gegen das andere/ außzufinden trachte/ und also erfahre/welches von beyden dem andern/ bey der Religion quæstionis, weichen/ und dienen müsse.

§. 74. Bey dem ersten hat es nicht die geringste Difficultet; und glaub ich nicht/ daß jemand mit einer so blinden Lieb gegen die Römische Kirche eingenommen seye/ oder seyn könne/daß er nicht erkennen müsse/ daß neben und zwischen dem geistlichen (oder dem jenigen/ wordurch der Menschen ewige Seeligkeit befürderet/und sie an ihren Seelen Wahrnehmung der Welt: und fleischlichkeit bey der Römischen Religion.

Seelen gebeſſert werden) auch unterſchiedli-
ches weltliches/und fleiſchliches/ in derſelben
anzutreffen ſeye: Durch Weltliches/ verſte-
he ich das jenige/was zur temporalitet, oder
zeitlichen/irdiſchen Beſitzungen und Genieſ-
ſungen gehöret/ und welches die Kirche mit
der Welt/ und weltlichen oder bürgerlichen
Societeten gemein hat/und auch ohne Sünde haben/und beſitzen kan. Wer wolte aber
in Abred ſeyn/ das die Römiſche Kirche ſolche weltliche oder zeitliche Güter/ und Beſi-
tzungen/ auch in deren Anſehung andere
zeitliche Vorzüge und Würdigkeiten (die
Geiſtliche gleichwol hierdurch noch nicht
außgeſchloſſen/ ſondern neben denſelben) ha-
be/und genieſſe? So fern iſt es/das Römiſcher ſeiten ſolches gelengnet werde/das vielmehr für die ſo genannte poteſtatem tem-
poralem Pontificis, oder zeitliche Macht deß
Papſts (ſo fern ſelbige von der geiſtlichen
unterſchieden) gantze Bücher geſchrieben
worden; und nach deß Thomæ und anderer
Bekandnuß/die Zehenden/ und dergleichen
andere Güter/ ob ſie ſchon geiſtlich ſeynd
applicativè, und nach ihrem Gebrauch/
dannoch in ihrer Natur temporal oder Zeitliche

liche Güter/gehalten werden müssen. Durch
Fleischliches / verstehe ich das jenige/ so
sündlich/ und dem sündlichen verderbten
Fleisch zu Lieb geschiehet; dergleichen dann
ebenfalls/ in der Römischen/ so wol als allen
anderen/ aus Menschen bestehenden/ Gemeinden und Kirchen/ohne jemands wider-
sprechen/befunden wird; deren keine/ disseits
der Ewigkeit/einer Engelreinen Heiligkeit/
und Vollkommenheit sich mit warheit anmassen kan; Daß also hierdurch der Römischen Kirchen noch nichts/ in vergleichung
anderer Kirchen und Religionen/ gegeben
oder benommen ist; Sondern es nunmehr
auff die zweyte Frage hauptsächlich ankom-
met/ auff welche Weiß/und in welchem Grad
das weltliche/ und fleischliche sich darinnen
befinde? Ob also/daß das geistliche gleichwol
den Fürzug habe/ oder doch darbey bestehen
könne? Oder also/ daß dasselbe dardurch ver-
dunckelt/ geschwächet/ und zernichtet werde? Welt-
lichkeit/
§. 75. Hier kan nun nicht geleugnet wer- über-
den/ das der Zustand der Römischen Kir- wiegt
chen/durch den Fortgang der Zeit/ und mit allmäh-
zunehmen deß Reichthumbs/ und Vermö- lich die
gens/ in einen veränderten Stand gesetzet Geistlichkeit.

L 2   worden

worden: Und so anfänglich eine Zeit gewesen/da der Mond der weltlichen wanckelbaren Glückseligkeit/und die Sonne der Gerechtigkeit/ gleichsam in oppositione, diese über/jene unter dem horizont der Kirchen sich befunden/ (fast auff die Weise/ wie die Kirche in dem Gesichte Johannis, Apoc. 12: v. 1. mit der Sonnen bekleidet/ und den Mond unter ihren Füssen habend/vorgestellet worden) das ist/ da sie bey geringem weltlichen Vermögen/ einen hellen Glantz deß geistlichen Zierats von sich sehen lassen / und dahero nach dem Apostolischen Zeugnuß ihr glaube in aller welt gepriesen worden/ Rom. 1. v. 8. Da sie nach jenes Kirchen-Lehrers Redart/ calices ligneos, & aureos Sacerdotes, hültzerne Kelch/ und goldene Priester gehabt: So darauff eine Zeit gefolget/ da der Mond deß irdischen Wolstands / zugleich mit der Sonnen über dem horizont der Kirchen gesehen wurde/das ist/da sie nach der Bekehrung der Kayser zu dem Christlichen Glauben / allmälig mit Mitteln/ und zeitlichen Gütern begabet/ jedoch dardurch die Sonne und der Glantz der Christlichen Tugenden noch nicht verdunckelt worden;

wie

wie es dann noch zimlich reine Zeiten gewesen/ in denen jener Heyd/ als er ermahnet wurde den Christlichen Glauben anzunehmen/ zur Antwort gegeben ; Facite me Episcopum urbis Romæ, & ero protinùs Christianus: Machet mich zu einem Römischen Bischoff/ so will ich alsobald ein Christ werden: So ist folgends eine Zeit gekommen/ da diese Sonn und Mond/ gleichsam in conjunctione gestanden/ und jene die Soñe mehr und mehr in den Schatten deß Monds hinein getretten/ biß endlich eine gäntzliche Ecclipsis Solaris, oder Sonnenfinsternuß dardurch verursachet/ das ist/ durch den Uberfluß der weltlichen Güter/ der geistliche Zustand und Würde derselben verringeret (Potentiâ quidem & divitiis major, sed virtutibus minor facta est; sagt Hieron. in vitâ S. Malchi) und gantz verdunckelt worden. Daß dieses also habe geschehen können/ ist unleugbar/ und aus betrachtung der Menschlichen Zuneigung zu den irdischen Gütern/ und unersättelichkeit in denselben (von deren es heisset/ Crescit amor nummi, quantum ipsa pecunia crescit, je mehr Gut/ je mehr

L 3   Gluth

Gluth) genugsam zu erkennen. Es hat ja geschehen können/ daß Heuchler und irrdischgesinte Menschen/ sich in die Kirche einmängeten/ ja daß sie den mehrern Theil derselben machten/ ja daß sie die Stül und Stellen der Lehrer/ und Vorsteher überkämen/ daß sie dannenhero auch nach ihren Lüsten/ und nach dem wachsthumb ihrer Lüsten/ die Lehr und Ordnungen der Kirchen denselben dienstbar zu machen trachteten; und darinnen einen Beyfall von vielen/ ja den meisten/ entweder durch deren Einfalt/ und Leichtglaubigkeit/ oder durch mitgenuß deß vortheils bekämen. Daß es also habe geschehen sollen/ ist bereits hieroben/ §. 25. erwiesen worden. Daß es würcklich also geschehen seye/ kan eine bedachtsame/ und unpartheyische Betrachtung deß Zustands der Römischen Kirchen/ (wie selbige nicht nach einem oder dem andern/ von dem übrigen abgesonderten Theil/ sondern in ihrer gantzen conjunction, und vereinigung/ als ein großes corpus, mit einer ordentlichen Zusammenfügung seiner vielen und sonderbaren Theilen sich zu erkennen gibt) außfündig machen; Und so ein solches von vielen nicht wargenommen wird/ so ist

selbi=

selbiges eben der jenigen abstraction, da die Gedancken nur auff ein oder ander besonderes Theil desselben/ und nicht auff die verbindung/ und verknüpfung/ so es mit andern hat/ geschlagen werden/ guten theils beyzumessen. Eine solche rechtmäßige Betrachtung aber/ wird uns eine sothane mixtur des Geistlichen und Weltlichen vor Augen legen/ in welcher das Weltliche einen mercklichen Vorzug/ und prævalentz, für dem Geistlichen hat/ so gar/ daß es das Geistliche nicht nur sich unterwürffig machen/ sondern auch (wie es in dergleichen ungleichen Vermischungen zu geschehen pfleget/) selbiges in seine Natur verwandlen können: Sie wird uns an dem Papstumb ein recht Weltliches Reich/ und Monarchie entdecken/ welches zwar mit dem Namen/ der Geistlichkeit/ der Heiligkeit/ der Kirchen/ der Statthalterschafft Christi, der Schlüsseln Petri, &c. beschönet; aber in der that selbsten gantz weltlich ist; beydes in Ansehung des Zwecks/ worauff es hauptsächlich zielet/ als auch in Ansehung der Mitteln/ so darzu angewendet werden.

§. 75. Ich sage Weltlich/ in Ansehung deß *Weltlicher*

Zweck bey dem Römischen Kirchēstaat. deß Zwecks: als welches die Hoheit deß Römischen Stuls/ in irrdischeu Vorzügen/ Ehr/ Gewalt/ und Reichthumb/ für und über alle andere Herrschafften der Welt/ zum Haupt-Zweck hat/ und unter einem andern Namen/ eine fortsetzung der vorherigen Römischen Monarchie ist/ und fur eine Erfüllung der Weissagungen/ von dem halb eisen-halb thönenen Füssen deß grossen Danielischen Colossi, so denen eisernen Schenkeln angefüget seyd/ Dan. 2. und von dem Thier/ welches alle Macht des ersten Thiers für ihm thate/ Apoc. 13. v. 12. gehalten wird. Daß es dem Pabstumb/ umb den Gewinst und die Beherrschung der Welt/ und nicht nur umb die Gewinnung der Seelen unter den Gehorsam Christi zu thun/ erhellet genugsam daher/ daß der so genannte Servus servorum, Knecht der Knechten/ nicht nur von langem her/ beflissen gewesen/ durch allerley ertichtete/ oder erpracticirte donationen, deß Constantini, der Pipinorum, deß Caroli M. der Mathildis, &c. so dann auch durch die Schwächung deß Occidentalischen Keyserthumbs/ und von den Barbarischen Völckern verursachte Zergliederung dessel-

deſſelben ſeyn (oder deß Petri, wie man zu reden pfleget) patrimonium zu vergröſſeren/ in Anſehung deſſen er ſchon den weltlichen Fürſten gleich gehalten werden kan: Sondern ſich auch ein Recht über alle übrige Königreich/und über den gantzen Erdboden anmaſſet; ſo daß er/ nach den Hildebrantiniſchen/ ſo genannten Dictatis Papæ, iſt unicum nomen in mundo, der eintzige Name in der Welt; quod illi licgat Imperatores deponere, daß er bemächtiget ſeye/ die Keyſer abzuſchaffen/ und zwar nicht nur wegen Ketzerey/ ſondern auch pro quolibet alio peccato, imò ſi ſaltem poteſtati Papali ſit inutilis, wann er auch nur dem Römiſchen Stul nicht Dienſt genug leiſtet/wie die gloſſa lautet ad Can. Si Papa 6. diſt. 40.) quod à fidelitate iniquorum ſubjectos poſſit abſolvere, daß er die Unterthanen / ihrer Pflichten erlaſſen könne; Ja (wie es die Canoniſten/ Auguſtinus de Ancona, Auguſtinus Stenchus Eugubinus, und andere/ gut teutſch herauß ſagen) daß eigentlich keine weltliche Macht/als in dem Papſt allein ſeye/ weltliche Könige und Potentaten/ihre Kronen von ihm/ gleichſam Lehenweiß empfangen

gen müssen/ und/ wann gesagt wird / daß Constantinus und andere den Päpsten eini„ge Verehrungen gethan/ solches nicht ander„ster zuverstehen/ als daß sie dasjenige / was „selbigen vorhero zugehöret/ und jene ihnen „ungerechter tyrannischer Weise entzogen ge„habt hätten/ wieder zurück gegeben; daß an„derster lehren/ so viel seyn würde/ als sagen/ „daß ihre (der Kirchen) Götter/ nur Götter „der Bergen/ und nicht Götter der Thälern „seyen/ das ist/ nur die geistliche/ nicht aber die „weltliche jurisdiction hätten; Und was der„gleichen Sprüche mehr seynd / bey denen man es es nicht gelaßen/ sondern denselben den Nachdruck durch würcklich unternome-ne Veränderung der Königreichē/ selbsten in der neuerfunden Welt/ durch entsetzung der Königen und Fürsten/ und dergleichen gewaltthätige proceduren, zu geben gewust.

Weltli-che mittel/ umb darzu zu gelangen.

§. 76. Aber auch Weltlich in Ansehung der Mitteln/ durch welche nach solchem Zweck gestrebet/ und der weise / auff welche dieses Reich verwaltet wird: Es ist gewißlich mehr der Geist der Welt/ als der Geist Christi/ welcher sich zu erkennen gibt/ in der Weltlichen pomp und Pracht der Römischen

schen Hoffhaltung/nicht nur deß Pabsts/sondern auch der Cardinälen/ Bischoffen/ Prelaten/ und anderer vornehmen Römischen Stuls Angehörigen/ deren kostbaren Pallästen/ und Gärten/ansehnlichen comitat und Gefolg/mänge der Bedienten/niedlichkeit der tractamenten/ stattlichkeit der Kleidungen/ in deren Betrachtung Lipsius von dem Collegio der Cardinälen wol sagen konte/ (præfat. in libr. de magnit. Rom.) daß wann der ehmalige Cyneas wieder kommen solte/ er darvon das jenige/so er ehemals von dem Senat zu Rom gesprochen/ mit Fug wiederholen möchte; Daß er/ so viel Könige/ als Glieder solches consessus, zu sehen vermeine; wie dann auch die Cardinäle/ sich den Königen gleich halten/ja selbigen den Rang zuweilen disputiret haben/ und von dem Papst in ihrer Bestättigung/ regum similes, den Königen gleich/ genennet werden: welches alles/ wie es mit der Einfalt deß Evangelii/ und dem Verbott Christi/ vos autem non sic (Ihr aber nicht also) übereinkomme/schwär ist zu begreiffen. Item/ in den weltlichen Verrichtungen/ denen diese Geistliche ergeben seynd; In dem (um anjetzo nichts von dem grossen Welt-guverno, welches zu Rom/vermittelst der nuntiorum und Gesandtschafften/geführet wird/ zu melden) das Ampt zu lehren/und zu trösten/ welches der Bischöffen vornemstes Werck seyn solte/fast hindangesetzt/und den geringeren von der Cleriset) überlassen/hingegen die Versorguug und Vermehrung deß weltlichen Staats und zeitlicher Einkünfften für dero eigene occupation gehalten wird; gäntzlich der Apostolischen Außtheilung zuwider/ nach deren auff befundene Nothwendigkeit der separation beyderley Verrichtungen/das Lehr-Ampt von den Aposteln für sich behalten/die Verwaltung der Güter aber/ denen neu erwehlten Diaconis anvertrauet worden/ Act. 6. An deßen statt aber es heutigs tags dahin gekomen/ daß man ohngescheuet saget/ausser an denen örtern/ welche den Unglaubigen nahe gelegen / seye es besser/wann ein Bischoff ein guter *Jurist*, als ein guter *Theologus* seye: Frà Paolo, de benefic. §. 9. Was Wunders/ sintemal auch selbsten ein Papst der Theologischen Wissenschafft ermanglen kan/und noch in diesem Seculo Papst Innocentius X. über den

Jan-

Jansenistischen Strittigkeiten sich also vernehmen lassen: Non e la mia professione; oltra che son vecchio, non ho mai studiato in Theologia: Das ist meines thuns nicht: Neben dem/ daß ich alt bin/ hab ich niemaln die *Theologie* studiert: Oder/ wie es der Pater Ubaldino gegeben: Il Papa non e Theologo; non e la sua professione: e Legista, Der Papst ist kein *Theologus*: Es ist seine *profeßion* nicht: Er ist ein *Iurist*. Journal de S. amour. part. 3. c. 12. 18. Item/ in den Weltlichen Verbindungen/ durch welche man die Hoheit deß Römischen Stuls/ mehr als durch die Warheit/ zu bevestigen/ und zu solchem ende zu Erhaltung der Einigkeit (nicht aber der Einigkeit im Geist/ darvon der Apostel redet/ Eph. 4.) Gesandschafften in alle Welt (aber mit anderen commißionen/ als die Apostel von Christo empfangen) außzusenden/ und wiederumb von allen Theilen der Welt zu empfangen/ befliessen ist: Item/ in den Weltlichen Waffen/ deren man sich/ zu Außbreitung deß Glaubens/ und Außrottung der Ketzereyen/ ja auch mehrmahls zu Behauptung weltlicher Güter und prætensionen/

zu bedienen weiß; und von denen man die Wort deß Apostels/ daß die Waffen unserer Ritterschafft nicht fleischlich/ sondern mächtig seyen für GOtt/ 2. Cor. 10. schwerlich gebrauchen kan: sonderlich wan man einen Pabst Julium II. in dem Harnisch auff der Tiber-Brücken/ und den Schlüssel Petri, in den Tiberfluß hinein werffen/ hingegen das Schwerd außziehen siehet/ mit beygefügten Worten: Will dann der Schlüssel *Petri* nicht mehr helffen/ so mag das Schwerd *Pauli* helffen: (Er hatte es aber damahlen nicht mit Ketzern/ sondern mit Kayser Maximiliano II. und dem König in Franckreich Ludovico XII. zu thun.) Aber auch wann seine Vor-und Nachfahren/ auff eine verdecktere Weise/ und durch anstifftung und erregung anderer Monarchen und Potentaten, oder auch unter dem Schein rechtens/ durch das blutdürstige Inquisitions tribunal, die darvor gehaltene Ketzer/ und Ungläubige/ mit Feuer und Schwerdt verfolgen/ und die grausamste Verhörungen und Zerstörungen in der Welt/ gleichsam unter dem Creutzpanier Christi anstellen; und solches für eine Erfüllung deß compelle intrare

trare, (nöthige sie herein zukommen) gehalten haben wollen. Endlich in den Weltlichen Klugheits Reguln nach denen dieses geistlich genañte Regiment eingerichtet ist/und also geführet wird/ daß darauß ein rechtes Muster weltlicher Klugheit genommen werde möchte/ und die Politische Staats-Maximen darbey/in der vollkommensten Art/ zu werck gestellet anzutreffen seynd; wie solches ein neulicher Scribent,in einer Vergleichung der Aristotelischen/ und Pallavicinischen Reguln, auß dieses Cardinals historiâ Concilii Trid. mit mehrerm erwiesen.

§. 77 Sonderlich gibt sich das Papstum darinnen/ als eine Erfindung weltlicher Klugheit zu erkennen/ daß es dergestalten nach den unterschiedenen/ sonderbaren und gemeineren Inclinationen der Menschen/ in seinen Lehren und Gewohnheiten eingerichtet / daß selbige allesampt darbey ihre Vergnügung finden/und hinwiederumb die Kirchen-Vorsteher alle Gattungen der unterschiedlichen humoren und Schwachheiten der Menschen/sich zu nutz machen/und selbige durch ein oder anderes Interesse (weit begreifflicher/ als Herr P. von der Evangelischen

Papstumb nach dē menschlichen Inclinationen eingerichtet.

schen Religion geglaubet haben will) zu ihrem Gehorsamb locken/oder darbey erhalten können: Paulus spricht zwar: **Wann ich den Menschen noch gefällig wäre/so wäre ich Christi Knecht nicht:** Gal. 1. v 10. Die Christliche Religion ist auch von dieser Art/ daß nach dem sie die Begierden der Menschen angreiffet/ und wiederfechtet/ sie unmüglich den Menschen ins gemein zu gefallen gereichen kan. Soll es dann wol casual, und zufällig/oder also ersonnen/und gekünstelt seyn/daß fast ein jedwederer Stand/ und humor, und inclination der Menschen/ (ausser allein deren/welche nach der Warheit mehr/als nach einigem anderen streben) bey der Römischen Kirchen/ ihre Vergnügung finden; und kein Unvergnügen/ oder Mißfallen/als allein bey denen/ welche man schon für genugsam vinculiret haltet (und auch dieses zum besten deß Römischen Stuls) gestattet wird? Seynd es Ehr/ oder Geld-begierige/ so finden selbige an den vielen/ und vielerley Staffeln der unterschiedlichen Kirchen Digniteten, so sie biß zu den höchsten Würden leiten können/ wie auch denen reichen Pfrunden/præbenden,und Einkünfften

ten der Kirchen/wordurch sie ihren Durst einiger massen stillen können: Seynd es jovialische lustige Gemüther/ so fehlet es nicht an theatralischen Schauspielen/ lusterweckendē Predigten/ freudigen Zusamenkünfften/ vortrefflichen Musiquen, gelinden Beicht-Vättern/ damit denenselben geholffen ist: Seynd es schwermütige/ melancholische/ zur Traurigkeit geneigte Personen/ so fehlet es nicht an solchen Secten und Ordens-Leuten/ welche durch den Schein großer strengigkeit in ihren stäten fasten/ Geißelungen/ und dergleichen mortificationen/ die Augen solcher Menschen auff sich wenden. Seynd es geistlichen Standes Personen/ so seynd dieselbe mehr als genugsam/ durch die große/ solchem Stand gegebene/ privilegien/ exemtionen von der weltlichen jurisdiction, und andere Geniessungen/ dem Römischen Stul anverbunden und angeknüpfet. Ja es ist nicht zu beschreiben/ auff was vor eine mächtige weise/ der Römische Stul/ durch diese mänge der Geistlichen/ so sich in allen Theilen der Christenheit befinden/ und in keiner anderen dependenz, als von dem Römischen Stul/ stehen/ und gleichwol die Gewissen der Königen

nigen/ Fürsten/ und Herren/ und deren Unterthanen in ihrer direction haben/ und neben dem einen grossen Theil der Güter franc und frey besitzen; Sonderlich aber durch die München und Ordensleuth/ und deren independentz von den Bischöffen (als welche sonsten allein/ von den Päpsten geförchtet werden möchten/ solcher gestalt aber keine krafft ihnen zu schaden haben können) befestiget werde. Seynd es weltliche Potentaten uñ Stands-Personen/ so ist bekañt/ daß die Päbstliche Excommunicationen/ und dann die dispensationen in den jenigen Sachen/ da entweder das Gesetz oder die Eide/ dem Verlangen solcher Potentaten im Wege liegen/ genugsam seyen/ umb dieselbe/ entweder bey gutem willen/ oder doch bey dem Gehorsam deß Römischen Stuls zu unterhalten. Seynd es Adeliche/ und sonst vornehme Geschlechter/ so seynd die viele und vornehme Stifftungen/ Klöster/ Canonicaten/ Commentereyen (zu welchen solche Personen einen Zugang/ und bey denenselben eine so gute Verpflegung finden/ daß sie auch die beste derselben ihren Adelichen und Ritter-familien zu appropriiren gut befunden) gleich wie

ein

ein Mittel/ den splendor sothaner familien zu erhalten und zu vergrösseren/ also zugleich ein mittel/ selbige mit dem Römischen Stuly als mit dessen ruin der ihrige vergesellet seyn würde / auffs genaueste zu verknüpfen. Seynd es Gelehrte/ so suchet man dieselbe entweder/ in den geistlichen Orden einzuflechten/ oder doch sonsten mit gewissen secular- oder misecular- beneficiis zu versehen/ und ihrer Gelehrtheit sich entweder zu beförderung deß Römischen interesse zu bedien/ oder doch selbige auff etwas solches/ darvon besagtem Stul kein incommodum zustehe/ zu wenden: Wiewohl große Gelehrtheit an selbigem Hoffe gemeiniglich für verdächtig gehalten wird. Seynd es Bürgerliche/ und sonst gemeine Leut und familien/ so haben selbige (nichts von den vielen Fast- und Ruhe- Tagen zu sagen/ die dem faulen Fleisch wohlgefallen müssen) an den häuffigen Klösteren/ eine bequehme retirade, dahin sie sich/ bey ein oder anderer Gewissens-Unruh/ oder Gefahr/ oder Unwillen begeben; wie auch einen Behalter/ in welche sie einen Theil ihrer Kinder außladen/ und mithin ihre Familien erleichteren; ja (in dem man auch daselbsten
von

von den geringsten biß zu den höhesten Ehren-Staffeln/ ohne eigene Kosten steigen kan) den Weg zu dero Vergrösserung ohne sonderliche incommodität bahnen mögen; Summa, kein Stand oder Lebens-Gattung/ so nicht seinen Vortheil und Vergnügung auff eine oder andere Weise bey selbiger religion finden könte: wie solches alles sehr deutlich und außführlich von dem Englischen Ritter/ Eduin Sandis, in seiner Relation, von dem statu religionis in Europâ, c. 10-18. erwiesen worden: Welches Büchleins Lesung/ an statt deß von ihm gerühmten Frommischen Tractätleins/ dem Herrn P. recommendirt haben wolte; Wie es dañ/ umb gemeineren Gebrauchs willen/ fast in alle Europäische Sprachen übersetzet worden.

Fleischlichkeit herrschet in dem Pabstthumb.

§. 78. Zwar könten wir gar wohl geschehen lassen/ daß bey der Christlichen religion, ein jeder Mensch seinen Vortheil/ so lang es ohne Sünde geschihet/ suchen und finden möge: wann aber durch solche weltliche Vortheil und Absehen/ der Haupt-Zweck der religion, so da ist die Beförderung deß Geistlichen Zustands der Menschen/ gehemmet/ und

und gehindert wird; Wan der Mensch dar=
durch und durch die occupation und Ver=
gnügung seiner eusserlichen Sinnen/ von
Erkandtnuß und Liebe der Warheit/ und
endlich von dem Weg der Seligkeit abwen=
dig gemachet wird; Wann die fette Kühe/
ich meyne die wesentliche Theil der religion,
von den magern/ das ist/ den äusserlichen in
die Augen lauffenden krafft- und safftlosen
ceremonien verschlungen werden; ja wañ
nicht nur das Weltliche/ sondern auch das
fleischliche in der Kirchen solche prævalenz,
gewinnet/ daß die Lehr und Gottesdienst/
nach den sündlichen Lüsten der Menschen
eingerichtet/ und verkehret werden/ da kann
eine dargegen strebende reformation, bey de=
ren man sich zumalen allen solchen zeitlichen
Vortheils verlustig/ und einem fast allgemei=
nen Haß/ und Verfolgung unterwürffig
machet/ mit keinem fug/ einer solchen Par=
theylichkeit/ als ob man darmit dem Fleisch
zu favorisiren suchte/ bezüchtiget werden.
Es solte/ nach Pauli Verkündigung 2. Tim.
4. v. 3. 4. eine Zeit kommen/ da die Menschen die heilsame Lehre nicht leiden/ sondern
nach ihren eigenen Lüsten ihnen Lehrer
auff-

auffladen/ nach dem ihnen die Ohren jucken/ und die Ohren von der Wårheit wenden/ und sich zu den Fabeln kehren würden. Eine Beschreibung / von welcher eine mehrere Erfahrung / und der innerliche Zeuge / den Hn. P. unterrichten wird/ daß sie sich nicht so sehr auff die Lehrer der von dem Pabsthumb abgesonderten Kirchen/ (wie wol auch deren persönliche Mångel keines wegs geleugnet werden) als aber auff die jenigen reime/ welche/ an statt die Christliche religion auff wahre Heiligkeit/ und Ertödtung der fleischlichen Lüsten zielet/ sich mit einem eusserlichen Schein der Heiligkeit vergnügend/ im übrigen solche Lehren führen/welche die Liebe/ und Dienst der Sünden entweder zu hegen/ ob doch neben sich zu dulden/befundē werden: Als da ist/ die Lehr von der Geringfügigkeit gewisser Sünden/ und daß die erste Lust-Bewegungen nicht sündhafft seyen; die Lehre von der Macht deß Papsts über das göttliche Gesetz/und das selbiger gegen Gottes und Christi Gesetz dispensiren/ das darinn verbottene erlauben/ das gebottene verbieten/ von Pflichten/ Gelübden/ Eyden/ Verbindungen erlassen könne: Die Lehr von den
Sacra-

Sacramenten/ und daß sie die Gnade/ ex opere operato, durch das eusserliche Werck/ ohne innerliche gute Bewegung deß empfangenden/ mittheilen; Die Lehr von leichter auffsöhn: und büssung aller/ auch der gröbsten Sünden/ vermittelst der Sacramentlichen Ohren-Beicht/ und Verrichtung oder Außkauffung einiger geringen aufferlegten Bußhandlungen/ meistens in eusserlichen Handlungen bestehend; Die Lehr von den Indulgentien, und Nutzbarkeit deß Geldes zu Erkauffung der Vergebung (oder vielmehr/ der Erlaubnuß) der Sünden: und was dergleichen Lehren und Gewohnheiten mehr seynd/ mit welchen den Sündern gleichsam Küssen unter die Arme geleget/ oder doch den Sünden einiger Unterschleiff gestattet wird. Der Cardinal Pallavicini gestehet hin und her/ in seiner historiâ Conc. Trid. Daß gleichwie die Form sich nach der Materi richten muß/ also die Gesetz der Kirchen eben nicht nach dem vollkommensten Muster/ sondern nach der capacitet der verdorbenen Adams-Kinder/ auß welchen sie bestehet/ eingerichtet seyen; Das bißweilen ein geringeres übel/ zu vermeydung eines grösseren/

seyen/ müsse gestattet werden; wie mit Erlaubnuß der offentlichen Huren-Häuser zu Rom geschehen; Daß/weil die meisten Menschen/mit der liebe deß Geldes/ und Müssiggangs eingenommen seyen/ die Kirch dannenhero sich in ihre Inclinationen einiger massen bequämen/ und durch solche Bande so darmit übereinkommen / dieselben zu gewinnen trachten müsse. Siehe den apparat. c. 8. & l. 1. c. 25. l. 2. c. 8. l. 9. c. 9. und anderstwo: Der Bischoff von Gierace, Päpstlicher Bottschaffter zu Venedig, Horatio Mathei ist noch weiter mit der Sprach herauß gegangẽ/und hat noch eine andere Ursach deß gesagten entdecket/wann er zu den Venetianern gesprochen; Che le limosine & le altre opere di pietà, la frequentatione delli Sacramenti, & ogn' altra buona & Christiana operatione, senza favorire la libertà Ecclesiastica, *ad nihilum valent ultra*; atteso, che nell' elemosine & devotione non consiste la perfettione Christiana, essendo il cimento di quella, l'essaltatione della jurisdittione Ecclesiastica. Das Allmosen/ und andere Wercke der Gottseligkeit/ der gebrauch der Sacramenten/ und

und sonst alle andere gute und Christliche Werck/ zu nichts taugen/ wo man nicht die Freyheit der Kirchen *favorisiret*; sintemal in Allmosen und andächtigen Verzichtungen die Christliche Vollkommenheit nicht bestehe/ sondern der Gipfel derselben/ die Erhöhung der Kirchen-*jurisdiction* seye; wie solches zu finden/ in der historia particolare delle cose passate tra'l Pontefice Paolo V. & la Republ. di Vinetia; l. i. Vielleicht ist auch dieses in bedencken genommen worden/ daß eine allzu præcise widerfechtung der Sünden/ durch das leben/ und Exempel der Geistlichen widerleget/ und dardurch die Lehr hätte verdächtig gemacht werden können.

§. 79. Die Sach könte durch eine sonderbare Betrachtung/ und Gegenhaltung der vō Christo anbefohlenē unterschiedlichen Tugenden und Pflichten/ gegen die Lehr und praxin der Römischen Kirchen/ noch klärer dargethan/ und gewiesen werden/ welcher gestalt selbige/ wo sie dem interesse deß Römischen Stuls/ und dessen weltlichem Absehen zuwider/ verdunckt/ oder hindangesetzer werden: Welcher gestalt an statt der von Chri-

Christliche tugenden leyden darinnen noth.

sto anbefohlenen Warheit/ je zuweilen der Lügen/unter dem Namen der æquivocationen/ und reservationum mentalium, wie auch dem Eidbruch/ in ansehung der Ketzer/ statt gelassen werde: Welcher gestalt/ an statt der von Christo anbefohlenen Demuth/ und den Geistlichen verbottenen weltlichen Herrschafft/ Luc. 22. 1. Petr. 5. 2. 3. ein Geist der Hochmuth gleichsam in allem Vornehmen/ Thun und Lassen deß besagten Stuls/ und dessen Angehörigen zu erkennen seye/ durch welchen die geistliche Bedienungen in Digniteten, die Digniteten in Herrschafften/ die Herrschafften in Monarchien, die Monarchien in Apotheoses und Vergötterungen verwandlet worden; und man sich nicht nur die Gewissen/ sondern auch die Güter/ Länder/ Scepter/ Cronen/ anderer Menschen/ unterwürffig zu machen/ über alles/ was Gott heisset/ sich zu erheben/ und einen göttlichen Gewalt unter den Menschen zu üben/ göttliche Namen und Ehr von denselben zu empfangen/ sich unterstanden: Welcher gestalt an statt der von Christo anbefohlenen Reinigkeit/ allerley Gattung der Unreinigkeit/ und Befleckung deß Fleisches/ wie sie
durch

durch das Wolleben/ Müssigang / und gezwungene Ehelosigkeit der Geistlichen/ veranlasset/ ja nach deß Æneæ Sylvii, hernach Papst Pii II. Urtheil (in seinem Schreiben/ an seinen Vatter/) unvermeidlich gemachet werden; also theils durch conniventz, theils durch concession, und Erlaubnuß/ (ja Erbauung offener Unzuchts-Häuser) theils durch die Geringfügigkeit der Straffen/ welche auß der Taxâ Cancellariæ Apostolicæ zu erlernen/ ihre Sicherheit und Freyheit darinnen finden: Welcher gestalt an statt der von Christo anbefohlenen Liebe / und Sanfftmuth/ eine solche Macht deß Hasses und Neides gegen alle widrig gesinnte / und die/ so ihr unreines nicht anrühren wollen/ erwiesen wird / durch welche alle natürliche und Christliche Liebes-Empfindungen außgelöschet/ und die Christen Welt in ein Akeldama und Schau-Platz der grausamsten Verfolgungen/ (in der Meynung/ daß Gott ein Dienst darmit geschehe) verwandelt worden. Es ist aber solches alles von andern außfürlicher vorgestellet worden; auch bereits bey diesem Fünfften Strahl der Auffenthalt so lang gewesen/ daß ohne besorgende

M 2   Ver-

Verdrießlichkeit/länger darbey nicht stillstehen mögen; jedoch aber von den bißherigen Vorstellungen/ neben einer genugsamen Wiederlegung der in diesem Capitul vorgebrachten Beschuldigungen/ auch dieses verhoffen mögen/ daß nunmehro all das übrige desto geschwinder durchwandern werden können.

Betrachtung des Sechsten Strahls.

§. 80.

Sechster Stral suchet die Lehr der Ref. zu verfinstern.

DEr sechste Strahl/ ist auff die Lehr der Reformirten Kirchen/ nicht zu deren Erleuchtung/ sondern Verfinsterung gerichtet/ in dem durch desselben Anweisung/ allerley theils mühsame/ theils ungereumte/ theils ungewisse/theils sonsten aus der Mittelbahn schreitende Dinge/darinnen entdecket worden; welche/ als so viel raue Anstösse/ zarten Gewissen gar leicht einen Kampff erwecken/ und sie wider die UnCatholischen in den Harnisch bringen können. p. 87. 88. Je weitläuffiger aber der author ist/ in deren Außführung/ oder vielmehr Außzierung

rung/ umb seiner Sachen/ die in ihrer natürlichen Gestalt ihm nicht sonderlich vortheil-
hafft seyn würde/ eine Farb zu geben; je kür-
ter wollen wir dieselbe durchgehen; und allen solchen/ zur Sachen selbst nichts dienenden Neben-Zierath umb da mehr übergehen/
weil gegner so gar das jenige/ was in diesen
Strittigkeiten das vornemste/ uñ wesentlich
ste ist/ nemlich die noch ärgere/ und billich
von Gott durch die Catholische Kirch in
dem Concilio, oder/ wie er es nicht ohne
Grund zu nennen pfleget/ Consilio Tridenti-
no anathematisirte Lehr-Puncten/ vorbey zu-
gehen/ rathsam befunden/ p. 87. und zwar
klüglich/ weilen er sonsten dasselbe/ und/ umb
recht darvon zu urtheilen/ auch die historiam
desselben zu lesen gemüssiget wäre gewesen/
und in seinem Vornehmen dardurch wan-
ckelmuthig hätte gemachet werden können:
aber auch unklüglich/ in dem alle die bey Reformirter Religion und Reformation gefundene Mängel/ wann selbige allesampt sich
also verhielten/ ihme zwar auffs höchste eine
Ursach/ von selbigen abzutretten; jedoch noch
keine Ursach/ warumb er zu der Römischen
sich eher/ als zu einer andern begeben solte/

M 3   unter

unter der Gefahr/ eben dergleichen/ oder gröſſere Mängel auch daſelbſt zu finden/ hätte geben können.

Selbige wird als eine mühſame Lehr angegeben.

§. 81. Nun/ umb von den Mühſamen Dingen am erſten zu reden/ durch welche die Reformirte Religion ihm zuwider gemacht worden; So iſt nicht ohn/ daß eine Mühloſe Religion, und bey deren der Menſch von aller Mühe (auch von der Mühe das Wort Gottes zu leſen/ und zu lernen/ von der Mühe den alten Adam zu beſtreiten/ und zu tödten/ von der Mühe/ für ſeine Seeligkeit zu ſorgen &c.) befreyet leben mag/ den gröſſeſten Zulauff von Welt-Kindern haben würde; Auch waar/ das die angenom̃ene Religion, durch nichts ſo ſehr/ als die angebottene vicariſche Fürſorg/ Wiſſenſchafft/ Verrichtungen/ und Gnugthuungen/ bey manchen ſich recommendabel mache: Es will aber Herr P. die Mühſamkeit unſerer Lehr/ nicht daher/ ſondern auß den mühſamen Außlegungen ein und anderen Lehr-Punctens/ und Spruchs der H. Schrifft/ erkannt haben; und zwar:

In den Articuln 1. von dem Abendmal.

§. 82. Erſtlich auß der mühſamen Außlegung der Sacramentlichen Red-art/ vom H. Abendmal/ da ich weiß nicht was vor Tropi

von

von dẽ Reformirten erdacht würden/umñ den mehr als sonnenklaren Verstand/der Transsubstantiation, oder wesentlicher Verwandlung deß Brods und Weins in den Leib und Blut Christi/außzuschliessen. p. 89. 90. Sonsten pflegen die Römisch-Catholische die unbegreifflichkeit der Transsubstantiation mit der Allmacht Gottes zu beschönen/ und will dieses / als ein Wunder-Werck Gottes / mit zugethanen Augen der Vernunfft/ angenommen haben; Jetzo hören wir aber / daß diese Meynung / dem Verstand deß Menschen weniger Mühe verursache/ als aber die jenige / welche die Wort Christi (Das ist mein Leib der für euch gebrochen wird/) nach Art der andern Sacramenten/ ja nach Pauli, und Christi selbst eigener Außlegung/ also außdeutet/ daß Christus an dem Brod und Wein/ ein Danck- und Trostgedächtnuß seines Leidens und Sterbens habe stifften wollen: ja wir hören daß unter der Sonnen nichts klarers seye/ und Christus (wann er schon gewolt hätte) nicht hätte deutlicher reden können/ daß ist/ wann er geredet hätte/ wie hiervon in dem Tridentinischen Concilio geredet

der wird/ daß nemlich durch die *consecration*
des Brods und Weins/ eine Verwandlung geschehen würde/ der gantzen *substantz* des Brods/ in die *substantz* des Leibes Christi/ und der gantzen *substantz*
des Weins/ in die *substantz* seines Bluts/
solches nicht so klar die Transsubstantiation
zuerkennen gegeben hätte/ als solches durch
diese fünff Wort/ dann das ist mein Leib/
geschehe. Unsere Blindheit ist in warheit
zubeklagen/ die wir das jenige nicht sehen kön-
nen/ was so heiter und Sonnenklar vor Augen ligt/ daß man es auch mit Kreiden auff der Taffel abmahlen können/ wie
dann Melanchton, von einem gewissen Tü-
bingischen Theologo, Lempio, Meldung
thut/ welcher seinen Zuhörern/ unter denen
er selbsten gewesen/ die Transsubstantiation,
mit Kreiden habe auff der Taffel abzumalen
pflegen; vielleicht auff eine solche Weiße wie
solche in dem Domb zu Wormbß über einem
Altar (aber nicht ohne Aergernuß) abgebildet zu sehen; Es möchte aber auch vielleicht
eine solche Beschaffenheit hiermit haben/
(damit ich das jenige wiederhole/ was Zwin-
glius in eben dieser materi an den Magistrat

zu Eßlingen geschrieben) wie mit jenen Edelleuthen/welchen ein gewisser Betrüger vorgab/er hätte ihre Kirche mit köstlichen Gemählden außgezieret/ so aber von keinen anderen/als die ehrlich gebohren wären/gesehen werden könnten: Worauff sie allesampt/damit ihre rechtmäßige Herkunfft in keinen Zweiffel gezogen würde je einer besser als der ander/dieselbe zu sehen sich rühmeten: Das ist/es möchte ein klare Erkandtnuß/und Versicherung dieses Geheimnuß/ von vielen/so solche nicht haben/ aber auch gleichwol nicht für unrechte Kinder der Römischen Kirchen gehalten seyn wollen / außgegeben werden; und solte man fast von Hn. P. in Betrachtung der gar zu grossen evidentz, darinnen er es den grössesten Verfechtern solcher Lehr vorthun will/ dergleichen Muthmassung schöpfen/sonderlich da er also hertzhafft auff die Kirchen-Vätter in allen vorherigen Seculis sich dißfalls beziehen darff; gleich als ob die Neuigkeit dieser Transsubstantiation, und die contrari Lehr der Kirchen/ in den ersten 1000. Jahren nicht wäre/in diesem unserm Seculo zu völliger überweissung dargethan/und dergestalten erwiesen worden/ das

M 5　　　　　　　Päpstli-

Päpstlicher seiten man auff eine andere Art zu disputiren, und auff die gegenwärtige possession sich vielmehr zu fundiren, als aber in die Untersuchung der Antiquitet weiter einzulassen/ rathsamer erachtet. Man wird etwa einwenden/das die gerühmte evidentz nicht von der Sachen selbsten/sondern von dem Verstand der Worten Christi/ zu verstehen; Aber wo die Sach selbsten/als lauter contradictionen in sich begreiffend/nicht kan verstanden werden/da kan sie auch nicht auß gewissen Worten verstanden/oder gezogen/folgendes auch kein deutlicher Verstand der Worten gerühmet werden; Zu geschweigen das über den Einsatzungs-Worten Christi/ und welcher gestalt die Transsubstantiation auß denselben gezogen werden müsse/ solch eine varietet der Meynungen unter den Päpstischen Scribenten anzutreffen/welche mit so grosser Sonnenklaren evidentz, keines wegs bestehen mag.

2. Von der Rechtfertigung allein durch den Glauben.

§. 83. Zweytens aus der mühsamen Behauptung der Rechtfertigung/ so allein durch den Glauben geschehe/ wordurch so gar zu Verfälschung der H. Schrifft/ und Hinzusetzung deß Wörtleins allein zu dem Spruch

Spruch deß Apostels/ Rom. 3. v. 28. dem
Luthero seye Anlaß gegeben worden; daß/
da der Apostel in dem Grund-Text gespro-
chen/ der Mensch werde gerecht/ ohne des
Gesetzes Werck/ durch den Glauben;
Lutherus es also gegeben/ und die Reformirten es also gelassen haben; der Mensch werde gerecht/ ohne deß Gesetzes Werck
ALLEIN durch den Glauben. p. 90.
95 Es wäre gut/ wann die jenige/ so den Zusatz dieses Wörtleins allein/ in deß Lutheri
version dergestalten auffzumutzen/ und die
göttliche Bedrohung/ der Höllen Straff auß
Apoc. 22. darauff zu appliciren, ja selbige
auch auff die jenige/ so in ihren außgegebenen
versionen, (als da ist deß Piscatoris Teut-
sche/ die Englische/ Holländische/ und Frantzösische) solches Wörtleins sich gleichwol
nicht bedienen/ zu extendiren wissen/ genugsame Sorg trügen/ daß ihnen kein Zusatz
oder Abzug von dem göttlichen Wort/ es
seye nun mit/ oder ohn solch ein unschuldig
Wörtlein / allein/ beygemässen werden
könte. Als Christus dem Satan/ in seiner dritten Versuchung den Spruch deß
göttlichen Gesetzes entgegen gehalten/ welcher

der bey dem Mose also lautet; **Du solt den HErren deinen Gott förchten/ und ihme dienen**; Deut. 6. 13. & 10. 20. hat er kein Bedencken getragen/ das Wörtlein allein (als welches in dem Verstand der Worte Mosis enthalten) hinzuzusetzen/ und den Spruch alsozu wiederholen: **Du solt anbetten Gott deinen HErren / und ihm ALLEJN dienen**/ Matth. 4. 10. Ohne daß der Satan/ob schon ein geschickter Disputator, darüber zu klüglen Anlaß genommen hätte. Hingegen hat das Concilium zu Costnitz/da Christus vorhero das Brode und den Kelch den communicanten außzuspenden befohlen/ zwar kein allein / in den Text der Einsatzung Christi eingerucket/ aber verordnet/daß non obstante, ohngehindert der Erlaubnuß Christi/ gleichwol die Leyen allein das Brod deß Abendmahls/ ohn den Kelch/geniessen solten. Nichts von anderen dergleichen alleinisirungen / und appropriationen der allgemeinen Christen-privilegien auff eine/ oder gewisse Personen/ so im Papstumb eingeführet worden/ zu melden; bey denen sie mehr Ursach/ auff die göttliche angezogene Drohung/ als jene/ zu reflectiten Ursach hätten. Dann was die materi der Rechtfertigung anlanget/ nach dem zu des Apostels/und auch unseren Zeiten/nichts anders / neben dem Glauben/ als allein die Wercke/ in quæstion gezogen worden/ob selbige zur Rechtfertigung deß Sünders mit würcken? und ö Apostel solche krafft denselben ausdrücklich benimmet/ sprechend/ ohne deß Gesetzes Werck / oder / wie anderstwo/ nicht aus den Wercken Eph. 2. 8. Gal. 2. 16. So ist ja mit Wegnehmung der einigen mitwürckenden Ursach/ welche darneben gesetzet werden konnte/ die alleinige würckende Krafft in dem Menschen/ dem Glauben überlassen worden; gleichwie wann ich von unsterblichkeit deß Menschen redend/sprechen wolte/ daß er nicht nach dem Leibe/ sondern nach der Seelen unsterblich seye/ die Beyfügung deß Wörtleins allein (daß er allein nach der Seelen unsterblich seye) in der Sachen selbsten keinen mehreren oder geringeren Verstand geben würde. Und was wollen doch diese hefftige Ankläger sagen/ so man ihnen eben diesen Zusatz (so in der That kein Zusatz ist) selbsten in einigen ihrer eigenen editionen; weisset? Als in der Jtalienischen

edi-

edition deß Neuen Test. so zu Venedig/ an. 1546. gedruckt/ da die Wort ἐὰν μὴ διὰ πίστως, Gal. 2. 16. also gegeben werden; ma solo per la fede di Giesu Christo: Sondern allein durch den Glauben an Jesum Christ und wiederumb in der edition, deß M. Giovan. Francesco Virginio Bresciano, gedruckt zu Venedig/ 20. 1551. da eben an diesem Orth/ Rom. 3. 28. die Wort also lauten: Non per la osservatione della legge, ma sola per la fiducia ne i meriti di Giesu Christo, potete gjustificarui &c. Nicht durch die beobachtung deß Gesetzes/sondern allein durch das vertrauen auff die Verdienst Jesu Christi könnt ihr gerechtfertiget werden. Genug solte es Herrn P. seyn/ daß mit dieser Red-Art/ wann die Rechtfertigung dem Glauben allein zugeschrieben wird/ nach der deutlichen und tausendmal widerholte erklärung/ nichts anders gemeinet ist/ als daß der Mensch die Vergebung der Sünden/ (als welche Gutthat fürnemlich bey uns durch das Wort Rechtfertigung verstanden wird) allein durch das Verdienst Christi/ so fern dasselbe mit wahrē Glauben angenommen wird/ und durch keine ne andere verdienende ursach/ empfange/ welches ja die Lehr selbst deß Concilii Tridentini ist; in dem übrigē aber keines wegs geleugnet wird/ daß zu dem jenigen/ so man in der Röm. Kirchen durch das wort Rechtfertigung verstehet/ auch die werke nöthig seyen/ uñ zwar dergestalt/ daß/ ob schon die seeligkeit durch die Wercke nicht erlanget wird/ selbige gleichwol ohne die Wercke und innerliche Heiligkeit; oder/ wie Herr P. uns ungütlich beymesset/ mit Außschliessung der Werk/ nicht erlanget werden möge. Dannenhero auch die discrepanz unserer Lehr in diesem Articul/ von vielen heut zu Tag/ und noch jüngstens/ dem P. Jean Dez, in seiner heraußgegebenen so genannten Reunion des Protestans de Strasbourg, art. 4. nicht so groß oder erheblich gehalten wird/ daß selbige zu einer Trennung anlaß geben könnte; wie sie doch gleichwol geben müste/ wann nach denen alhier beschehenden Aufflagen/ der alleinige Glaube/ ohne die Werck/ uns gleichwie zur Gerechtigkeit/ also auch zur Seeligkeit bringen künnte.

§. 84. 3. Auß den mühsam-gesuchten Außlegungen/ und Verdrehungen der jenigen Zeug-

3. Von Nothwen-

digteit/ un Ver- dienst der gu- ten Wer- cken.

Zeugnuß/ nach welchen die gute Wercke der Gerechtfertigten/ für dem großen GOtt verdienstlich/ und nöthig seynd. p. 95. 96. 97. Es solte doch Hr. P., und seine Genossen/ da sie von nothwendigkeit der guten Wercke reden/ gedencken/ daß die Warheit/ und Gerechtigkeit/ von solchen guten/ und nothwendigen Pflichten/ nicht die geringsten/ hingegen Verleumbdungen und falsche Zeugnuß oder Anklagen/ verdammliche Laster seyen. Da sie solches gedächten/oder aber die Nothwendigkeit der Christlichen Tugenden selbsten behörend glauben thäten/würden sie unserer Kirchen/ mit dieser Auffburdung/ als ob die gute Wercke bey uns nicht für nöthig gehalten würden/verschonet haben; sonderlich würde Herr P. solches zu thun sich schuldig gehalten haben/als der/ in der Wissenschafft und Erkandtnuß unserer Lehren/ sich vorhero p. 87. einem Botten verglichen/ der deß offt gegangenen Wegs/ und darauff befindlicher Anstöße/ dicker Büsche/ tieffer Pfützen/ und Morastes/ schwärer Stegen und dergleichen am allerbesten kündig seyn kann, und der/ in seinem vorigen Predig-Ampt/

zweif-

zweiffels ohn zum öfftern die 85. und 87. Frage unsers Catechismi/ seinen Zuhörern vorgelesen und erkläret/ deren jene von den Ursachen/ warumb wir gute Wercke thun sollen/handlet; Diese aber von deren Nothwendigkeit/ also lautet: Können dann die nicht selig werden/ die sich von ihrem undanckbaren/ unbußfertigen Wandel zu Gott nicht bekehren? Antwort/ keines wegs: Dann wie die Schrifft sagt/ kein Unkeuscher/ Abgöttischer/ Ehebrecher/ Dieb/ Geitziger/ Truncenbold/ Lästerer/ Rauber/ und dergleichen/ wird das Reich Gottes ererben. So fern ist es/ daß eine solche Lehr/ von Unnothwendigkeit der guten Wercken/ in unsern Kirchen geführet werde/ daß wir vielmehr denen/ so solches lehren/ das anathema sagen/ und die scrupulositet der jenigen/ welche/ da sie die Sach selbsten glaubeten/ dannoch wegen der Redart/ Bona opera esse ad salutem necessaria, einige Difficulteten gemachet/ uns zum höchsten mißfallen lassen; ja das wir vielmehr in der Päpstlichen Lehr dieses zu tadeln finden/ daß die Nothwendigkeit der guten (von Gott befohlenen) Wercken

ver-

verringeret/ und die satzungen ihrer Kirchen/ in dem gradu der nothwendigkeit jenen vorgezogen werden: Was auch selbsten die Verdienstlichkeit der guten Wercken anlanget/ dafern solche auff diese Weise/ wie alhier von dem authore, außgeleget wird/ daß GOtt nach Schuldmachendem Versprechen/ dem Menschē zum schuldner werde/ und also solches Verdienst allein auff die gnädige Verheissung GOttes sich gründe/ so haben wir keinen solchen Geist der Widerspenstigkeit/ der uns nach gegenseitigem beymessen unauffhörlich zuruffe / semper contrarius esto; Sondern werden uns zu gleicher meynung gar gern bekennen / halten auch darvor/ daß ein gleichgültiges mit dem Wort belohnen/ dessen sich der Catechismus in dieser materi, qu. 36. bedienet/ angewiesen werde. Recht zu sagen/ so kommt es einig und allein/ zwischen uns beyderseits/ auff die Frage an; Was es vor Werck seyen/ die durch gute Werck müssen verstanden werden? Nach deren genugsamer Erörterung/ weder von Nothwendigkeit/ noch verdienstlichkeit der guten Wercken einige Strittigkeit/ oder doch einige andere/ als blosse Wort-Strittigkeit übrig bleiben dörffte. §.85.

§. 85. Auß der mühsamen Außlegung deß Articuls von der Absteigung Christi zu der Höllen/ als welchen man zuwider der uralten Außlegung der allgemeinen Kirchen/ nicht ohne verachtung der Apostel/ und der Apostolischen Glaubens-Bekantnuß/ (welche sonderlich Calvinus mit einigen seinen Worten zu erkennen gebe) auff das innerliche Leiden der Seelen Christi/ zu deuten bemühet gewesen/ p. 79-101. Hier hätte man wol ursach außzuruffen; Semper contrarius esto: Hüte dich/etwas ungetadelt vorbey gehē zu lassen. Die gegenhaltung deß facti, und der beschuldigung wird uns einen solchē Geist der Widerspenstigkeit klärlich zu erkennen geben: Das factum, oder die That verhaltet sich also; daß in der jenigen Glaubens-Bekantnuß/ welche wegen ihrer Gleichförmigkeit mit der Apostolischen Lehr/nicht aber als ob sie von den Aposteln selbsten wäre gemacht worden/ das Apostolische Symbolum genennet zu werden pfleget (wie solches mit unwidertreiblichen Gründen von den Gelehrten bewiesen ist) ein gewisser Articul/ nemlich/ daß Christus hinunter gefahren zu der Höllen/welcher in dem Anfang darinnen nicht

4. Von Christi Höllenfahrt.

nicht befindlich gewesen/ in nachfolgenden
Zeiten/ jedoch mit grosser Verschiedenheit
eingerucket worden; Wie dann Bellarminus
selbsten dessen geständig ist/ l. 4. de Christo,
c. 6. daß in den jenigen Glaubens-Formuln/
so bey Irenæo, Origene, Tertulliano, Augustino, (der doch an fünff Orthen das gantze Symbolum außleget/) dieser Articul nicht
zu finden; auch nicht in dem Symbolo (NB.)
der Römischen Kirchen; Noch in den Orientalischen/ wie solche von Ruffino herausgegeben worden: allermassen auch in dem weitberühmten/ und durch die Concilia bestättigten Nicenischen Symbolo selbiger nicht
erscheinet/ wol aber in dem Athanasiano, wie
auch bey Cyrillo und Chrysostomo: Dahero man dann auch denselbigen/ als der einen Schrifftmässigen Verstand haben könte/ also darinnen in den folgenden Zeiten zu
behalten/ kein Bedenckens getragen; jedoch
in dessen Außlegung diejenige Freyheit behalten/ die bey dergleichen Redarten/ so auf
unterschiedlichen Verstand/ ohne verletzung
deß Glaubens gezogen werden können/ gestattet werden muß; Dahero dann einige
selbigen auf die Begräbnuß Christi/ mit besag-

sagt em Kirchenlehrer Ruffino, uñ da mehr
gedeutet/ weil in einigen Symbolis, wo die
Begräbnüß Christi gemeldet/ die Höllen-
fahrt außgelassen/ wo aber dieser gedacht/ jene mit stillschweigen übergangen worden:
Andere aber solches/nach anderwerten gleich-
lautenden Red-Arthen der H. Schrifft als
1.Sam. 2. 6. Ps. 18 6. Ps. 116. 3. von der grossen
Seelen Angst deß Herren Christi/ über der
Empfindung deß Zorns Gottes/verstanden/
als deren man billich/ in der Glaubens-Be-
tandtnuß/so wol als deß eusserlichen Leydens
an dem Leibe/inngedenck ist/ und umb besserer Ordnung willen/ deren/ als deß rieffsten
Grads der erniedrigung Christi/ nach dem
leiblichen Leyden inngedenck seyn konnte:
Wiederumb andere solches nach dem Buchstaben võ einer Hinunterreiß der Seele Chri-
sti/an den Ort entweder der Verdammten/
oder an den Ort der Versamblung der
Glaubigen Vätter deß Alt. Test. außgeleget; Welches letztere dann die gemeinere/
jedoch durch keine allgemeine Kirchen-Deci-
sion befestigte Meynung der Römischen
Lehrer ist; über deren sie gleichwol unter sich
selbsten in vielen Stücken discrepant seynd:

In

In dem ihrer einige/ als Durandus, solche hinabfarth allein nach der Krafft und Würckung/ nicht aber nach der Veränderung deß Orts verstanden haben wöllen (virtualem, non localem descensum fuisse) andere aber auff die würckliche Abfart der Seelen Christi dringen; Wiederumb einige/ als Thomas, Cajetanus &c. dieselbe für pænal, oder ein Theil der Straffe Christi/ andere aber für triumphal, und einen Anfang der Herrlichkeit Christi/ außgeben. Siehe Bellarm. l. 4. de Christo, c. 16. Welch eine Unbilligkeit ist es dann/ bey solcher Bewandtnuß und Ungewißheit der Sachen/ und da gleichwol/ der von den Reformirten (wiewol nicht gantz einmütig) beliebte Verstand/ von dem Seelenleyden Christi/ dem Glauben ähnlich/ und mit so guten Gründen/ als der letztere/ behauptet werden kan/ dieselbe zu annehmung dieses letzteren Verstands verbinden; ja dieselbe deßwegen einer Verachtung der Schrifft/ und Widersetzlichkeit gegen die allgemeine Kirche/ bezüchtigen wol-

Abermalige verdrähūg d̄ worte Calvini

len? Ja welch eine malitz wird allhier abermal gegen den Calvinum, mit verdrähung seiner Worten an Tag gegeben? In dem/

wann

wann selbiger auff die erzehlte Ungleichheit so wol der ehmaligen formulæ, deß Apostolischen Symboli, als auch der Außlegungen dieses darinnen befindlichen Articuls/ darvon/ als von einer historischen quæstion abstrahiret, und sich zu Betrachtung der Schrifftlehr/ mit dieser transitions-formul begibt/ Verùm de Christi descensu ad inferos seposita ratione Symboli, certior expositio quærenda est; & nobis ex Dei verbo constat, non modò sancta & pia, sed plena quoque eximiæ consolationis; das ist; Was belanget das absteigen Christi zur Höllen/ müssen wir/ mit beyseitsetzung der Ursach deß *Symboli* (das ist/ auß welcher solcher Articul/ von denen späteren Theologis, dem Symbolo einverleibet worden) einen gewisseren Verstand suchen/ welchen wir/ und zwar einen heiligen und trostreichen/ auß dem Wort Gottes hernehmen können. Unserem Authori beliebet die Wort *seposita ratione Symboli*, also zu verteutschen; Hindangesetzt deß Apostolischen *Symboli*; Darmit er desto bessere Habung haben möge/ seine folgende Beschuldigungen (als ob Calvino das Apo-

stoli-

stolische Symbolum nicht recht gemacht seye/ und die Apostel das Symbolum nicht recht verstanden) an ihm anzuhefften; gleich als ob Symbolum, und ein Apostolisch/ das ist/ wie es dieser translator von dem Leser verstanden haben will/ von den Aposteln gemachtes Symbolum; und wiederumb Symbolum, und ratio Symboli; wiederumb seponere, und postponere, beyseit setzen/ und hindan setzen/ ein Ding wäre/ und als ob derjenige/welcher von den späteren Kirchenlehrern/ zu der Apostolischen Lehr in der Schrifft zuruck führet/und auß selbigen eine heilige/ trostreiche Lehr vorstellet/ für einen Verächter der Apostel; und der jenige/ welcher vorhero §. 8. gegen die/so diesen Articul auß dem Symbolo außgemustert haben wollen/die Wichtigkeit desselben dermassen behauptet/ daß ohne selbigen ein vornehmer Nutze deß todes Christi uns entzogen würde (si quos porrò impedit morositas, ne in Symbolum admittant, mox tamen planum fiet, tanti interesse ad redemptionis nostræ summam, ut eâ prætcritâ, multum ex mortis Christi fructu depereat,). für einen solchen/dem das Symbolum in diesem Stuck

nicht

nicht recht gemacht seye/auffgeschrien werden
könnte. Dieses ist nun das zweyte exempel der Auffrichtigkeit/ mit welcher dieses
Theologi Schrifften in diesem tractætlein
angezogen werden. Jedoch kan sich Calvinus, mit der H. Schrifft trösten/mit deren
man nicht besser/ als mit seinen Institutio-
nen verfähret/und sie wider ihren Willen zu
Zeugen dessen/ was man gern gesagt haben
wolte/ beruffet/ wie auß dem nechst folgenden zu ersehen/ da

§. 86. Die Mühsamkeit der Reformir- 5. Von
ten Lehr/auch auß der mühsamen Außlegung dem
der Worten Christi/ zu Petro/ Matth. 16. Fürzug
✶. 18. (Du bist *Petrus*, und auff diesen Petri.
Felßen &c.) erweisen will; p. 101. & seqq.
Es ist der Mühe wärth, diese mühsame/und
die andere unmühsame Außlegung dieser
Worten gegen ein ander zu halten. Die
mühsame Außlegung soll diese seyn/ welche
durch Petrum, den Apostel Petrum; durch
den Felßen/ den jenigen/ so auch anderstwo
der Felß und das Fundament oder Grund-
stein der Kirchen genennet wird/ 1. Cor. 10. 4.
& 2. 11. Eph. 2. 20. 1. Petr. 2. 4. nemlich
Christum/und welchen der Apostel Petrus,

in seinen vorherigen Worten eben für denselben bekannt und gerühmet hatte; oder doch den Apostel Petrum, in ansehung dieser seiner Bekandtnuß/ und deren fortpflantzung auff andere/ verstehet; So daß die Mey-
„nung der Worten Christi diese wäre; Ich
„habe dir den Namen Petri, so von einem
„Felßen seinen Ursprung nimmet/ und also
„mit einem absehen auff einen Felßen/ gege-
„ben; Auch soltu wissen/das gleichwie ich der-
„jenige rechte Felße bin/auff welchen die Kir-
„che gegründet/und darvon du diese Bekandt-
„nuß gethan; also ich bey solcher Gründung/
„deines Dienstes am ersten mich gebrauchen/
„und vermittelst der Lehr/die du/ und nach dir
„andere Lehrer/von mir dē Menschen verkündi-
„gen werdet/die Kirche auf mich/als das einige
„fundament derselben erbauen/ und darauff
„also bevestigen werde/daß kein höllische Ge-
„walt selbige wird überweltigen können: Und wird dißfalls auff eines außkommen/ob wir durch den Felßen unmittelbar den Herrn Christum/als den eigentlichen Grund/ und fundament der Kirchen; Oder aber den Apostel Petrum, so fern er nemlich mit dieser seiner Bekandtnuß von Christo/und als

ein

ein Werckzeug deſſelben in erbauung der Kirchen betrachtet wird / verſtehen wollen; nur daß Chriſtus darben nicht außgeſchloſſen/noch ihm ein ander fundament zugeſellet werde ; oder die Urſach der Erhaltung der Kirchen gegen die hölliſche Pforten/ welche ohne zweiffel in dem Wörtlein/ Felß/ enthalten/von jemand anderſt/als von Chriſto hergenommen werde: Wie dann er Petrus ſelbſten/ hernachmals von den Pforten der Höllen wäre überweltiget worden/wann ihn/ der Felß Chriſtus/ durch ſeine kräfftige Fürbitte/ nicht erhalten; Luc. 22. 2. vergl. Eſai. 26. 4. & 45. 24. & 63. 9. Und tragen wir umb ſo viel weniger Bedencken/ in ſolchem Verſtand/den Namen Felß/auch auf den Apoſtel Petrum zu erweiteren/ weil gleiche titul, und Redarten auch von den übrigen Apoſteln/ Gal. 2. 9. Eph. 2. 20. Apoc. 21. 14. ja auch anderen Lehrern/ 1. Tim. 3. 15. (nach der hieroben/ § 49. angezogenen Außlegung) ja auch allen Glaubigen 1. Petr. 2. 5. Apoc. 3. 12. gebrauchet werden; Petro aber für ſolchen allen/ auch noch einiger Fürzug der Ordnung/ als dem jenigen/ welcher ſo wol bey den Juden/ an dem erſten Pfingſt-

Feſt/ Act. 2. als auch bey den Heyden/ zu folg der von Gott empfangenen viſion, Act. 10 mit verkündigung deß Evangelii den Anfang gemachet/ und/ wie Tertullianus hiervon redet/ primus clavem imbuit, der erſte mit denen von Chriſto empfangenen Schlüſſeln das Himmelreich auffzuſchlieſſen angefangen/ gegönnet werden muß.

Rö̈miſche lebzlegung und anmaſſung der Kirchē Beherzſchung.

§. 87. Die leichte und unmühſame Außlegung ſoll hingegen dieſe ſeyn/ daß durch Petrum, und durch den Felßen/ der Apoſtel Petrus, und zwar als von allen übrigen Apoſteln/ unterſchieden/ über welche dem Petro allhier eine Herrſchafft und jurisdiction gegeben worden; zugleich aber und mit ihme alle folgende Biſchöffe zu Rom/ als deſſelben Nachfahren auff dem Römiſchen Stul verſtanden werden/ welche Chriſtus hiermit zum fundament, und Haupt der gantzen Kirchen/ unter ſich ſelbſten/ und zu ſeinen beſtändigen Statthaltern verordnet/ und alle Chriſten/ zu einer Vereinigung mit/ und dependentz von denſelben verbinden/ zugleich auch eine immerwährende Behartlichkeit der Römiſchen Kirchen verſprechen wollen. Wie iſt es aber müglich/ daß dieſes

ses für eine so leichte und sonnenklare Außlegung gehalten werden könne/ in welcher so viel klare und Beweißthumbs nöthige/ ja (so fern sie von interessirten Personen zu glauben aufferleget werden) verdächtige Sachen (als/ das Petrus für und über andere Apostel eine Herrschafft haben/ daß er nach Rom komen/ und daselbst Bischoff werden/ und so dañ solche oberherrschafft über die gantze allgemeine Kirch/ allen seinen Stuls nachfahren/ doch denen zu Rom allein/ und nicht denen zu Antiochia, woselbst er erweißlicher/ als zu Rom/ Bischoff gewesen/ erblich hinterlassen solte) zusamen gehäuffet/ und in einer zimlich kräfftigen Dosi auff einmahl einzunehmen gegeben werden? ja das es für eine so klare Außlegung von denjenigen aufgegeben werde/ welche nach ihrem heutigen Veronianischen und Wallenburgischē methodo keinen Zeugnussen der H. Schrifft einige Gültigkeit zum Glaubens-Beweißthumb gestatten wollen/ als welche das strittige/ mit außdrücklichen/ und eben denselben Werten/ ohne Beyhülff einiger consequentzien, aussagen? Seynd dann dieses alles solche Sachen/ welche zu dem eigentlichen und natürli-

N 3 chen

chen Verstand der Worten gehören / ohne das selbige sonsten einen anderen Verstand haben; auch ohne das Christus diese Sachen allesampt (als welche/weil sie ein allgemein und beständiges Gesetz der Kirchen geben solten/auffs deutlichste gegeben werden musten) in kläreren und deutlicheren Redarthen hätte außdrucken können?

Unterlaßt zu der Apostolischē Zeiten. §. 88. Wie ist es müglich/ das dieses eine so klare Außlegung seye/ von welcher gleichwol die Apostel/ und Petrus selbsten nichts gewust/ noch selbige jemals angenommen? So sie die Worte Christi dahin verstanden hätten/das Petro eine Oberherrschafft über sie allesampt/und über die gantze Kirche gegeben worden/wie hätte hernach der Streit/ und die Frag/ welcher der grösseste unter ihnen seyn solte/und zwar zu dreyen unterschiedenen malen/ zwischen ihnen entstehen können? Math. 18. 1. & 20. 21. Luc. 22. 24. Oder aber in dessen Entscheidung Christus/ ohne berührung einigen Vorzugs/ so er Petro vorhin gegeben/ohne denselben diese wort in die Gedächtnuß zu führen/ihnen allesampt die Einbildung einigen Fürzugs/ und Herrschafft benehmen können? Wie hätte er von
den

den andern Aposteln/mit dem Johanne, gen Samariam verschicket werden können? Act. 8. 14. Wie hätte er von den anderen Jüngern bestraffet/und zur Verantwortung angehalten werden können? Act. 11. 2. 3. 4. Wie hätte Paulus sich ihme gleichhalten/ 2. Cor. 11. 5. & 12. 11. ja ihme/da er nicht richtig wandelte/und Klage gegen ihn kame/ins Angesicht wiederstehen können? Gal. 2. 11. (von dessen Nachfahren es heisset/Papa judicat omnes, & judicatur à nemine, der Papst richtet alle/und kan von niemand gerichtet werden) Wie hätte zwischen Petro, Jacobo, Johanne, und Paulo und Barnaba eine Brüderschafft auffgerichtet/ und die Arbeit deß Evangelii zwischen ihnen also außgetheilet werden können / daß diese unter den Heyden/ jene aber unter den Jnden das Evangelium verkündigten? Gal. 2. 9. Wie hätte in dem Concilio zu Jerusalem/ Petrus gleich anderen seine Meynung vorbringen/ den Schluß deß Concilii aber dem Jacobo überlassen / und selbigen/ im Namen der Apostel/ und Eltesten/ und Brüder/ ohne von ihm selbsten einige Meldung zu thun/ abfassen lassen können?

Act.

Act.15.13.23. Wie hätten diejenige/ so sich vō ihm Cephisch nennten/ weniger nicht/ als andere/ so sich Paulisch/ oder Apollisch nennten/ und aus einer gleichen ursach bestraffet werden können? 1. Cor. 1. 12. So sie aber über dieses/ noch eine Fortpflantzung dieser Hoheit/ und Fürzugs/ von Petro auff alle folgende Bischöffe zu Rom/ geglaubet/ und auß diesen worten Christi erlernet hätten; so wäre es eine grosse Fahrlässigkeit/ und Lieblosigkeit gegen die gantze Christliche Kirche gewesen/ daß sie in allen ihren Schrifften/ von einer so hochwichtigen Sach/ und welche der Römischē meynung nach zur seeligkeit nothwendig ist/ (Subesse Romano Pontifici, omni humanæ creaturæ, declaramus, dicimus, definimus, & pronuntiamus, omnino esse de necessitate salutis : Bonifac. 8. c. unam sanctam, extrav. comm. de major. & obed.) nicht die geringste Anregung darvon gethan/ auch nicht an denen Orthen/ da die materi solches nothwendig erfordert hätte; Nicht alda/ da die vō Christo zu erhaltung der Kirchen gestifftete ämpter nach einander erzehlet werden/ als Eph. 4. 11. 12. 1. Cor. 12. 28. Nicht alda/ da der Ruhm der Kirchen

zu

zu Rome vorgestellet/ und ihr in der gantzen Welt erschollener Glaube gepriesen wird; Rom. 1. 8. Nicht in denen Reguln/ so den Bischoffen und Lehrern der Kirchen vorgeschrieben werden/ 1. Tim. 3. Tit. 1. (unter denen/ die dependenz von dem Röm. Stul heutiges Tags nicht die geringste gehalten wird) Nicht an dem Ort/ da alle die gründ der Christlichen Einigkeit/ von dem Apostel zusammen getragen worden/ Eph 4. 3. 4. Ja daß sie vielmehr an dessen statt/ beydes den Lehrern und Zuhörern solche anweißungen gegeben/ welche mit dem angemaßten primat gar übel über einkommen/ noch bey demselben bestehen können; wann sie/ und zwar Petrus selbsten/ denen Lehrern/ alles herrschen über die Gemeine verbieten/ und eine Gleichheit der Ehre zwischen ihnen allen setzen/ 1. Petr. 5. 1. 3. Diesen aber verwehren/ einigen Menschlichen Namen/ als den Grund ihres Glaubens/ oder das Mittel ihrer Vereinigung mit Christo (als welche unmittelbarer weise durch den Glauben und durch Christi Geist geschehen muß) zu rühmen/ 1. Cor. 3. v 4. 5. 11. 1. Cor. 7. v. 23. 1. Cor. 6. 17. 1 Joh. 2. 27. Gal. 3. 28.

§. 89.

Unbe- §. 89. Wie ist es müglich/ daß dieses eine
kant in so klare Außlegung seye/ da gleichwol selbige/
der er- was den Fürzug Petri anlanget / von weni-
sten   gen der ersten Kirchen-Lehrer; Was aber den
Chri-   gerühmten herrschafftlichen Fürzug deß Rö-
stenheit. mischen Stuls anlanget/ von deren keinem/
in den ersten sechs hundert Jahren/ und biß
zu deß Bonifacii III. Zeiten erkannt und angenommen worden; und noch zu Gregorii I.
dessen nächsten Vorfahren/ Zeiten/ dieser E-
piscopatus universalis, oder allgemeines
Bischthumb über die gantze Kirche/ ein so un-
bekannte Sach gewesen/daß da der Bischoff
von Constantinopel, Johannes, sich dessen
damaln anmassen wollen/ selbiger wie auch
sein Vorfahr/Pelagius II. sich mit dem gröf-
sesten Eyffer/ als gegen ein novum, super-
bum,ac pestiferum vocabulum, ein neues
hochmütiges un pestilentialisches Wort/
dessen er sich/contra Deum, contra pacem
Ecclesiæ, in omnium despectum & inju-
riam Sacerdotum,gegen Gott/gegen den
Frieden der Kirchen/ zum Despect und
Beleidigung (NB. nicht deß Römischen
Stuls/ins besonder/ sondern) aller Priester anmassen thäte/ widersetzet; ja so gar
solches

solches für ein Zeichen deß annahenden Antichrists außgedeutet: l. 7. ep. 69. In hâc ejus superbiâ, spricht er/ quid aliud, nisi propinqua jam esse Antichristi tempora designatur? Was wird uns anders/ mit diesem seinem Hochmuth/ zu erkennen gegeben/ als das der Antichrist vor der Thür seye? l. 4. ep. 34. Zweiffels ohn sein Absehen/ auff 2. Theil. 2. v. 4. richtend. Und wiederumb/ l. 6. ep. 30. Ego fidenter dico, qnia quisquis se universalem Sacerdotem vocat, vel vocari desiderat, in elatione suâ Antichristum præcurrit, quia superbiendo se cæteris præponit: Ich sage ohne Scheue/ daß wer sich einen allgemeinen Priester nennet/ oder nennen lasset/ durch diesen seinen Hochmuth ein Vorlauffer deß Antichrists seye. Ja/ als ob er gleichsam durch einen Prophetischen Geist getrieben wäre/ sagt er/ l. 4. ep. 38. Omnia quæ prædicta sunt, fiunt. Rex superbiæ prope est, & (quod dici nefas est) sacerdotum est præparatus exercitus: Was geweissaget ist/ wird erfüllet; Der König deß Hochmuths ist vor der Thür; und (welches erbärmlich ist zu sagen)

das

das Heer der Priester stehet ihm bereit. Und/ lieber/ was ist doch dieser Titul eines allgemeinen Bischoffs/oder Hirten/ gegen die jenige Namen/ und mit denselben vergesellte Macht/so die Päpst in den folgenden Zeiten angenommen/ und mit denen/ das Canonische Recht/ die Päpstliche Bullen un fast alle ihre Bücher angefüllet seynd? Was würde dieser gute Gregorius I. gesagt haben/ wann er deß Gregorii VII so genannte Dictatus gesehen hätte? Aber unser Herr P. darff ihm ins Gesicht sagen/ daß er/so heilig er auch gehalten wird/ so viel er auch geschrieben/ in den Kirchen historien gleichwol unerfahren seye. Sintemal dessen Aussage ist/ daß alle alte Vätter/ alle Catholische Lehrer/unrecht haben/ und irren müssen/ (p.102.) so Christus mit diesen Worten/ du bist *Petrus*, und auff diesen Felßen &c. Petrum, und mit ihm die Päpste zu Rom/nicht zu Obristen und allgemeinen Hirten seiner Schäflein/ seiner streitenden Kirchen hier auff Erden gemacht hat: So legen es auß die Vätter der Kirchen; darfür auch seynd die Päpste/als *Petri* Folger, auff dem Apo-

stoli-

stolischen Stul/ von Zeiten Christi her/ warhafftig gehalten worden. Ibid. Eine so vermessene/ und von allem Beweißthumb/ auch nur auß einem einigen Kirchen-Lehrer/ entblössete Auffag/ durch welche man vermeinet/ mit lauter Kürbßen zu thun zu haben/ meritirt keinen Gegenbeweißthumb/ noch daß man die weit anderst lautende Außlegungen/ deß Origenis, Gregorii Nysseni, Ambrosii, welche durch den Felßen einen jeden Glaubigen/ oder doch Petrum, nach dem/ so er mit allen Glaubigen gemein hat; Oder deß Chrysostomi, Augustini, Theophylacti, Basilii, so dardurch die Bekandtnuß deß Petri, oder Christum selbsten/ welchen er bekannt/ verstanden/ entgegen setze; und selbige dardurch/ sonderlich durch deß Augustini außfürliche tractationen über diesen Spruch zu schanden mache. Weme auch/ was die Sach selbsten/ und die angemaßte Hoheit deß Römischen Stuls/ in den 6. ersten Seculis angehet/ obige zeugnuß deß Gregorii M. nicht genugsam seynd/ der kan bey Mornæo, Molinæo, Casaubono, Salmasio, und übrigen Controversisten/ auß dem Nicenischen/ Constantinopolitanischen/ Chalcedoni-
schen

ſchen/ und anderen allgemeinen; auch denen Africaniſchen Conciliis, und übrigen hiſtorien und Schrifften ſelbiger Zeiten/ ſo gründliche und Sonnenklare Beweißthumb finden/ daß die Macht der Römiſchen Biſchöffen damaln/ beydes extensivè und intensivè alſo umbſchräncket geweſen/ wie ſie jetzo wollen/ daß der übrigen Biſchöffe/ und Patriarchen umbſchränckct ſeye/ welche einem unparteyiſchen Gemüth darvon völlige Verſicherung geben können; aber auch einem parteyiſchen/ der ſie nur betrachten will/ ein hæſitiren und auffmercken nothwendig verurſachen müſſen.

Calvini Zeugnuß vergeblich allegiret.

§. 90. Daß man den Mangel deß Beweißthumbs mit einer Mänge exclamationen/ und figuren erſetzen will/ iſt zur Sachen ſo wenig dienlich/ daß auch bey vernünfftigen Leßern/ welche realiteten erwarten/ die Sach dardurch nur verdächtiger gemachet wird; und muß ja entweder der Römiſche Stul einen böſen Advocaten an unſerm Scribenten angetroffen haben/ oder für ein Zeichen einer böſen Sach gehalten werden/ daß man zu Beglaubung einer ſo wichtigen Sach/ wie dieſe iſt (und worvon die gantze Trennung hauptſächlich dependiret) kein ander Zeugnuß

nuß/ als deß einigen Calvini, beyzubringen
weiß/ worinnen er unter anderen Ursachen/
warumb in der älten Kirchen/ gegen die Römische Kirche eine sonderbare Ehrerbietuug
erwiesen worden/ auch diese meldet/ daß sie/
bey den damaligen unruhigen Zeiten/ da in
Orient die Religions-Strittigkeiten im
Schwang giengen/ ruhiger geblieben/ und
an der ein mahl empfangenen Lehr fester/ als
die übrige gehalten. Man vergisset aber/ den
Erfolg aus dem Calvino hinzuzusetzen/ und
welcher gestalt eben durch den Anlaß solches
ihres erlangten Ansehens/ und deß Zulauffs
theils der Rechtglaubigen/ theils auch der Ketzer/ umb daselbsten Schutz gegen die Widerpartie zu finden/ der Römische Stul allmählig zu ehrgeitzigen Gedancken und affectierung einer Herrschafft über die außländische
Kirchen/ verleitet worden; so daß dannenhero die Africanische Kirchen sich dargegen
zu opponiren/ und die appellationes transmarinas, oder provocationen auff den Römischen Stul verbieten müssen; Welcher
gestalt auch solcher Ehrgeitz mehr und mehr
gestiegen/ biß er zu deß Bonifacii III. Zeiten/
völlig außgebrochen; wie solches alles/ in dem
ange-

angezogenen 6. und folgenden 7. Capitel/ deß 4. Buchs der Instit. Calvini mit mehrerm zu sehen. Mit dessen allegirung deßwegen Hr. P. seinem Leser zwar (zu besserer Erfahrung der Warheit) einen sehr guten/ seiner Sachen aber/ so er zu verthädigen übernommen/ einen schlechten Dienst geleistet.

Ungereimte Lehren werden dẽ Ref. auffgebürdet.

§. 91. Wir schreiten aber fort/ und kommen mit unserem Führer/ von denen Muhsamen/ auff die ungereimte Sachen/ welche bey Reformirter Religion von ihm beobachtet worden/ und dieselbe ihm erleidet haben. Zwey derselben werden alhier auff die Bahn gebracht/ deren er das eine/ bey dem Kirchen-Regiment der Ref. Kirchen/ das andere bey dem angegebenen einigen Richter der Religions-Strittigkeiten/ angetroffen zu haben vermeinet. Von der ersteren Ungereimtheit/ wird p. 111-119. gehandlet: und das bey den Un-Catholischen übliche Kirchen-Regiment/ auß unterschiedlichen Betrachtungen getadelt. Erstlich/ weil ihnen/ an statt der vollkommenen Monarchischen Form/ da einer in der Kirchen/ wie Gott in dem Himmel/ an Gottes statt allein herrschet/ pro ratione status sui Acatholici,

tholici, vielmehr die so genannte Consistoria, oder Kirchen-Räthe gefallen/ welche der Aristocratischen Regiments-Art sich nähern; Worinnen aber nicht nur Geistliche sondern auch weltliche Personen / und zwar nit im Namen eines höhern geistlichen/ sondern als subdelegirte von einem weltlichen Fürsten sitzen/in der Geistlichkeit so wol personalia, als realia verhandlen/ Kirchen-Diener ordiniren, examiniren, an-und absetzen/auch wol gar bey begebendem Fall sich ereignende controversien, oder Religions-Stritten richten/ und schlichten. p. 111. 112.

§. 92. Hierauff dienet zur Antwort: daß wir auch selbsten die Kirche als eine Monarchie betrachten/ welche auff Monarchische Weiße/von einem König/nemlich dem jenigen/ welchen Gott über seinen H. Berg Sion gesetzet hat/beherrschet werde; Ja/ daß wir uns nichts so sehr angelegen seyn lassen/ als diese Monarchie deß Herrn Christi/ gegen alle die jenige/so dieses Haupt nicht halten/ Col. 2. 19. oder neben ihm ein anderes auffwerffen wollen/mit deme die gantze Kirche vereiniget / und demselben unterworffen seyn müsse/ zu verthaidigen. Gleichwie

Von dē Monarchischen Kirchē-Regiment.

aber

aber in einer weltlichen Monarchie die einigkeit deß obersten Haupts nicht hindert/ daß die Regierung der sonderbaren Theilen/ Königreichen und Landschafften selbiger Monarchie, unter viele/ in gleichem Grad der Ehren stehende Præsides, oder Landpfleger/außgetheilet werde; Also streitet es nicht mit der Monarchischen Art deß Reichs Christi/ das dessen sonderbare Theil/ unterschiedlichen Vorstehern/mit einer Gleichheit der Würde/ und gleichunmittelbaren Dependentz von dem König Christo/ zu verwalten anvertrauet worden; und es also heisse; Episcopatus unus est, cujus pars in solidum à singulis tenetur, Cyprian. de simpl præl. Es seye nur ein Bischthum/ darvon jeder Bischoff ein gewisses Theil/ und zwar gäntzlich (ohne Dependentz von dem andern Bischoff) zu verwalten habe: So das erstlich kein sichtbares Oberhaupt/ welches die gantze allgemeine Kirche unter sich stehen habe/zumalen bey ermanglender Einsatzung Christi/bey ermanglender Tüchtigkeit in einigem Menschen/zu so weitleufftiger Obsicht/ nöthig gehalten werden kan; Und möchte man fragen; Ob die Ursachen

sachen/auß welchen die pluralitas beneficiorum, das ein Geistlicher mehr beneficia, als eines habe/in den ehmaligen Canonibus verbotten/ nicht vielmehr gegen diese allgemeine Verwaltung aller Kirchen streitte? Oder/ob das jenige/was der Papst anderster nicht/als mediatè, durch die unterschiedliche Kirchenvorsteher verrichten kan/nicht eben so wol von Christo/ also mediatè durch dieselben vollzogen werden möge? Was nun ferners die Regierung der sonderbaren Theilen/ dieses grossen Reichs Christi anbelanget/gleichwie die Kirche in der Policei, oder weltlichen Stand ist (Ecclesia est in Republicâ, non Respublica in Ecclesiâ) und aber die Arten der weltlichen Regierung/ in unterschiedenen Ländern und Oertern/ unterschiedlich/ also kan nicht darvor gehalten werden/sonderlich da deßwegen nichts sonderbares von Christo und den Aposteln vorgeschrieben worden/ das einerley Art deß Kirchen-Regiments an allen Orten nöthig/ oder auch füglich seye: Und so die Republiques, oder die Policeyen/ hospitia Ecclesiæ, Herbergen der Kirchen seynd/ so ist die Kirche kein solcher störtischer/un̄ unbehülfflicher

cher Gast/der in allen mittelDingen nach seiner Gelegenheit alles eingerichtet haben wolte/sondern weiß sich nach der Art und Beschaffenheit ihrer Herberg also einzurichten/ daß sie an unterschiedlichen Orten/durch unterschiedliche Wege/ gleichwol zu einem Zweck/ nemlich der Erbauung vieler Menschen zur Seeligkeit/ gelangen möge; welchen Zweck sie/ durch eine beständige Gleichförmigkeit ihres Regiments/ und Anordnungen/(ohne Unterscheid/ob sie unter Heydnischen/oder Christlichen?und wiederumb/ob unter Christlichen gleich: oder anderst gesinnten Potentaten? ob sie in einer Christlichen Monarchie, oder Aristocratie, oder Democratie sich befinde?)nicht so wol würde erreichen können. Wann derowegen nach der unterschiedlichen Beschaffenheit der Zeiten/und Regierungen/ unter denen die Kirchen sich befinden/ auch einige Verschiedenheit (nicht der Lehr/oder deß Gottesdienstes/ in seinen wesentlichen Theilen/ sondern) der eusserlichen Anordnungen/ und besonderen Weise deß Regiments derselben/ beobachtet wird/so gereichet solche varietet vielmehr zu einem sonderbaren Zierath der allgemeinen

Kir-

Kirchen/ als zu deren Verkleinerung; In dem eben dardurch/ die Gabe der Klugheit/ mit einem sonderbaren Glantz an ihr unter den vielen andern Tugenden hervor leuchtet/ und sie dardurch von der störrischen Natur deß Aberglaubens/ welcher blind durch alles hindurch/ und von keinem nachgeben wissen will/ unterschieden wird.

§. 93. Wann ins besonder bey unsern Teutschen Kirchen/ neben den jenigen Consistoriis, oder Presbyteriis, in welchen die Kirchen-disciplin durch die Prediger und Eltisten jedes Orts geübet wird/ auch sothane Ober-Consistoria, oder Kirchen-Räthe auß geist: und weltlichen Personen bestehend zu einer Oberauffsicht über die Kirchen deß gantzen Landes/ zu verabhandlung der zum Kirchenwesen gehörigen wichtigeren Geschäfften/ annehm: und absetzung der Prediger/ und in Summa handhabung deß Wolstands und Ordnungen der Kirchen/ verordnet seynd; So kan solche Gewohnheit umb da weniger getadelt werden/ da bekaṅt/ das die Verrichtungen der vorgedachten Presbyteriorum, wie auch der auß gantzen Inspectionen versamleten Classen/ sich über den

Von dẽ Consistoriis der Reformirten.

den Bezirck ihrer resp. Gemeinden/ und Inspectionen nicht erstrecken/ und also zu Unterhaltung einer gleichförmigen allgemeinen Ordnung im gantzen Land/ nicht genugsam; auch mehr auff die potestatem Ecclesiasticam spiritualem, und intrinsecam, die innerliche und geistliche Gewalt der Kirchen (so die Canonisten, potestatem ordinis nenñen) so die Lehr und das Leben der Lehrer/ und Zuhörer/ durch das Ampt der Schlüsseln reguliret/ als aber die potestatem externam (so sie dioecesanam, und jurisdictionis nennen) die eusserliche Gewalt derselben/ in Ansehung der ihro zukommenden temporaliteten/ und dessen/ darzu eine menschliche authoritet erfordert wird/ gerichtet ist; Daß also in der That/ dergleichen Ober-Consistoria, gleichsam vor ein beständiges und ordinari Concilium, an statt der anderstwo üblichen Synodorum Provincialium, vel Nationalium, gehalten werden mag; Wie also auch hiervon der berühmte Holländische Theologus, Gisbertus Voetius, urtheilet/ Polit. Eccles. part. 1. l. 1. tr. 2. c. 5. qu 2. Nicht kan solche Gewohnheit daher getadelt werden/ daß diese Regiments

ments Art der *Aristocratischen* sich nähe-
ret: Massen die Kirch deßwegen nicht auff-
höret den Herren Christum für ihren Monarchen zuerkennen/ ob schon die mittelbare
Verwaltung dieses Reichs durch solche con-
ventus Aristocraticis similes, verrichtet
wird: wie dann auch der Pabst/ seine con-
gregationes Cardinalium hat/ und jezuwei-
len gantze Concilia zusamenberuffen werden
müssen; Nicht kan sie getadelt werden/deßwe-
gen/ daß neben geistlichen/ auch weltliche
Personen darzu bestellet werden; Dann
nachdem es negotia mixta, vermischte Ge-
schäffte seynd/ so in diesem Senatu zuver-
handlen vorkommen/ welche zum theil nach
den göttlichen/ zum theil nach den menschlichen Gesetzen geschlichtet/und theils in Krafft
deß geistlichen Beruffs/ theils in Krafft einer weltlichen authoritet vollzogen werden
müssen; Nachdem selbsten die jenige fun-
ctiones und Handlungen/so nach ihrer Natur geistlich seynd/nach ihren umbständen/der
Zeit/ Orts/und dergleichen/das weltliche berühren; und also ob schon die Verrichtung
derselben dem geistlichen Stand alleinig zu-
kommet/ dannoch von Anordnung derselben

ben/ die so genannte weltliche (welche aber/ so fern sie als Glieder der Kirchen betrachtet werden allesampt Geistliche seynd/ oder seyn sollen/ 1. Cor. 2. v. 15. 1. Pet. 2. 9.) nicht außgeschlossen werden können; Nachdem die potestas Ecclesiastica, oder kirchliche Macht/ von Christo anfänglich der Kirchen selbsten/ gleichwie auch zu deren besten/ gegeben/ Math. 18. 17. deren sie also/ selbsten nach deß Bischoffs von Avila, Tostati, Urtheil radicaliter, und originaliter inhæriret/ denen Geistlichen aber nicht anderst/ als derivativè und übertrags weise zukommet/ und deßwegen/ gleichwie das ehmahlige Jüdische Synedrium, aus geist- und weltlichen Personen bestanden/ Math. 27. v. 1. in den ersten uñ besten Zeiten deß Christenthumbs/ die Gemeine oder das Volck/ ein gleiches Recht mit dem Clero in dem Kirchen-Regiment gehabt/ ñ würcklich/ selbsten bey wehlung der Römischen Päbsten geübet (siehe Act. 15. 23. 23. & Blondelli dissert. de Jure plebis in regim. Eccles.) so hernach auf die zur Kirchē gehörige Könige/ und Fürsten (betrachtet als die vornehmste glieder derselben/ transferiret/ gleichwol auch ein Theil derselben dem Volck bey der Presbyterialischen Kirchen disciplin gelassen worden; Sihe/ so kan der weltliche Stand/für sich betrachtet/ keine Hinterniß seyn/warumb jemand/ so sonsten ein Glied der Kirchen/ von dem Kirchen-Regiment außzuschliessen; Oder von allen geistlichen Geschäfften/weniger nicht/ als ein Unreiner von dem Tempel/ abzuhalten wäre: Und gewißlich/so man bedencket/was das jenige ist/ wodurch ein Mensch im Papstumb auß dem weltlichen in den geistlichen Stand versetzet werden kan/ (von der darauff folgenden Lebens-Art anjetzo nichts zu reden) wird man Mühe haben zu glauben/ daß durch solche Versetzung/ein so grosser Unterscheid/ in geniessung der von Christo seiner Kirchen hinterlassenē Rechten/und privilegien solte gemacht werden/ daß/ da solche Geistliche nicht unterlassen/ die Hände in allen weltlichen Geschäfften einzumischen/ gleichwol denen Weltlichen/ bey den geringsten geistlichen Geschäfften Theil zu haben (anderster als so fern sie zu execution und Vollziehung der Geistlichen sentenzen sich gebrauchen lassen müssen)für die höchste Sünde gehalten/und darauff *knis* Gesetz Gottes; Bestia, quæ teti-

tetigerit montem, lapidabitur; Das Vieh das zum Berg sich näheren wird / soll gesteinigt werden / Exod. 19.13. nach der Außlegung deß Innocentii III. appliciret werden müsse. Nicht kan sie endlich geradelt werden deßwegen / das solche Beysitzer nicht im Namen eines höhern Geistlichen / sondern als Subdelegirte von einem weltlichen Fürsten sitzen; Dann gleichwie allhier ein zweyfacher Gewalt zu unterscheiden / deren die eine / mit Hugone Grotio, potestas constitutiva, die andere potestas imperativa, genennet werden kan / der Gewalt zu verordnen / und der Gewalt zu befehlen; also wird bey der ersten / in dem consessu darvon wir handlen / nicht so sehr die Person deß weltlichen Fürsten / und Landes-Herrn (oder doch nicht anderster / als so fern selbiger / ein Mitglied derselben Kirchen ist) sondern die gantze Kirche repræsentiret / auff Weise / wie in einem Concilio (mit welchen denselben bereits vorhin verglichen haben) die sonderbare / und gantze Gemeinden / so ihre Gesandte dahin geschickt / repræsentiret werden; Bey der andern aber ist kein Zweiffel / daß die Authoritet der hohen Landes Obrigkeit

darzu

darzu erfordert werde/ und aller Gewalt zu befehlen/und den Befehlen einen Nachdruck zu geben (wir reden aber von Sachen/die den eusserlichen Menschen/und nicht das Gewissen angehen) von deroselben emaniren müsse; Und sie demnach eatenùs, als deroselben subdelegirte betrachtet werdē mögē; Worinnē aber eben so wenig ungereumtes/ als wañ auch in anderen Sachen/solche functionen, die ihre eigene und gewisse Reguln haben (in welchen die höheste Macht nichts ändern kan) als der Medicin, der Philosophie, der Kauffmannschafft/ der Künsten und Handwercken/gleichwol in ihrem exercitio, und würcklicher übung/der potestati architectonicæ, oder obersten gebietenden Herrschafft unterworffen seynd/ und von derselben dependiren müssen.

§. 94. Zweytens/ wird bey unserm Kirchen-Regiment getadelt/ das fast alle Un-Catholische Herren in ihrem Land/ alle Republiquen in ihrer Stadt/ alle Junckern auff ihrem Dorff/ deß *Juris Episcopalis* sich anmassen/ demnach bald so viel Kirchen-Häupter/ als Kirchen gefunden werden/ deren keines dem andern sich unterwirfft

Von dem Iure Episcopali der weltlichen Obrigkeit.

wirffi &c. p. 113. 114. So die Ungereimtheit in der Zahl und Mänge solcher Herren
bestehet/ so wird vielleicht die Zahl der Bischöffen im Pabstumb nicht geringer seyn;
und einer Ungereimtheit noch ähnlicher so-
hen/ das unter selbigen/ solche/ welche titula-
res sine titulo, Bischöffe ohne Bischthumb/
oder/ kein andere dioecesin, als in partibus
infidelium, unter den Ungläubigen / da sie
ihr lebtag nicht hinkommen/ erlanget haben.
Item Bischöffe (oder Auffseher/ Wächter)
welche aber offtmals die wenigste Zeit / wol
gar auß Päpstlicher Dispensation, von ihrer
anvertrauten Wacht abwesend seynd? So es
aber die Sach selbsten ist/ welche für ungereimt gehalten wird/ daß nemlich weltliche
sich deß Bischöfflichen Rechtens anmassen/
so würde man dessen etwa nicht in Abred
seyn/ wann durch die jura Episcopalia, das
Bischöffliche Ampt/ wie es von Paulo,
1. Tim. 3. und anderstwo beschrieben ist/ im
lehren/ trösten/ vermahnen/ bestraffen/ beste-
hend/ verstanden würde; gleichwie es im
Gegentheil ex paritate rationis nicht weniger ungereimt gehalten werden müste/ wann
die jenige/ so zum lehren und predigen beruf-

sen

fen/weltlicher Herrschafften sich anmassen
wolten. Nachdem aber durch die Jura
Episcopalia, so den Evangelischen Ständen
deß Römischen Reichs/durch die Religions-
Verträg/mit Keys. Majestät/ und deß gantzen Reichs wolbedächlichem gutfinden in
ihren Landen überlassen worden (gegen welche man billich einer mehreren bescheidenheit/
als durch diese vorgeworffene Ungereimheit
geschiehet/ sich hätte gebrauchen sollen) nicht
die potestas ordinis, sondern jurisdictionis,
und zwar nur externæ verstanden wird/ bestehend in einer eusserlichen Oberauffsicht
auff die Kirche/ deren ämpter/verrichtungen/
Einkünfften/ Zusammenkünfften/ und sich
gründend theils auff das Herrschafftliche
Recht/über die Personen/durch welche; auch
über die Zeit/ und örter/ an welchen solche
Verrichtungen vorgenommen werden; theils
auff die Herrschaffliche Pflichte/ der Unterthanen warhafftes bestes zu befördern/ und
seine Macht zu Christi Ehren/ und Handhabung seines Gottesdienstes anzuwenden;
gleichwie auch sonst ein jeder nach Maß der
Gaben und Macht/ für die Wohlfarth der
Kirchen/ deren er ein Glied ist/ zu sorgen

O 3   schul-

schuldig: also nicht auff unterdruckung/ sondern vielmehr handhabung derselben/ und guter Ordnung in derselben abzielend: So wird hiermit nichts ungereimtes/ ja nichts neues der weltlichen Obrigkeit zugeschrieben; Und ist es ein irriger Wahn/ wann der Ursprung solcher den Fürsten zukommenden Jurium Episcopalium, von dem Passauer Vertrag/ oder erfolgten Reichs-Abschied/ hergeholet wird; Da doch in selbigen vielmehr/ durch auffhebung der darzwischen gekommenen hinternüß/ und durch die suspensionem einer frembden jurisdiction, das alte Recht selbigen wiederumb bestättiget worden; Eben das jenige/ in dessen betrachtung Constantinus M. sich einen Bischoff extra Ecclesiam, umb die Kirch zum unterscheid der andern/ so Bischöffe waren intra Ecclesiam, innerhalb der Kirch/ genennet/ Euseb. l. 4. de vit. Const. c. 24. Das jenige/ trafft deßen/ selbiger/ und seine Nachfahren/ biß zu deß Caroli M. Zeiten/ und noch länger die Synodos beruffen/ darinnen præsidiret/ allerley leges Ecclesiasticas, oder Kirchen-Gesetz/ so in den beyden Codicibus, Theodosiano und Justinianæo, wie auch den

Capi-

Capitularibus Caroli M. &c. noch befind-
lich/ angeordnet/ Bischöffe/ und selbsten die
Päbst zu Rom/ ein-und abgesetzet/ nach dem
exempel der Königen in Juda, allerley Kir-
chen-reformationen vorgenommen/ und dergleichen andere actus jurisdictionis Ecclesiasticæ, selbsten mit gutheissen der Bischöffen zu Rom (siehe dist. 10 c. 9. in Jur. Can)
exerciret; Summa, das jenige Recht/ in ansehen dessen sie von Gott selbsten Pfleger und
Säugammen der Kirchen/ und von andern
custodes utriusque tabulæ, Schutzherren
über beyde Gesetz-Tafeln/ genennet worden.

§. 95. Noch ungereimter kom̅t dem Hn. Von
P. drittens vor/ daß offtmalen Reformirt- " Reli-
und Lutherische Kirchen unter einem Catho- " gions
lischen Herrn stehen/ und also einem solchen/ " Ver-
der nicht einmal ihrer religion ist/ gleich kur- " schie-
tzer Jahren in Franckreich/ und Saphoyen/ " denheit
nunmehr aber würcklich in Engelland und " zwi-
ChurPfaltz zu sehen/ da d' König/ da d'Chur- " schen
und Landsfürst gut Catholisch/ dannoch aber " Obrig-
die unter ihnen wohnende Un-Catholischen/ " keiten
solchen ihren Catholischen Herrn/ das Jus " und
Episcopale eben so wenig/ als deren Vor- " Unter-
fahren aus Reich/ und Landen läugnen/ oder " thanē.

D 4 ohne

„ihrem kindlichen Ungehorsam disputiren
„können: Umb so viel da mehr/ weil die Un-
„Catholischen das Jus Episcopale vor ein
„Dependens deß Juris Territorialis achten
„wollen; Unterdessen aber ein solches Jus
„Episcopale, welches Catholische Herren
„und Potentaten über die Un-Catholische/
„und deren Kirchen haben/ seines erachtens/
„gleich ist dem Bild Nabuchodonosors, des-
„sen Haupt von bestem Gold/ die Füß aber
„Eisen/und Thon waren. Habe nöthig er-
achtet/ den gantzen paragraphum, mit deß
Authoris eigenen Worten anhero zu setzen;
Weil nirgends in dem gantzen Buch/ die
Vernunfft weniger/und die passionen mehr
zu rath gezogē worden. Was vor eine heimliche Bedeutung unter der Vergleichung deß
in einigen Landen vor kurtzen Jahren gewe-
senen/ in anderen annoch seyenden Zustandes insinuirt werden wolle/ lasset man
an seinen Ort gestellet seyn; wol wissend/
daß man es deß Scribenten, oder Dictanten
moderaten consiliis nicht wird zu dancken
haben/ wann man deß gnädigsten ferneren
Schutzes der höchsten Herrschafft (wie man
der gäntzlichen versicherung ist) in diesen Landen

den genieſſen mag. Auch kann man nicht
glauben/ daß ſelbige ſich gefallen laſſen wer-
de/ daß das jenige/ welches eine Schickung
der göttlichen Fürſehung/ das nemlich Obrigkeit und Unterthanen von unterſchiedli-
chen Religions-Meynungen/ zuſammen
kommen/ einer Ungereimtheit bezüchtiget
werde. So es Gott ſelbſten iſt/ der es alſo
verhänget/ und zwar weißlich verhänget/ und
dardurch einen Anlaß zu übung unterſchiedlicher Tugendten/ und ins beſonder einer
mehr/ als gemeinen Liebe/ Beſcheidenheit/
Sanfftmuth/ Verträglichkeit zu beyden
Theilen/ wie auch zu mehreren bekandtwer-
dung der Warheit/ auff einer oder der anderen Seyten gegeben; So iſt es nicht nur
eine unbedachtſame/ ſondern auch ſündliche
Außſage/ daß dieſe mixtur eine ungereimte
Sache ſeye; gleich als ob jemand die Weißheit Gottes/ wegen der contrari qualiteten/
ſo ſich in den Elementen/ und Theilen der
groſſen Welt befinden/ tadeln/ und für eine
abſurde Verordnung außgeben wolte: Und
ſo müſte es noch viel mehr für eine ungereimte Sache gehalten werden/ das die
Chriſtliche Kirch in den erſten 300. Jahren/

O 5 gar

gar den Heydnischen Kaysern unterworffen gewesen/und deren Glieder in einer civilen societet mit den Heyden und Abgöttern gestanden seynd. So es ungereimt/das Reformirte/ und Lutherische Kirchen unter einem Catholischen Herren stehen/ so ist es entweder deßwegen ungereimt/ das der Catholischen Religion zu wider lauffet/sothane Religionen unter ihrer Bottmässigkeit zu leyden; oder aber/ daß es der Reformirt: und Lutherischen Religion zuwiderlauffet/ Catholischen Herrschafften unterthan zu seyn. Jenes wollen wir nicht hoffen/noch der Römischen Kirchen diese Unehr anthun/das wir das jenige/was durch erhitzten Eyffer/ von einem oder dem andern geschrieben/ oder an ein und anderem Ort vorgenommen worden/ für ihre Lehr/vielmehr als das jenige/ so sie in ihren hymnis singet (non eripit terrestria, qui regna dat cælestia; das irrdische bleibt unbenommen/ von dem so d'n Himmel gibt den Frommen) halten wolten. Dieses können wir aber kecklich verneinen; und gleich wie Herr P. auß deß Bischoff Davenantii, determinationibus Theol. quæst. 17. und andern Scribenten erlernen kan/was es vor

Leh-

Lehren und maximen, vor exemptionen, und frembde dependentzien seyen/ welche mit der Pflicht eines getreuen Unterthanen nicht bestehen können; also ist bekannt/ daß solche allesampt von uns wiedersprochen/ und wiederfochten; und durch die Lehr unserer Kirche/ die Unterthanen zu einem solchen Gehorsam und Treu gegen ihre Obrigkeiten angewiesen werden/ auf welche zuweilen selbsten Catholische Potentaten sich sicherer/ als auff ihre eigene Glaubensgenossen/ verlassen können/ ja durch dieselbe bey ihren Cronen und Sceptern erhalten worden. Was das Jus Episcopale anlangt/ darauß die grösseste absurditet, in diesem casu von unserm Authore hergenommen werden will/ als von einem solchen annexo juris territorialis, welches ohne kündlichen Ungehorsam/ jetziger Catholischen Herrschafft/ so wenig als der vorherigen/ disputirt werden könne; stünde zwar dahin/ von welcher Seyten/ und ob nicht von Rom auß/ die grösseste opposition gegen die exercierung desselben/ nach dem Fuß der vorherigen Regierung/ geschehen würde: allein man haltet das sicherste und ordentlichste zu seyn/ daß der paragraphus 12.

deß art. 5. im Instrumento pacis, ibi: Hoc tamen non obstante &c. pro regulâ genommen/ selbigem fein steiff inhæriret, dasjenige/ so über solches/ quoad regimen Ecclesiasticum noch dubios seyn möchte/ in einer ordentlichen conferentz determiniret, und also sowol künfftigen Difficulteten, als auch, dergleichen schlüpferigen Objectionen, der Anlaß abgeschnitten werde.

Von Weib-lichem Episco-pat.

§. 96. Wann wir schon länger über diesem Puncten uns auffhalten wolten/ so werden wir jedoch durch einen erschrecklichen Ruff darvon divertiret/ in dem man jählingen höret/das Himmel und Erden zu Zeugen geruffen werden / (da auch sonsten von denen Un-Catholischen niemand auffmercken wolte) umb das allerungeräumteste/ das Menschen Ohren anhören können/ anzuhören; Und was ist solches? Dieses/ das bey den Un-Catholischen/ auch Weibs-Personen das Jus Episcopale exerciren/ und mit einem niemals erhörten Namen/ Bischöffinnen/ ja Häupter der Kirchen/ wie die Königin Elisabeth/ in Engelland/ seyn können: Und hier ermangelt man nicht/ deß Marschalls Bipon Schert-

Wort

Wort von selbiger Königin zu wiederholen:
Caput Ecclesiæ Anglicanæ benè saltat.
Das Haupt der Englischen Kirchen
könne wol dantzen; p. 115. 116. 117. So
ist nicht nöthig/ alles/ was hierüber gesagt
werden möchte/ auff die Bahn zu bringen;
man könnte sonsten von Päpstinnen/ so wol
als Bischöffinen, von Theodoris, und Ma-
roziis, so wol als Elisabethis; item von
Weiber-Tauff/und anderem/ dardurch das
eigentliche Werck der Bischöffe und Predi-
ger/ dem Weibs-Volck gestattet wird/ meldung thun. Genug seye es/das so die Königin
Elisabetha der succession in dem Königreich
Engelland fähig gewesen/ sie auch aller der
Rechten und Vorzügen/ so der Königlichen
Würde anhängig/ zugleich fähig gewesen
seye; und deßwegen die Ober-Auffsicht deß
Kirchen-wesens/ bey der Religion/ dazu sie
sich bekennet, aus hieroben geführten Ursachen ihr nicht habe entzogen werden können;
Und daß der nach dem Exempel ihrer Vorfahren gebrauchte titul deß Haupts der Englischen (nicht der allgemeinen) Kirchen nach
ihrer eigenen Theologorum Außlegung/
anders nichts/ als solche Ober-Auffsicht, im

D 7 Gegen-

Gegensatz der prætendirten Priesterlichen exemtion, und außschliessung frembder außländischer jurisdiction, bedeutet habe: Ja wie/ wann in dem Pabstumb selbsten gleiche exempel gefunden werden? allermassen sothane bey dem Königreich Sicilien klärlich vor augen liegen; über welches der König in Spanien die völlige jurisdictionem Ecclesiasticam, in allen stücken/ ohne dem Pabst den geringsten Eingriff zugestatten / selbsten mit annehmung/ bestraffung / excommunicirung so wol geist- als weltlicher Personen / mit presidirung in den Conciliis Provincialibus, und allem übrigen/ exercieret/ so gar daß in dieser betrachtung ihme / oder seinem Statthalter der Päpstliche titul, Beatissimo & Santissimo Padre, gegeben; und desselben so wol/ als der besagten jurisdiction, auch die weibliche Personen/ auff welche solches Königreich fället/ (wie es dann würcklich bey der Johannâ von Arragonien, und Castilien, deß Keysers Caroli V. Mutter geschehen) fähig gehalten werden; wie daß noch ohnlängsten ein Papistischer Scribent, so sich Jeróme à Costa nennet/ in seiner histoire des revenus Ecclesiast. p. 151. ausdrückdrücklich schreibet: Comme le Royaume de Sicile tombe en quenouille, auſſi bien que celuy d'Angleterre, une Princeſſe pourra prendre la qualité de Chef de l'Eglise de Sicile, & de Beatiſſimo & Santiſſimo Padre: das ist: Nachdem das Königreich Sicilien auch auff das Weiblich Geschlecht erbet/ so wol als das in Engelland/ als kan eine solche erbende Princeßin, die qualitet deß Haupts der Kirchen in Sicilien/ und den titul, Seeligster/ und Allerheiligster Vatter/ annehmen. Wormit hoffentlich auch diese ungereimtheit auffgehoben/ oder doch zu beyden theilen gemeinschafftlich gemachet wird. Gleichwie auch dieses das caput Ecclesiæ Anglicanæ, das Haupt der Englischen Kirchen/mit dem capite Ecclesiæ universalis, dem gerühmten Haupt der allgemeinen Kirchen/ gemeinschafftlich hat/ daß sie sich extra cathedram, und bey einem Tantz von dem Frantzösischen Gesandten (der zu ihr in keinen Kirchen-sachen geschickt worden) antreffen laßen: Und da es gleichwol bey jener geheissen; quàm benè saltat caput Eccl. Angl.! bey diesem/ offtmals eine so grosse Entfernung von der

Cathe-

Cathedrâ infallibilitatis, und impeccabilitatis, und so seltzame sprüng nach dem thon und tact der Welt-Regulen beobachtet worden/ daß man darüber außruffen möchte: quàm malè saltat caput Ecclesiæ universalis! Wie übel tantzet das Haupt der allgemeinen Kirchen!

§. 97. Was nun Hr. P. ferners an stat deß so ungereimten KirchenRegimentes der Ref. Kirchen/ von dem so ansehnlichen/ durchdringenden/ uñ vortrefflichen Monarchischen Regiment und Hierarchie, d Röm. Kirchen meldet/ p. 117. 118: wird dergestalten angenommen/ daß in Ansehung deß hieroben beschriebenen weltlichen Zwecks/ die Anordnung nicht wol künstlicher/ und zulänglicher hätte gemacht werden können. Wie solches unter andern auch von Severino de Monzambano, in seinem Tractat de Statu Imperii Germ. c. 8? statlich erwiesen worden; Sic ut mihi patet (also lauten seine Wört) pleraque ad Remp. hanc sacram posse ad-plicari, quæ apud Jobum de Leviathane sensu mystico traduntur. Der Unterschid zwischen beyderley Religionen scheinet nur darinn zu bestehen/ daß der Allein-ein u-

schö-

tōm. kirchen gebäu lehr nsehn, eb als cher.

schönes/ ansehnliches/ weitleufftiges/ wol in
einander abgetheiltes Gebäu/. auff einem
schwachen/ und sandigen Grund; (einen
menschlichen Namen/ nach dem Vorhaben
jener Babylonischen Bauleuthe/ Faciamus
nobis nomen, lasset uns einen Namen ma-
chen/ Gen. 11.) bey der andern/ zwar auff einen guten Grund/ aber ein zimlich unan-
sehnliches/ und eng beschrancktes Gebäu auf-
geführet/ und (welches nicht geläugnet werden kan) durch die Innwohner zimlich
schlecht beobachtet worden; So daß das
eine/ mit weit mehreren Bequämigkeit/ das
andere aber gleichwol mit mehreren Sicherheit bewohnet werden mag: Dahero/ und
wann es wegen entstandener Ketzereyen/ und
sonsten/ der Kirchen umb Sicherheit zu thun
gewesen/ selbige bey der gewöhnlichen Hierarchie, selbsten nach der vornehmsten und
verständigsten Lehrer selbiger partie Urtheil/
nicht zu erlangen gewesen/ sondern man von
diesem Pallast hinauß/ in ein ander Gebäu/
so man Concilia nennet/ sich begeben/ und die
so gerühmte Monarchische Regiments Art/
in eine Aristocratische veränderen müssen;
welches zwar hernacher/ und da der Papst
seine

seine Macht nicht umbschräncket haben wolte/ zu innerlichen Strittigkeiten Anlaß gegeben/in dem das privilegium der infallibilitet von einigen/dem Papst/ von andern aber dem Concilio zugeschrieben/ auch so gar die auferibilitas Papæ ab Ecclesiâ, oder/ das die Kirche gar wol ohne Papst bestehen könne / behauptet wordē/wie darvon ein eigener Tractat deß Parisischen Universitet-Cantzlers/ Gersoni,vorhanden. Und wie dieses/ich meine/ die mehrere Authoritet d' Conciliorum, als der Päpsten/die vernünfftigste/ auch vielen vornehmen/ja allen moderaten Catholischen Scribenten beliebende/ in dem Costnitzer/und Baßler Concilio stabilirte Meynung ist; so hätte Herr P. mit annehmung und behauptung der anderen/ nicht sollen die jenige einige Thür/durch welche man zu einer reunion, da sie practicabel , kommen müste/blindeyfferig zuschlagen und verrigeln sollen. Ja er hätte/ wann er je von ungereimten Sachen reden wolte/bey sich bedencken sollen/ und würde bey unpartheyischer überlegung auch befunden haben / daß diese eingebildete Ungereimtheit/da der weltlichen Obrigkeit/ die Oberauffsicht auff den Kirchen

chen Zustand mit gewissen Schrancken zugeleget wird/ bey weitem nicht so groß/ als diejenige/ da durch einmischung einer frembden Herrschafft/ ein Imperium in Imperio auffgerichtet/ und unter dem Namen der Geistlichen/ aber unter einem oder anderem Vorwand auff alle Geschäfft sich erstreckenden jurisdiction, nicht nur ein grosser Theil der Unterthanen deren Bottmässigkeit entzogen/ sondern auch die über alle übrige habende Authoritet mercklich geschwächet/ und unsicher gemachet wird.

§. 98. Das andere *absurdum*, oder ungereimte Ding/ bey Ref. Religion, ist/ seinem vorgeben nach/ dieses/ daß die Heil. Schrifft allein ein Richter in Religions-Strittigkeiten seyn solle: Zu kurtzer Erleuterung dieser materi, und Beantwortung alles dessen/ so von p. 119. biß 129. weitleuffig vorgestellet wird / ist zu wissen/ daß / wann die Heil. Schrifft für den einigen/ oder obersten Richter in Glaubenssachen gerühmet wird / solches gleichwie allein von Religions-fragen/ und Strittigkeiten/ also von einem solchen Gericht zuverstehen seye/ welches die Gewissen der Menschen

Die Schrifft ein Richter in glaubenssachen.

schen sich unterwürffig machen, und auff
welches ein Göttlicher glaube sich gründen
kann. Nachdem dann Gott allein derjenige/
welcher die Hertzen und Gewissen der Men-
schen/ gleichwie erkennen/ und prüfen/ also
auch beherrschen kan/ und es so wol unrecht
gethan/ wann einiger Mensch einer Herrschafft über das Gewissen sich anmasset/ 2.
Cor. 1.24. Jac. 4. 12. 1. Petr. 5. 3. als wann
man das Gewissen einiger Menschlichen au-
thoriteten unterwürffet/ 1. Cor. 7.23. Matth.
23.8.9.10. Nachdem auch der glaube/ nichts
anders/ als das Göttliche Wort/ zu einem
fundament haben kan/ Rom. 10. 17. 1. Thess.
2.13. So ist unsere Lehr/ daß heutiges Tages/
keine andere ordinari Ansprach/ und Wort
Gottes an die Menschen/ durch welches sie
zur Seeligkeit unterwiesen werden können/
als in der Heil. Schrifft/ anzutreffen/ und
Gott also in dieser Zeit/ und biß zu dem jüngsten Gericht/ durch dieses sein Wort/ so deßwegen das Scepter deß Reichs Christi/ und
ein Schwerd/ so auß seinem Munde gehet/
genennet wird/ über die Gewissen der Menschen herrsche/ und selbige sich unterwürffig
mache; folgends in Religions-fragen/ das
Urtheil

Urtheil/ bey welchem das Gewissen eines Christen acquiesciren möge/ auß derselben hergeholet werden müsse. Man will aber damit nicht alle andere Mittel/ dardurch man zu erkantnüß und verstand dieses Göttlichen Worts gebracht wird/ sondern allein die jenige/ so uns von demselben abführen (durch diese Red-art/ daß die Schrifft der einige Richter seye) außgeschlossen haben; Und gleichwie in weltlichen Stritigkeiten/ zu deren entscheidung/ beydes ein gewisses Gesetz/ und dann eine application, oder Zueignung deß Gesetzes/ auff den zweiffelhafften casum erfordert wird; Also gestehet man gern/ daß die H. Schrifft (welche wir nicht anderst einen Richter nennen/ als so fern sie die Richtschnur/ oder Gesatz ist/ wornach die in Streit gezogene Sach geurtheilet werden muß/ nach der jenigen/ in H. Schrifft gebräuchlichen Red-art/ in deren das Werck des Richters der Gerichts-Regul zugeschrieben wird. Rom. 9. 17 Gal. 3. 22. vergl. Rom. 21. 32 Esai. 11. 3. 4 Joh. 5. 45. & 12. 48. Heb. 4. 12. Luc. 22 30.) ob sie schon für sich allein/ genugsam ist/ in genere normæ, oder regulæ; ohne das einig ungeschrieben Wort

Got-

Gottes/ oder andere fernere Glaubens-Regul vonnöthen seye/ und in solchem verstand der einige Richter von uns genennet wird; Dannoch die jenige Mittel/ durch welche sie auff die zweiffelhaffte Fragen appliciret werde/ keines wegs außschliesse/ sondern vielmehr erfordere; gleichwie ein Licht/ welches zu erleuchtung einer dunckelen sachen/ klar genug gehalten wird/ solchen effect gleichwol nicht erreichet/ wann es nicht herbey getragen/ und admoviret wird.

Ohne auß-schliessung deß Lehr Amts/ und d Lehr-prüfüg.

§. 99. Biß hieher scheinet Hr. P. sich mit uns zu conformiren/ in dem er die qualitet einer Richtschnur/ oder Gesatzes/ der H. Schrifft überlasset/(also damit die meynung Bellarmini, und anderer/ von dem Zweck der H. Schrifft/ daß sie nemlich hauptsächlich nicht darumb gegeben seye/ ut esset regula fidei, daß sie eine Regul deß Glaubens seye/ sondern/ ut esset commonitorium quoddam utile, ad conservandam & fovendam doctrinam ex prædicatione acceptam, damit sie bloß ein dienliche erinnerung wäre/ die durch die Predigt empfangene Lehr zu behalten/l 4. de V.D.c 12. Item die Lehr von der Unvollkommenheit der H. Schrifft/

maſ-

maſſen ein Regul/ ſo nicht vollkommen/ keine Regul iſt/ improbiret) Aber in der weiſe
der application, gehet er von uns ab; und
iſt mit den ſeinigen/ deß darvor haltens/ daß
neben ſolcher Richtſchnur ein Richter erfordert werde/ und zwar nicht nur ein un-
ſichtbarer Richter (maſſen man ſonſten ihme
ſagen würde/ das es Gott ſeye/ und das es
das Gewiſſen eines jeden Menſchen ſeye/
welches in/ und nach der H. Schrifft das
Urtheil fälle) ſondern ein ſichtbarer Richter/
welcher über dem zweiffelhafften Verſtand
der H. Schrifft den Außſchlag geben/ und
die Strittigkeiten befehlsweiſe terminiren
könne. In dieſem Wörtlein/ BefehlsWei-
ſe/ ob er ſich ſchon deſſen nicht bedienet/ beſtehet die gantze Differentz: Dann/ ſo es hieſſe/
Beweiſſungs-Weiſe/ würde kein groſſes
wiederſprechen ſeyn. Maſſen wir ſelbſten
ſagen/ daß Gott/ neben dem Licht der Heil.
Schrifft/ damit ſolches beſſer den Menſchen
zu nutz komme/ auch einen Leuchter (ἐδ ϕαίνμα, nach der hierobigen Außlegung) nem-
lich/ das Lehr-Ampt in der Kirchen ver-
ordnet habe/ durch deſſen Dienſt die Lehr/
und der rechte Verſtand der Schrifft den

Men-

Menschen vorgetragen/und sie zur Erkantnuß derselben geleitet werden; Wir sagen aber/das solches/so viel die Glaubens-Puncten betrifft/ein Lehr-Ampt/ und nicht ein Richter-Ampt/ ein ministerium, nicht magisterium, seye; das es durch Unterweisung die Menschen zum Glauben bringen/ nicht aber durch Befehl zu einem blinden Beyfall nöthigen müsse: (Fides non imperatur, sed suadetur) das es durch solche gesunde Unterweißung machen müsse/ das die Menschen mit ihren eigenen Augen/ die Wunder/ und Warheit deß göttlichen Worts erkennen/ und also/gleich den Thessalonicensern/ das Wort ihrer Lehrer/ nicht als Menschen: sondern als Gottes Wort annehmen/ 1.Thess. 2.13. und ihr Glaube auff Gottes Wort gegründet/ und dermaßen gegründet seye/ daß sie hernach tüchtig seyen/ unter den vorkommenden Lehren einen Unterscheid zu machen/ und sich vor der Verführung zu hüten: Daß die Menschen bey anhörung solcher Lehr/ und Außlegung deß göttlichen Worts/ (auch wann es ihnen unter dem Namen der Kirchen vorgetragen wird) die Augen offen/ und nicht beschlossen haben

haben müssen; und keine Ursach seye/ wa¬
rumb der Kirchen Namen/ mehr als Got¬
tes Namen/bey ihnen gelten/und das jenige/
so unter diesem letzteren Namen/mehr/ als
das/so unter dem ersteren ihnen vorgetragen
wird/dem Zweiffel unterworffen seyn solte:
Das derowegē das unterscheidungs od' prü¬
fungs-Urtheil/ (judiciū discretionis) so we¬
nig/und weniger bey der heutigen/auß vielen
Ursachen verdächtigeren/ als bey der ersten
Apostolischen Lehr/ ihnen entzogen werden
könne: Und das endlich Gott/gleichwie in der
Schrifft/eine beständige Glaubens-Regul/
welche er allen Christen offen gelassen/ und
von ihnen allen zu rath gezogen haben will;
und in der Kirchen einen beständigen Lehr-
Stul/ welchen er gehöret/und in gebühren¬
dem Wärth gehalten haben will; also den
Richter-Stul in diesem leben nirgends an¬
ders/ als in dem Gewissen eines jeden Men¬
schē auffgerichtet/dessen innerliches Urtheil/oh¬
ne hindansetzung der beyden vorigen Mittel/
doch mit vorziehung deß ersteren für dem letz¬
teren wo sie discrepant befunden werden)
gefolget haben/und den Menschen nach dem¬
selben urtheilen will.

§. 100. Die gegenseithige Lehre hinge¬
P   gen misch¬

Je, übm er Richter Stul.

gen ist ~~Hose~~/ daß Christus einen ~~sichtbaren~~ Richterstul in der Kirchen auffgerichtet/ und mit der Gabe der Infallibilitet, oder Unfehlbarkeit begabet/ für welchen alle Religions-Fragen und Strittigkeiten gebracht/ und dessen Außspruch/ als göttlich/ ohne weitere Erforschung und Untersuchung/ mit Glauben/ und Gehorsam angenommen werden müsse; und daß solcher Stul/ der Stul/ oder Papst zu Rom seye.

Auß ihren eigenen principiis unterweiß ich.

§. 101. Gleichwie nun dieses kein ~~Wort~~-Streit/ auch kein Streit von geringer Wichtigkeit/ also ist an dessen rechter und gewissen vergnügender Erörterung nicht wenig gelegen. Ich möchte aber gern wissen/ woher selbige/ nach denen gegenseithigen hypothesibus, und Grundsätzen genommen werden müsse/ und könne: Dann/ so sie sagen wolten/ das die Decision dieser Frage, (wer der Oberste Richter in Religions-Sachen seye?), von dem Zeugnuß der Kirchen/ das ist/ deß Röm. Stuls hergenommen werden müsse/ so wird ja der Schluß vor dem Beweißthumb vorhergesetzet; und ist es eben so viel/ als ob man sagte/ man soll dem Röm. Papst glauben/ daß er nicht irren könne/ die=

weil

weil er es sage/daß er nicht irren könne: welches nicht viel besser/ als der Menschen ge-spottet wäre: dann eben dieses/ daß man dem Pabst auff sein Wort glauben solle/ ist dasjenige/darvon die Frage angestellet/ und welches man bewiesen zu haben verlanget. So sie aber sagen/ daß man solches auß der Schrifft/und ins besonder denen Sprüchen Ich will dir deß Himelreichs Schlüssel gebē ꝛc. Weide meine Schafe ꝛc. Sage es der Kirchen ꝛc. erlernen köne (wie man darauff beständig sich zu beziehen pfleget) so ist am Tage/daß diese Sprüche unterschiedliche Außlegungen haben/ und anderster von den unserigen/ anderster von den ihrigen verstandē werden: Wan nun das judicium discretionis, oder sonderbare Entscheidungs-Urtheil/ durch welches sie zwischen denen vorkommenden unterschiedlichen Außlegungen/ vermittelst ihrer innerlichen Erleuchtung/ einen unterscheid machen/ denen sonderbaren Gliedern der Kirchen benommen ist; so muß man entweder ein anderes/ von dem Zeugnuß der Kirchen unterschiedenes/mittel weisen/wodurch sie zu solcher Gewißheit gelangen, oder aber gestehen/ daß sie die jenige

P 2   Auß-

Außlegung/ nach deren die infallibilitet deß Röm. Stuls hierauß erwiesen wird/ ohne gewissen Grund annehmen/ und also alles/ was darauff gebauet wird/ ungewiß seyn müsse. Will man aber sagen/ daß selbige ein gnugsames Licht in sich selbsten haben/ umb den rechten verstand dieser Sprüchen zu begreiffen/ und dem falschen vorzuziehen/ ey so muß ihnen dañ das Unterscheidungs-urtheil/ zwischen den verschiedenen Lehren/ und Außlegungen/ und gleichwie in diesen/ (ziemlich dunkelen/ und von Rom nicht das geringste meldenden) also auch in anderen Sprüchen H. Schrifft gelassen/ oder eine ursach angezeiget werden/ warumb; ja auß Gottes Wort erwiesen/ daß der Geist Gottes in ihnen ein Geist der erleuchtung/ nur in ansehung dieser Sprüchen/ so von der Kirchen handlen/ nicht aber in Ansehung anderer Sprüchen seye/ und ihr geistlicher Geschmack/sich nur auff die jenige/und keine andere Speiße erstrecke/ die übrigen allesamt ohne Geschmack von ihnen eingenommen werden müssen: zumalen da die Schrifft/wann sie von den Glaubigen redet/ solches mit keiner solchen restriction, oder
Umb-

Umbſchränckung thut / ſondern insgemein
lehret/daß er in ihnen ein Geiſt der Weißheit/
und der Offenbahrung ſeye/ zu ſeiner ſelbſt
(Gottes/ und nicht nur allein der Kirchen)
erkandtnuͤß; daß ſie mit denen erleuchteten
Augen ihres Verſtandes erkennen moͤgen/
welches da ſeye die Hoffnung ihres Beruffs/
und der Reichthumb ſeines herrlichen Erbs
an ſeinen Heiligen &c. Eph. 1. 17. 18. Daß
ſie das Geheimnuͤß deß HErrn / und ſeinen
Bund/ dardurch erlernen / Pſ. 25. 14. Daß
ſie in krafft ihrer Salbung alles/ was zur
ſeeligmachenden Warheit gehoͤret / wiſſen/
und alſo wiſſen / das ſie nicht von noͤthen ha-
ben/von jemand (authoritativè, oder Befehls Weiſe) gelehret zu werden 1, Joh. 2. 27.

§. 102. Wir halten demnach darvor/ daß Gemei-
durch die gemeldte Lehr der Roͤm. Kirchen/ nes
von dem Richter in Religions-ſachen / den prü-
Gliedern der Kirchen/ an ihren Rechten und fungs-
Privilegien zu viel entzogen/ hingegen dem recht.
Roͤm. Stul/ zu viel zugeleget werde: Jenen wird zu viel entzogen/ wann ihnen das
ſonderbare Urtheil der unterſcheidung/ durch
welches der Geiſt Gottes ſeine fuͤrnehmſte
Wuͤrckung in ihnen hat/und welches beydes

P 3 zu

zu ihren Pflichten/ Esai. 8. 20. Joh. 5. 39.
1.Joh. 5. 39. 1. Joh.4.1. und zu ihren privilegien, Joh. 6. 45. & 7. 17. Phil. 1. 9. 10. gehöret/ ihnen durch diesen befehlenden Richterstul/ dessen authoritet auch auff ihre Gewissen sich erstrecken solle/ entnommen wird. So man hierwider einwenden wolte/ daß sie der Erkantnuß nicht beraubet/ sondern vielmehr/ selbige von der Kirchen zu empfangen/ angewiesen werden/ und daß der Geist Gottes/ seine Erleuchtung vermittelst dieses Urtheils der Kirchen/ in ihnen würcke; So würde solches gelten/ wañ/ nach unserer Lehr/ der Kirchen ein Lehr- und Unterweisungs-Ampt zugeschrieben würde/ welchem jeder Gläubiger/ in so weit er die Warheit der Unterweisung mit seinen Augen in dem wort Gottes siehet/ sich unterwürffig machet/ und dieselbe annimmet: Es kann aber für keine Erleuchtung/ oder Erkantnuß/ sondern vielmehr für einen Gehorsam/ und blinden Gehorsam gehalten werden/ wann man dem Außspruch eines Richters/ auch ohne Begreiffung der ursachen seines Urtheils/ (und was ist die so hochgerühmte fides implicita, oder Köhlers-glauben anderst?) ja wo der
eige-

eigene Verstand das Gegentheil auß dem text deß Gesetzes schliesset/ sich zu unterwerffen verbunden wird? Ein Richter erfordert nicht/ daß man in seinem Gemüth seinen Außspruch für waar/ und billich halte/ sondern vergnüget sich mit dem Gehorsam/ so demselben geleistet wird. Ja wann man solchem Außspruch schon/als einem solchen/ den man wegen der authoritet deß Zeugen vor waar haltet/ sich unterwirffet/ kan solches zwar ein Beyfall/ aber noch keine Erkantnus/ oder Erleuchtung/ vielweniger eine göttliche Erleuchtung/ und eine solche/ durch welche man/ nicht von Menschen/ sondern von Gott selbsten gelehret seye (wie hiervon die Verheissungen lauten/ Hebr. 8. 11. 1. Joh. 2. 27.) gehalten werden; es seye dann/ daß man die Stimme Gottes in der H. Schrifft/ auff welche das Urtheil der Kirchen sich gründet/ selbsten also verstehe/ und mit den Samaritanern sagen könne: Wir glauben nicht mehr/ umb deiner Rede Willen/ wir haben selber gehöret und erkennet/ daß dieser ist warlich Christus der Welt Heyland/ Joh. 4. 42.

§. 103. Diesem wird hingegen zuviel zu-Nichtge-tige

geschrieben; erstlich (in consideratione absolutâ) durch das angemaßte Privilegium der infallibilitet, oder gäntzlichen irrthumbs-befreyung/ in allen ihren Lehrsätzen/ und Decisionen; Welche man aber/ wann jemand sich mit blossen Worten/ und einem generalen Ruhm nicht begnügen lasset/ weder deutlich außlegen/ und was darmit gemeinet seye/ verständlich machen; noch mit genugsamen Gründen beweißen; noch auch endlich gegen die anderseitige Einwürff verthaidigen kann. Dann/ was die Außlegung der Meynung betrifft/ nachdem diese proposition (die Kirch ist infallibel) zu entscheidung einiger controversie nicht dienlich seyn kann/ es seye dann/ daß man wisse/ was durch das Wort Kirch allhier verstanden werde; und was es vor eine infallibilitet, welche ihr zugeschrieben wird; damit man eigentlich wissen möge/ bey wem/ und in was Fällen man sich anzumelden/ und welcher gestalt man einer infalliblen Decision sich zu versichern habe; Ethe/ so ist so wol wegen deß einen/ als deß andern/ eine so grosse Ungewißheit/ und Ungleichheit der Meynungen/ welche nichts als Zweiffel

in

in dem Gemüth bedachtsamer Menschen hinterlassen kann. Bey dem Subjecto, oder dem jenigen/ bey welchem die Infallibilitet zu suchen/ (welches man mit dem Wort/ Kirch/ außzudrucken pfleget; aber wegen dessen ambiguitet, darmit eben so viel bedeutet/ als wann in der propositon ein läär spacium bliebe/ und es hieße/ Ich glaube/ das - - - - - - - - *infallibel* seye) wird gezweiffelt/ ob dardurch der Papst allein? oder das Concilium, das ist die Versamsamlung der Kirchen-Vorsteher/ auß allen particular-Kirchen/allein; Oder der Papst mit dem Concilio, das ist/ die Concilia, so fern sie von dem Papst bestättiget worden/zu verstehen seyen? Gleichwie nun die Lehrer der Römischen Kirchen sich hierüber gezweyet/und deren einige/ als Gerson, Almain, Alphonsus de Castro, und selbsten Papst Adrianus VI wie auch das Baßler Concilium für die infallibilitet der Conciliorum; andere aber/als Pighius, Hosius, Bellarminus &c. für die infallibilitet der Päpsten/gestritten; Also muß ja vor allen Dingen/dieses/und zwar durch ein infallibel Urtheil und Außspruch eines Richters/ auß-

gema-

gemachet/und erörtert seyn/ehe man sich rühmen kann/ seinen Glauben/ auff ein vesten und sichern Grund zu erbauen: Und ist sich zu verwundern/ daß man in dem Tridentinischen Concilio, nicht einmal bedacht gewesen/diesen Zweiffel/ der vorhin zum öfftern moviret, und durch denselben die Kirchen in Franckreich von denen in Italien getrennet waren/auffzuheben: Dann/ was die mittelmeynung betrifft/welche den Papst mit den Conciliis dergestalt vereiniget/ daß die vom Papst bestättigte Concilia, für die infallible Kirche zu halten; so ist solche (ob schon Herr P. dieselbe sich gefallen lasset) die aller ungereumteste/und doch in der that von der vorherigen nicht unterschieden; Massen solcher gestalt der Grund der infallibilitet auff dem Papst hafftet/ von welchem sie derivativè auff die Concilia, aber auch ebener gestalt/auff einen jeden/ der die Päpstliche Decisiones annimmt/ mitgetheilet/ und also den Conciliis nichts fürzügliches für allen und jeden sonderbaren Christen zugeschrieben würde. Bey dem prædicato, oder dem privilegio der Unbetrieglichkeit selbsten/ist zweiffelhafft 1. Die materi. worinnen

stunden/und ob ohne Unterscheid in allen Fragen/und morum so wol/ als fidei, das ist/ so wol die zu den Sitten / als zu dem Glauben gehören; item facti so wol als juris, das ist/ so wol/ws von der that / als wo von dem Rechten gefraget wird/ (wie solches von den Jesuiten im Collegio Claramontano zu Pariß Anno 1661. behauptet worden) oder nur in den quæstionibus juris, und Lehr-Puncten/ die entweder zum Glauben/ oder Leben gehören (wie von den mehreren gehalten wird) selbige zu agnosciren seye? Darnach 2. die Weise; Ob nemlich Gott solche Gnade der infallibilitet, dem Papst oder Conciliis immediatè, durch eine unmittelbare Erleuchtung mittheile / ohne das der Gebrauch gewisser Mittel/als da ist/die Vernunfft: und Schrifftmässige überlegung der Strittigkeiten / anruffung göttlichen Beystands/abwiegung der allerseitigen Gründen/ darzu erfordert; oder deren Unterlassung daran hinderlich seye (wie solches abermal einige Jesuiten auß : und selbsten Papst Innocentius X. zu verstehen gegeben/ wann er denen Jansenistischen deputirten nachher einwenden/ daß die verheissene assi-

stenz

stentz deß H. Geistes/nicht einmal die Concilia Oecumenica von dem gebrauch der rechten Mitteln dispensire, zur Antwort gegeben: Non dite questo: Questa opinione non e buona: Tutto questo dipenda dall' inspiratione del Spirito S. Redet nicht also: Das ist eine irrige Meynung: Dieses alles muß von dem eingeben deß H. Geistes gleichsam per modum Enthusiasmi herrühren) Oder/ ob der rechtmässige Gebrauch solcher Mittel darzu erfordert werde/und unter solchem Beding/die mittheilung der infallibiliter zu gewarten stehe? (auff welche Weise auch ein jeder Glaubiger sich dergleichen göttlichen Beystandes zu getrösten haben mag: Und die in den Päpstlichen Decretis enthaltene præliminar formulen, sampt anzeigung der Bewegungs-Ursachen/ unnöthig wären; sondern es schlecht hin heissen möchte; Visum est Spiritui S. & nobis: Es hat also dem H. Geist/und uns beliebet. Neben dem aber dieses darauß erfolgen würde/ daß ein jeder Christ/ welcher auff dergleichen Decision seinen Glauben gründet/ genugsam gesichert seye/ das alle behörige Mittel bey der

Unter-

Untersuchung von dem Papst/oder Concilio
angewendet/ und nichts durch übereilung/
oder Zwang/ oder privat Absehen/ verhandlet worden: und wo ist alsdann der infallible
Richter/der ihn hiervon vergewissern möge?
Oder/ so ein solches allein durch erwegung
der Ursachen/ durch welche sie geleitet worden/geschehen muß (wie in der that dieses
das einige Mittel/ solches zu erfahren) So
befindet man sich an dem Ende nicht weiter/
als man im Anfang gewesen/und sihet/ das
die so hochgerühmte infallibilitet, die Eh: istē
der Untersuchung nicht befreyen könne. Was
2. den Beweißthumb anlanget/ so kommt
man darmit gleichfalls zu kurtz/ und bringt
an deren statt/entweder zufällige/ und veränderliche motiva credibilitatis,so kaum eine
Glaubhafftigkeit/ im geringsten aber keine
infallibilitet beweissen: Oder doch solche
Zeugnuß H. Schrifft/ auff die Bahn/ bey
denen entweder/ das jenige/ was allein den
Aposteln zukommet Luc. 22.32. Joh. 16. 13.
auff andere Kirchen-Vorsteher/ erweiteret;
Oder das/was allen particular-Kirchen/ ja
allen Gliedern der Kirchen/ auff gewisse
Weiß gegeben/und versprochen worden/ als

P 7   Matth.

Math. 18. 17. 20. 1. Tim. 3. 15. &c. ohne Ursach/ auff eine particular - Kirch/ und zwar deren Vorsteher allein/ restringiret/und beschräncket; und in Summa/ in dem man sie nach der Römischen Lehrer Außlegung verstanden haben will/ das jenige/ worvon die Frage ist/vorauß gesetzet/ und in einem stäten Circul herumb getantzet wird. Was 3. Die Verthädigung betriffet/ so seynd die jenige Außflüchte/ deren man sich bedienet/so offt ihnen die würckliche Exempel der Jrrthumben/ja Ketzereyen/ in welche so wol Concilia, als auch Päpste verfallen/ also beschaffen/ daß sie einer bösen Sache einen schlechten Behelff/ bey unpartheyischen Gemüthern geben können: So man ihnen (umb anjetzo nur von Päpsten zu reden) das Exempel deß Liberii vorhaltet/der die Arianische Confession unterschrieben; deß Honorii, so der Monothelitischen Ketzerey beygestimmet/und deßwegen in 3.Conciliis verdammet worden; so heisset es/ der Papst könne zwar irren/ aber nur als eine privat-Person/nicht als Papst/nicht ex cathedrâ, nicht wann er von dem Stul und Lehrweiß etwas promulgiret, gleich als ob ver-
muthlich

muthlich/ daß er auff dem Stul/das Gegentheil dessen/ so er wahr zu seyn glaubet/ außsagen/ oder der H. Geist dergestalten auff dem Stul gählings ihn erleuchten werde/ daß er die Warheit alßobald erkennen und lehren müsse; uñ also ein böser Baum/ nach Unterscheid deß Orts/ dahin er gesetzet wird/ gute Frücht bringen könne: Oder ein Christ einig gewisses Kennzeichen hätte/ durch welches er/ das jenige/ was ex cathedrâ, und nicht ex cathedrâ geredet wird/ unterscheiden möge; wo das jenige/ was Liberius gethan/ umb das Römische Bischthumb zu erhalten/ und was Honorius, auff das anfragen deß Sergii geurtheilet/ für privat Handlungen gehalten werden müssen: So man ihnen das exempel deß Stephani VI. & Sergii III. vorhaltet/ welche alle die jenige/ so von Pabst Formoso ordinirt gewesen/ reordiniren lassen; und wiederumb deß Johannis IX. welcher alle actus deß Stephani annulliret/ so heisset es: der Pabst könne zwar in quæstionibus facti, wann von der That gefraget wird/ nicht aber quæstionibus juris, wann von dem Recht gefraget wird/ irren: (gleich als ob nicht alle

quæ-

quæſtiones, die die Religions-Strittigkeiten betreffen/ in ſo weit quæſtiones facti wären/ und dahin giengen/ ob es wahr/ daß Chriſtus/ und die Apoſtel/ dieſes oder jenes gelehret; auch die Päbſtliche deciſiones, nicht lauter atteſtata de facto, nemlich von der wahren tradition der Kirchen wären; gleich als ob es auch nicht ein quæſtio facti, geweſen von den 5. Janſeniſtiſchen propoſitionen/ob ſelbige deß Janſenii, und nach ſeiner Meinung aus ſeinen Büchern gezogen ſeyen/worüber gleichwol die Päbſt Innocentius X. und Alexander VII. zu unſern Zeiten ihre conſtitutiones ergehen laſſen/ und für infallibel gehalten haben wollen. So man ihnen das exempel deß Johannis XXII. vorhaltet/ der gelehret/ daß die Seelen der Verſtorbenen nicht vor dem Jüngſten Tag/ zum ſeeligen Anſchauen Gottes gelangen; deſſen Gegentheil nach ſeinem Todt/ de Benedictus XII. gelehret; So heiſſet es, Pabſt Johannes XII. habe ſelbige/ ob ſchon irrige/ Meinung zu ſelber Zeit haben können/ da noch nichts hiervon durch die Kirche determinirt geweſen; gleich als ob nach ihrer Lehr/ die Kirche ihre Meinung nicht eben
durch

durch den Pabst offenbarete; Und was dergleichen nichtiger außflüchte mehr zu Hülff genommen werden: Und ist hierbey wohl zu mercken/ daß/ ob schon die jenige Meinung/ welche darvor haltet/ daß der Papst/ als Papst/ ein Ketzer seyn/ und auch Ketzerey lehren könne/ von den heutigen eifferigen Verfechtern deß Papstumbs verworffen werde/ gleichwol der Cardinal Bellarminus/ dieses für keine Ketzerische Meynung gehalten haben will: Non est proprie hæretica (sagt er/ l. 4. de R: P. c. 2.) nam adhuc videmus ab Ecclesiâ tolerari, qui illam sententiam sequuntur: Sie ist eigentlich nicht Ketzerisch: Dieweil wir sehen/ daß die jenige/ so sie führen/ noch von der Kirchen geduldet werden, (er hätte hinzusetzen sollen; weil auch selbsten ein Papst/ nemlich Adrianus VI. in solcher Meynung gewesen; und sie also ohne contradiction nicht hätte für Ketzerisch declarirt werden könen:) Worauß dann folget/ daß der Gegensatz/ nemlich die Infallibilitet deß Papsts/ auff seinem Lehr-Stul/ für keinen fundamental Articul gehalten werden möge; uñ folgendes auch für keinē warhafften Glaubenspunct: Dañ so er

wahr

wahr wäre/ nach dem er den Grund des Glaubens aller Christen anweiset/ er nothwendig auch für fundamental gehalten werden müste. Was Ursach dann/ daß man wegen dessen Verwerffung uns für Ketzer und gleichsam Un-Christen/ die wir hierdurch uns gegen die Kirche Christi auff lehnen/ außruffet? So ist auch das jenige/ was eben derselbe Bellarminus, an einem anderen Ort/ (l. 2. de R. P. c. 30.) und zwar/ als die gemeinere Meynung vorgestellet/ daß nemlich ein Ketzerischer Papst geurtheilt/ und abgesetzt werden könne/ und solle/ (non possumus negare, sagt er/ quin Hadrianus cum Romano Concilio, imò & tota Synodus VII. generalis senserit, in causâ hæresis posse Rom. Pontificem judicari; Es kann nicht geleugnet werden/ das Papst Hadrianus II. mit dem Römischen Concilio, ja der gantze allgemeine achte Synodus darvor gehalten/ das der Römische Papst/ wegen Ketzerey gerichtet werden könne. Wormit auch übereinkommet/ der Canon, si Papa, dist. 40. ibi: nisi deprehendatur à fide devius) gantz dienlich/ umb ein gleichmässiges/ und zugleich die Richtigkeit

Tekt der vorangezogenen Diſtinction, zwiſchen dem Papſt/ für ſeine Perſon/ und zwiſchen ihm/ in ſeinem Lehr-Ampt betrachtet/ zu erweiſen; Dann was Urſach oder Nothwendigkeit wäre es/ einen ſolchen Papſt abzuſetzen/ oder/ was Gefahr hätte die Kirche von ſelbigem zu befahren/ welcher/ vermög ſelbiger Diſtinction, ſo bald er ſich auff den Lehr-Stul ſetzet/ von ſeinem Irrthumb befreyet würde/ und von dannen nichts als die Warheit lehren kann? Herr P. wolle dieſer Sachen ein wenig nachſinnen/ und wo er dieſes alles mit einander vergleichen kann/ uns deſſen theilhafftig machen.

§. 103. Zweitens/ wird dem Römiſchen Stul auch (in conſideratione relativâ) zu viel zugeſchrieben/ durch die angemaſſte/ und auff vorige Unirrſamkeit ſich gründende authoritet, das Urtheil/ und zwar ein deciſives Urtheil in Glaubens und Religions Strittigkeiten zu fällen/ zu deſſen Annehmung die Gewiſſen der Menſchen verbunden ſeyen. Dieſes iſt nun noch ein mehreres; und alſo beſchaffen/ daß dardurch Gott das jenige/ ſo ihm allein zukommet/ entzogen wird: Die infallibilitet iſt eine Gabe/ deren die Menſchliche

2. Durch die angemaßte Richterliche gewalt.

liche Natur noch fähig ist; wie sie dann bey den Aposteln sich befunden: Aber die Beherrschung der Gewissen hat sich Gott allein vorbehalten; Ohne das die Apostel/ bey ihrer infallibilitet sich deren angemasset hätten; dessen Gegentheil sie vielmehr außdrucklich bezeugen; Non ut dominantes fidei vestræ; Nicht als ob wir über euren Glauben herrscheten/ 2. Cor. 1. 24. vergl. 1. Cor. 1. 12. 13. 1. Petr. 5. 3. Viel weniger das einigem der folgenden Lehrer/ bey ermanglender infallibilitet, eine solche Macht gegeben wäre/daß das jenige/ so sie sagen/uñ lehren/ deßwegen weil sie es sagen/ und lehren/von einigem/will geschweigen/ von allen Christen/mit Glauben angenommen/ und also ein anderer/als Gottes/und Christi Name zum Grund deß Glaubens geleget werden müste. Zu unsichtbaren Würckungen/ wie da ist die innerliche persuasion, und Versicherung deß Gemüths/wird keine sichtbare Ursach erforderet/ so wenig als die Seele mit irrdischem Brod ernehret werden kann: und ist deßwegen eine erdichtete Nothwendigkeit/eines sichtbaren Haupts/ welche in dieser materi pfleget vorgeschützet

zu

den werden: Zwischen der Warheit und der Seelen ist eine viel genauere und ältere verbindung/ als daß es einer menschlichen Authoritet bedörffe/ umb jener den Weg in diese zu öffnen: Wo die Warheit erkannt wird/ und ein Lehrer/ sich mit Offenbarung derselben/ gegen aller Menschen Gewissen/ zu erweißen beflissen ist/ 2. Cor. 4. 2. da hat sie/ die Warheit/ selbsten Authoritet genug/ um den Beyfall bey den Menschen zu wegen zu bringē/ ohne daß es eines eusserlichē Befehls von nöthen wäre; so daß selbsten der Befehl Gottes/ dardurch der Glaube uns anbefohlen wird/ in solchem Fall/ nicht so viel/ als die Klarheit und Annehmlichkeit der Sachen selbsten würcket; wie in solchem Verstand auch dem gerechten/ in Ansehung dessen/ so er zu thun hat/ wegen deß innerlichen antriebs der Liebe/ kein Gesetz gegeben ist/ 1. Tim. 1. 9. Wo aber keine Warheit/ oder doch keine Erweissung derselben ist/ da kan kein Befehl einige Würckung anderster als zur eusserlichen Bekandtnuß/ keines wegs aber zum Glauben haben; als welcher/ nach seiner eigentlichē Natur in einer Empfindung bestehet; gleichwie es durch keinen Befehl zuwegen gebracht wer-

werden kan/ daß ein Mensch das jenige sehe/
was er nicht siehet; oder höre/ was er nicht
höret; oder einen Geschmack einer Speiße
habe/ die er nicht hat; unter welchen Gleich-
nüssen/ eines Lichtes/ einer Speiße/ ꝛc. die Lehr
der Warheit/ in H. Schrifft uns vorgestellet worden; und als sothanig (wañ es anderster ein rechter Glaube seyn soll) auffgenommen werden muß. Gott allein ist es/ der seine Befehl/ mit einer solchen Krafft deß Geistes begleiten kan/ daß in dem er befiehlet/ zugleich auch der Mensch willig gemachet wird;
in dem er lehret/ zugleich auch das Gemüth
erleuchtet/ und die Augen desselben/ zu Erkandtnuß der Wunder in seinem Gesetz eröffnet werden. So es derowegen in den
weltlichen Societeten/ für ein schlechtes/ ja
unnöthiges Richter-Ampt gehalten wird/
welches nicht mit der Execution versehen/
und durch eusserliche Zwangs-Mittel denen
sententzien nachdruck geben kan; So muß
es gleichfalls in foro conscientiæ, in dem
Gewissens Staat/ für ein unnöthiges und
unnützes Richter-Ampt gehalten werden/
welches der Pabst in Glaubens-Sachen sich
anmasset; nachdem es die jenige Macht/
durch

durch welche das befohlene/ in der Seelen zu wegen gebracht werde/ und welche der potestati executivæ in corpora, hier gleichsam entgegen gesetzt werden muß/ nicht bey sich vergesellet hat; daß ist/ nicht machen kan/ daß ein Mensch würcklich glaube/ und die Warheit der vorgetragenen Lehr erkenne/ und also die Klarheit deß Herren in seiner Seelen/ sich mit auffgedecktem Angesicht spigle/ 2. Cor. 3. 18. Wolte man nur die Natur deß Glaubens/ ich meine deß seeligmachendē Glaubens/ wie selbiger in Gottes Wort beschrieben ist/ recht betrachten/ und bedencken/ daß darmit ein mehrers als eine blosse Bekandtnuß/ ja auch/ als ein innerliche Beystimmung/ und Fürwahrhaltung verstanden/ und einmal eine Erleuchtung deß Gemüths darmit bedeutet werde; So würde man/ die Unnothwendigkeit so wol/ als auch die Unmüglichkeit dieses sichtbarlichen allgemeinen Richter-Ampts in der Kirchen/ leichtlich begreiffen; und nicht nöthig haben/ die darmit unterlauffende Unbilligkeit (daß der jenige/ gegen welchen und dessen Parteilichkeit/ so vielfaltig protestieret worden/ gleichwol immer/ und zwar in causa propria

und

und wo er die verklagte Parthey ist/ Richter seyn/ und bleiben solle) wie auch die Unerfindlichkeit eines solchen Richter-Stuls/in denen älteren Zeiten der Kirchen/die sonsten vielfältig von den unserigen erwiesen worden/ an Tag zu legen: Und so man dann nach der jenigen Beweissungs-Art/in deren uns Herz P. bey dem Reformations-Werck vorher gegangen/ auch auff die Personen/ Lebens-Art/ und sonderlich die gewöhnliche Wahl deren/ welchen solch hohes Richter-Ampt in der allgemeinen Kirchen zukommen soll / reflexion, oder Nachsinnen machen wolte/ würde man darbey eine solche Unschicklichkeit aller solcher Mitteln/zu sothanem Ende/beobachten können/daß ohne eine stäte Continuation einer miraculosen, und durch lauter Widerwertigkeiten würckenden Providentz eine so beschaffene Erhaltung der Kirchen keinen statt finden / und keinen Glauben/als bey denen / die niemaln etwas anders gehöret/ würde erhalten können.

Rechte Mittel-Bahn bey der Macht deß Lehr-Ampts.

§. 104. Wann nun/ in erwegung dessen allen/ und was massen in Röm. Kirchen dißfalls auff einer Seyten zu wenig / auff der andern zu viel gethan/ und (wie von dem

dem Authore vergeblich unserer Lehr beygemessen wird p. 177.) auß der schönen Mittelbahn geschritten worden; man nach Anweisung H. Schrifft/ selbige Mittelbahn wiederumb zu finden beflissen gewesen/ und dem von Christo eingesetzten Lehr-Ampt/ seine gebührende Authoritet, in Verkündigung/und Außlegung deß göttlichen Worts/ auß göttlicher Gesandtschafft; auch dessen zueignung auff die in der Kirchen vorfallende Fragen und Zweiffel/ Irrthumb/und Sünden; Und also in rechtmässiger Verwaltung deß anvertraueten Ampts der Schlüsseln/ zuzuschreiben; So daß vermög derselben/ sie wie ehmals Eliezer von Abraham für Bottschafften an Gottes statt gehalten werden müssen/ außgesandt/ umb dem Herrn Christo eine reine Jungfrau/ und Braut zuzubringen/ 2. Cor. 11. 2. und hinwiederumb derselben gleichsam das Ja Wort/ von seinetwegen anzukündigen; 2. Cor. 5. 20. Jedoch also/daß bey dieser ihrer negotiation an die Seelen der Menschen/welche in foro interno conscientiæ geschihet/ von selbigen nicht ein unvernünfftiger/sondern vernünfftiger Beyfall und Zustimmung/ (1. Cor. 10. 15.

Q   als

15. als mit Klugen rede ich / richtet ihr / was ich sage/) erwartet werde/ und daß sie nicht mit zugethanen/ sondern offenen Augen sich zu Christo führen lassen; nicht ohne Geschmack/ sondern mit Geschmack/ diese Seelen-speise geniessen; und durch ein sothanes Unterscheidungs-urtheil/ gleichwie die Stim̃ eines wahren Botschaffters sich gefallen lassen/ also die Stim̃ eines Betriegers (wie es dann deren viel geben solte) verwerffen möchten: In dem übrigen aber / und so viel das forum externum Ecclesiæ anbelanget/ oder die eusserliche Vereinigung der Kirchen/ bey derselben denen Kirchen-vorstehern keines wegs die macht benehmen/ theils von der allgemeinen Lehr zu zeugen / und in ordentlichen Conciliis, und Zusam̃enkünfften/ solche formulas consensûs, oder Formuln der allgemeinen Lehr auffzusetzen/ an welche man in so weit gebunden/ daß in der offenen Lehr selbige nicht umbgestossen; jedoch auch jedem Lehrer/ seine dargegen habende Dubia, oder Zweiffel/ bey selbigen Zusam̃enkünfften zu fernerer Untersuchung/ vorzutragen/ unbenom̃en seyn/ und keiner gegen sein gewissen zu deren annehmung angehalten
werden

werden möge; theils solche Verordnungen/ in dem eusserlichen zum Kirchenwesen gehörigen Handlungen/und Umbständen zu machen/ welchen die Glieder der Kirchen/ in krafft der generalen Verbindung/(die Ordnung/und Einigkeit der Kirchen zu erhalten) Gehorsam zu leisten/ und sich darmit zu bequämen schuldig seyen; theils auch endlich gegen die ärgerliche/und unbußfertige Sünder/das Straff-Ampt/ biß zu deren gäntzlichen Außschliessung auß der sichtbaren Societet der Kirchen/ zu üben; und also das Hauß Gottes von aller Unordnung/ und Aergernuß/so viel an ihnen ist/rein zu halten:

§. 105. Wann sag ich/auff solche Weiße/ die Macht/und Authoritet deß Lehr-Ampts/ mit dem Recht und privilegio jeder Glaubigen/durch einen/ in Gottes Wort gegründeten Mittelweg/ vereiniget wird; So ist unbillich/das man solchen Weg einer ungereimtheit bezüchtiget; und wird vergeblich dargegen eingewendet/ daß/ in dem jeder Ley/Mann: und Weibs-Geschlechts/ Jüngling und Jungfrau sich einbilden/ das sie die Bibel gar wol verstehen/ und in solcher Einbildung keinem zu weichen

Und dẽ der Zuhörer.

chen sich unterstehen / nothwendig / so viel Köpf/ so viel Sinnen/ und Religionen entstehen müssen: p. 120. 121. Sintemal wir also den Gläubigen ein Urtheil von solchen Sachen überlassen / daß wir die Demuth / und auß derselben herrührende Willigkeit zu lernen / und die Verbannung einbildischer Gedancken/ für eines von den nöthigsten requisitis halten/ ohne welche ein Christ sich dieses Urtheils keines wegs zu unterfangen habe. Dessen Mangel aber nirgends so sehr/ als bey dem jenigen/ so seine Meynung/ allen anderen/ als ein Gesetz/ obtrudiren, und sich von niemand (gleich als ob er allein der homo spiritualis oder geistliche Mensch wäre/ von deme 1. Cor. 2. 15. geredet wird) urtheilen lassen will/ gefunden wird. So nun aber bey einer solchen andächtigen und demütigen Gemüths-Beschaffenheit/ und bey dem Gebrauch der jenigen von Gott selbsten vorgeschriebenen Mitteln/ ohne welche wir niemanden zu solchem Urtheil befugt halten/ gleichwol zu besorgen / daß so viel Köpf/ so viel Religionen darauß entstehen würden; So muß man eine schlechte Opinion, von den göttlichen geoffenbarten

ten Warheiten haben/das selbige bey wolbestellten Gemüthern sich gleichwol so wenig annehmlich/und erweißlich machen/und ohne menschliches Zuthun/ von ihrer vielen/ nicht einen gleichen Beyfall erlangen können; da doch man prætendiret/daß die jenige Außsag/so die Kirchen-Vorsteher von ihrer eigenen Authoritet thun/ mit einem allgemeinen Beyfall von allen angenommen werden solle: Was ist dieses anderster/als das Wort der Menschen/dem Wort Gottes vorziehen? was anderster/als der H. Schrifft das jenige Lob/ so ihr von Gott selbsten/ unter der Gleichnuß eines Lichtes/ und einer Honigsüssen Speiße/ welche nicht nur gehöret/ sondern auch geschmecket werden muß/ Hebr. 6. 5. entziehen? Und wie kommet dieses darmit überein/daß/nach deß Authoris eigener vorheriger Außsag/die sämptliche/ keinen geringen Hauffen außmachende/ Evangelische/ ob schon in einigen Meynungen unterschieden/ gleichwol gegen den Papst und Römischen Stul/ gleiche Waffen/ Wort; und Mordschwerter auffgehoben/p. 48. Welches nicht geschehen wäre/wann nicht von ihnen allen/ durch

Q 3   die

die Betrachtung deß göttlichen Worts/ einerley Warheit/ und zwar eben die jenige/ durch welche wir von dem Papstumb unterschieden werden/gefunden/ und erkannt worden wäre? Und so verhaltet es sich mit allen denen Warheiten/welche jedem Christen zu seiner Seeligkeit zu wissen vonnöthen seynd; Mit welchen sich auch ein einfältiger Christ/ bey lesung deß göttlichen Worts (als dem Haupt-Zweck/umb dessentwillen selbiges gegeben) vergnügen/ und die jenige Schwärigkeiten/welche zu anderwerten Dissensionen Anlaß gegeben/ gänzlich vorbeygehen/ und den Nutzen so die Schrifft ferner zu Erörterung solcher Strittigkeiten haben kan/ anderen überlassen kan; gleichwie ein Wandersmann sich eines Stabs/bey seiner Wanderschafft/ zum gehen mit Nutzen bedienen/ und von einem anderen Nutzen/so eben selbiger Stab etwa auch zum abmessen haben kan/ unwissend bleiben mag: Wann man einem jedem Leyen ein Urtheil in allen den jenigen Sachen/ darüber in der Kirchen disputiret wird/ auch denen/ so zur essentz der religion nicht gehören/ gestatten wolte/ und zwar ein solches decisivisch/ oder Entscheidungs

dungs Urtheil/ welches auch anderen/ so wol als ihme selbsten zur regul dienen solle/ möchten / die angeführte Ungereimtheiten etwa statt finden; Nachdem aber/ nur allein in denen Sachen/ so ihn selbsten betreffen/ in deme/ so ihme zu Glauben aufferleget wird/ in der Speiße/ so ihme zu niessen vorgeleget wird/ ein solches unterscheidungs Urtheil/ zwischen der gesunden/ und ungesunden Lehr/ auß Erkandtnüß deß fundaments, und deren Gegenhaltung gegen daßelbe/ zugeschrieben wird/ vermittelst dessen/ er für seine Person/ für der ungesunden Speiße bewahret bleiben möge (ohne daß hierdurch jemand anders gebunden werde) auff weiße/ wie auch selbsten das stumme Vieh zwischen der vorgelegten gesunden und ungesunden Speiße zu unterscheiden weiß; und es je billich/ daß einem vernünfftigen und wiedergebornen Christen/ so den Geist Gottes empfangen/ in ansehung deß Wolstands seiner Seelen so viel Tüchtigkeit/ als dem Vieh in ansehung der erhaltung seines leiblichen lebens/ gelassen werde; So erhellet/ daß es lauter ungegründete absurditeten seynd/ welche von dem Authore so weitleuffig und so hä-

Q 4   nisch

risch auffgemutzet werden/ und das kein tägliches neues Losungs-Wort/ darvon herauß kommen/ und anderen Menschen/ welche hiermit nichts zu thun haben/ vor eitel Warheit/ und Klarheit verkauffet werde p. 121. Und/ so ein Landsfürst/ nicht jeden Bauren/ zum Richter über sein Landrecht haben will/ ibid. so wird er vielleicht noch weniger/ einen usurpatorem, und auffgeworffenen unrechtmässigen Herrscher/ darvor gelten lassen; oder aber einigem seiner getreuen Unterthanen/ eine solche Außlegung desselben/ worauß er seine Schuldigkeit und Pflicht zu erlernen trachtet/ und wie er seines rechtmässigen Herren Rechte gegen besagten Usurpatorem behaupten möge/ verbieten wollen. Nach Herrn P. Urtheil hat das Christliche Volck zu Constantinopel sehr unrecht gethan/ daß sie von dem Nestorio, als selbiger die Mariam für keine Gottesgebährerin gehalten haben wolte/ unerwartet deß Römischen Außspruchs/ als von einem ketzerischen Lehrer/ abgesondert: Nach deß Papsts Cœlestini Urtheil aber/ haben sie darmit grosses Lob/ und Ruhm verdienet; Beatus grex, sagt er von ihnen/ cui

dominus

dominus dedit de pascuis judicare; O seelige Heerde/ deren Gott gegeben/ daß sie von der Weide urtheilen konnten! Cæleſt. ep. ad Cler. & pop. Conſtant.

§. 106. Die Urſach/ warumb Lutherus und Calvinus nicht können für Richter in Glaubens Sachen angenommen werden/ (wie man ſie dann unſerſeits nicht darvor annehmen begehret/ und deßwegen alles das jenige/ was p. 121. 122. dargegen eingewendet wird/ vergeblich iſt) eben dieſelbe iſt es/ welche uns hindert/ daß wir den Pabſt/ ſonderlich in Sachen/ wo es umb ſein eigen authoritet und intereſſe, wie faſt bey den meiſten Strittigkeiten/ zu thun iſt/ uns nicht können für einen unwiderſprechlichen Richter auffbürden laſſen: und wird in dem Gericht und Urtheil Gottes/ für welchem wir alle erſcheinen müſſen/ ſelbigem/ und ſeinem Anhang der angemaſſte Name der Kirchen/ und Ruhm deß rechten Kirchen-Vorſtands/ ſo wenig zu ſtatten kommen/ als uns das Urtheil der Verdamnuß/ ſo ſie gegen uns außſprechen/ ſchaden können.

Gleiche Urſach der verwerffung eines menſchlichen Obrichters zu beyden ſeiten.

§. 107. Die Endigung/ und Auffhebung aller Strittigkeiten in der Kirchen/ hat Gott

Die ſchrifft ein ſo Richt-

auch in anſehung der Ungläubigen. ſo wol als die Wegraumung der übrigen ärgernuß/ auff ſolch ſein letztes zukünfftiges Gericht/ verſparet/ 1. Cor. 11. 19. & 3. 12. 13. 14. 15. Matth. 13 30. 39. 40. 41. und iſt dieſes kein Beweißthumb einer Unvollkommenheit/ und Ungnugſamkeit der H. Schrifft/ zu richterlicher Entſcheidung der Religions-Stritigkeiten/ daß ſich nicht alle irrende wollen durch ſie richten laſſen/ oder daß ſie ihren richterlichen Außſpruch nach ihrem Wolgefallen verdrähen/ 2. Petr. 3. 16. Die Schrifft erweiſet ſich als einen Richter der Völcker (nach der Weiſſagung Mich. 4. 2. 3.) entweder durch deren **Unterweiſung**/ oder/ wo die Lüſte gegen die Warheit ſtreiten/ durch deren **überweiſung**: Das Licht höret nicht auf Licht zu ſeyn/ ob es ſchon blöden Augen weh thut; und ſie dieſelben darvon abwenden/ oder beſchlieſſen. Und gleichwie Chriſtus alles beydes ein Gericht nennet/ zu welchem er in die Welt kommen/ daß nemlich die nicht ſehen/ ſehend werden/ und daß/ die da ſehen/ blind werden/ Joh. 9. 39. alſo beſtehet auch das Gericht deß göttlichen Worts/ beydes in bekehrung deren/ ſo ſich dardurch unterweiſen laſſen; als verkehrung deren/ ſo dardurch zu einer oder der anderen Zeit werden überwiesen werden müssen. Und so deren einige seynd/ welche allhier sich nicht wollen überweissen lassen/ so ist gewiß/ daß das Gericht der überweissung/und zugleich der Verdammung über sie an dem jüngsten Tag ergehen/und die Schrifft alsdann Klarheit/und Genugsamkeit genug haben werde/ ohne Beyfügung eines menschlichen sichtbaren Richters/ihres Irrthumbs/und der Liebe deß Irrthumbs/selbige zu überzeugen: Wie wir dann in Beschreibung solchen letzten Gerichts (zu einer noch mehreren Beweissung dieser unserer Lehr von der Genugsamkeit der H. Schrifft) von keinen andern Büchern/als dem Buch der H. Schrifft/ und deß Gewissens der Menschen/ meldung finden/auß deren Gegenhaltung das Urtheil gefället werden solle: Rom. 2. 12. 15. 16. Apoc. 20. 12. vergl. August. l. 20 de C. D. c. 15. Ist also nicht nöthig/ wann der Schrifft ein richterliches Urtheil in Religions-Sachen über die Gemüther der Menschen zugeschrieben wird/daß sie deßwegen aller Stritigkeiten alsobald/ und auff einerley Weiße eine Endschafft machen müsse. Welche ja

auch

auch nicht einmal durch den von gegentheil gerühmten sichtbarlichen Richterstul zu wegẽ gebracht worden/ und die von dem Authore angezogene Disputationen, so wol zwischen/ alsbey denenso genannten Lutherischen/ Calvinischen/ und Papisten weniger nicht in Angesicht deß Römischen Stuls/ als in Angesicht der Schrifft fortgeführet werden; mithin die gerühmte Nothwendigkeit/ und Nutzbarkeit desselben Stuls/ sampt dem gantzen Discurs von pag. 123. biß 129. zu nichts wird.

Von authoritet der Heil. schrifft/ und deren Vergewisserung.

§. 108. Auß dem jenigen/ so bißhero verhandlet/ kan auch alles das übrige/ so von Ungewißheit unserer Lehr auff die Bahn gebracht wird/ seine Beantwortung finden; ohne daß es nöthig sich darbey weitläuffig auffzuhalten. Dann/ was das erste anbelanget/ welcher gestalt man nemlich versichert seyn könne/ daß die Bibel Gottes Wort seye? So wäre es in Warheit ein schlechte Sach/ wann Gott seine Stimm/ und Lehr/ den Menschen nicht anderst als durch das Zeugnuß der Menschen kennbar machen könte/ und man deßwegen die Schrifft für Gottes Wort annehmen müßte/ weil es die jenige sagen/ welche/ so fern sie Menschen seynd/ irren und verführen können; und/ so fern sie die Kirche seynd/ die Warheit/ und Göttlichkeit der H. Schrifft præsupponiren; so daß man ohne selbe von der Kirchen nicht einmal eine Erkandtnuß haben/viel weniger die wahre Kirche von der falschen unterscheiden könte. Wann die jenige Gründe/ auff welche sich dießfals unser Glaube beveftiger/ ich meine/ die Befindung einer göttlichen Weißheit/ in der Lehr/ und in den Weissagungen der H. Schrifft/ einer göttlichen Heiligkeit in den Gebotten/ und befehlen derselben/ einer göttlichen Krafft/ in der Würckung derselben über die Gewissen der Menschen/ zu deren bekehrung/ oder beschämung/ lauter ungewisse Vermuthungen seynd/ wie von dem authore, p. 130. 131. vorgegeben wird/ so möchte man fragen/ worauff sich dann das Zeugnuß der Kirchen/ so sie von der H. Schrifft gibet/ gründe? und ob die jenige/ so dasselbe anderen ertheilen/ zu ihrer eigenen hiervon habenden Wissenschafft/ durch eine unmittelbare Offenbahrung Gottes/ oder aber durch die sonnerliche Klarheit der H. Schrifft/ welche dann auch

auch anderen sichtbar/ oder die Schrifft in ansehung ihrer kein Licht seyn muß/ gelanget seyen? Ja/man möchte fragen/ ob solch Zeugnuß der Kirchen (wofern es nicht mit einer anzeigung der innerlichen Kennzeichen deß göttlichen Fingers/ in H. Schrifft vergeselletist; welcher gestalt wir solches keines wegs verwerffen) bey denen/ die ausser der Kirchen/oder die in derselben seynd/ solchen Glauben zuwegen bringen müsse? Da jene/ so ihre Authoritet nicht annehmen/ dasselbe gering schätzen; Diese aber/nachdem sie/als Christen/ die Schrifft bereits für göttlich halten/dessen nicht mehr bedürffen. Zwar will ich nicht in abred seyn/ daß das reale Zeugnuß/so die Römische Kirch/ durch ihren Abfall von der Warheit/und durch ihre anfeindung deß Lichtes/der H. Schrifft gibet/eines von den kräfftigsten Beweißthumben deß göttlichen Ursprungs der Heil. Schrifft/ und der darinnen enthaltenen so klaren und deutlichen verkündigung/ dieses Abfalls/weniger nicht/als die erfüllung der übrigen Prophezeyungen gehalten werden kan; nach der von Gott selbsten gegebenen Regul; Deut. 18, 21, 22. Jerem. 28. 8. 9.

Esaj.

Esaj. 46. 9. 10. Das verbale Zeugnuß aber/ ist ein Zeugnuß/ daß sie gegen sich selbsten fällen/ und darmit die Macht deß Herrn Christi an tag geben muß. Math. 12. 37.

§. 109. Was Zweitens/ die Zahl der Canonischen Bücher anlanget/ darvon p. 132-137. viel wesens gemacht wird/ so dienet zur kurtzen Antwort; Daß 1. / nachdem der Glaube eines Christen/ sich nicht auff die Bücher/sondern auf die Lehr der H. Schrifft gründet/ und solche Lehr vollkömmlich in denen Büchern/ so zu beyden theilen für Canonisch gehalten werden/ begriffen/ auß demjenigen Zweiffel/ so von den übrigen Büchern entstanden/ keine Ungewißheit des Reformirten Glaubens erzwinget werden kan; es wäre dann/ daß man solch eine Ungewißheit allen denen vormaligen Vättern/ Kirchen/ und Kirchen-Lehrern/ so die authoritet eben dieser Bücher/ nach Bellarmini eigenet geständnuß in zweiffel gezogen/ l. 1. de V. D. c. 4. & seqq. beymessen wolte: Und/ wann so viel an dieser sache gelegen/ würde die Kirche sehr übel gethan haben/ daß/ da sie solchem Zweifel durch einen Außspruch leichtlich am ersten anfang abhelffen können/ sie gleichwol

Von Zahl der Cano-nischen bücher.

so viel Zeit und weniger nicht als viertthalb
hundert Jahr/ vorbey gehen laffen/ biß fie
den erften ordentlichen Catalogum der Bi-
blifchen Bücher/ in dem Laodicenifchen Synodo heraußgegeben/ und zwar einen fol-
chen/ welcher mit dem Tridentinifchen bey
weitem nicht/ wol aber mit dem unferigen
übereinkommet/ dahero 2. Wir in diesem
Stück/ keines Wegs/ wie wir fälfchlich be-
fchuldiget werden/ das Zeugnuß der Catho-
lifchen Kirchen hindangesetzet/ sondern vielmehr zu einem Grund in dieser Frag geleget
haben wollen/ und eben durch den Außspruch
derselben/ die Tridentinische meynung von
denen Apocryphifchen Büchern/ zu wider-
legen/ uns getrauen; Nemlich durch den
Außspruch/ erftlich der Jüdischen Kirchen/
in den Büchern deß A. T. welcher die Göttliche Wort damals einig und allein anvertrauet gewesen/ Rom. 3. 2. Und von welchen
die Chriften felbigen Canonem, aber ohne
einmischung der so genannten Apocryphifchen Bücher/ empfangen; Darnach auch
der erften Chriftlichen Kirchen/ in den Bü-
chern/ deß Alten und Neuen Teft. deren meinung noch aber beffer/ auß dem angezogenen

Lao-

Laodicenischen Concilio, wie auch dem Melithone, Episcopo Sardicensi, dem Epiphanio, dem Hieronymo, dem Athanasio, dem Nazianzeno, und selbsten auch dem Augustino, als auß dem Tridentinischen Concilio, vernehmen/ und daß die strittige Bücher/ Tobias, Judith, Maccabeer, &c. damaln nicht zu dem Canone fidei, oder Glaubens-Regul gezehlet worden/ (ob sie schon bißweilen/ in der Kirchen/ nach außweiß deß dritten Carthaginensischen Concilii, abgelesen wurden) erlernen kan. So daß auch selbsten in dem Tridentinischen Concilio, von ihrer vielen darvorgehalten worden/ daß man zweyerley series oder Ordnungen der Biblischen Bücher zu machen/ und in die eine die unstreitbare Canonische Bücher/ in die andere aber/ die jenige von welchen ehmals gezweifelt worden/ zu referiren hätte; welchen Gebrauch in unseren Exemplarien/ Hr. P. so hoch zu tadeln weiß. Und ob schon selbiger seinen Leser mit dem Namen deß Augustini zu blenden trachtet/ so ist doch gewiß/ und erhellet/ auß seinem l. 2. de doctr. Christ. c. 8. (wie selbige Wort/ auch in Jure Canon. dist. 9. c. 6, angezogen werden) daß

er

zwischen denen ohnstrittigen/ und strittigen Büchern der Schrifft einen grossen Unterscheid gemachet haben wollen : Tenebit hunc modum in Scripturis Canonicis, ut eas, quæ ab omnibus recipiuntur Ecclesiis, præponat eis, quas quædam non accipiunt &c. Daß man aber z. die Apostolischen Bücher/ auß Beysorg/ daß dardurch die Catholische Bücher bestättigt werden möchten/ verworffen habe/ ist ein nichtiges Vorgeben/ und seynd noch keine solche Beweißthumb auß denselben für die Päpstische Meynungen hervorgebracht worden/ welche man anderster nicht/ als durch verwerffung der Bücher selbsten hätte beantworten können: Und so sie vermeinen/ daß sie/ auß demjenigen Opfer/ so Judas Maccabæus, für die verstorbene zu Jerusalem thun lassen/ nach der Beschreibung/ 2. Maccab. 12. einen Beweißthumb nehmen können/ für das Gebett vor die Todten/ so damaln üblich gewesen/ und für nutzlich gehalten worden/ (wie solches Herr P. allhier p 134. 135. 136. darzuthun sich bemühet) So müssen sie wissen/ daß eben solches Exempel weniger nicht einen Beweißthumb/ gegen die jenige Fürbitt für

die

die Todten/wie sie von ihnen/ nach der Lehr der heutigen Röm. Kirchen/ mit einem Absehen/ auff die Erlössung der Seelen auß dem Fegfeuer verrichtet wird/ geben könne; In dem außdrucklich gemeldet wird/das Judas solches/so er gethan/mit einē Absehen auf die Aufferstehung der Todten gethan/uñ damit ihnen solche Fürbitt bey der Aufferstehūg (nicht aber vor derselben zur Erlöss::ng auß einigem Qualfeuer) zustatten komen möchte/ gethan habe; Gleichwie dañ auch die jenige Fürbitt für die Todten/ so vormals/ in die Christliche Kirche (und zwar zimlich frühe/ welches wir nicht leugnen wollen) eingeführet worden/ ein gleichen Zweck gehabt/ dahero auch für die Propheten/ Aposteln/ und andere Heilige/ an deren seeligem Zustand man kein Zweiffel trug (quæ præcesserunt in signo fidei,& dormiunt in somno pacis, also fürwahr nicht in einem Fegfeuer stecken) verrichtet würde; mithin zu bestättigung der heutigen Gewohnheit/ nicht die geringste Gültigkeit haben kan: Dahero das Argument also umbgekehret werden kan: So es vergeblich und thöricht gehalten worden/ für die Todten zu bitten/wofern keine Aufferstehung

hung der Todten wäre; (wie solches ♦.44. außdrucklich gemeldet wird) So kann kein Nutzen auß solcher Fürbitt denen Todten/ vor der Aufferstehung/ oder dem jüngsten Tage/zukommen; und muß derowegen/ die gerühmte Erlössung derselben auß dem Jegfeuer/für ein Gedicht gehalten werden.

Von deⁿ übersetzungen der Bibel. §. 110. Von denen verschiedenen *Versionen*, und übersetzungen der Bibel / so bey denen so genannten Un-Catholischen sich befinden/wird der dritte Beweißthumb einer Glaubens-Ungewißheit hergenommen/und p. 138. biß 144. außgeführet: Ein unkräfftiger Beweißthumb/im fall die lesung der H. Schrifft/auch in einer approbirten übersetzung/denen Christen/zu ihrem Glauben unnöthig/ ja denen seyen mehr schädlich/ als nutzlich gehalten werden muß; ja ein lächerlicher Beweißthumb/ in dem die übersetzungen in unterschiedliche Sprach/ zu dem Gebrauch unterschiedlicher Völcker (als die Frantzösische/Englische/Holländische &c.) als widerwertige/ und zur verwirrung deß Glaubens angesehene/einander entgegen gesetzet werden/p. 142. Und bey den übrigen/ so in einer Sprach vorhanden/ eine solche

Diver-

Diverſitet, ſo dem Glauben hinderlich ſeyn
koͤnnte/ erdichtet wird. Wann aber bey
aller ſolcher Verſchiedenheit/ ſo etwa in den
Red-Arten beobachtet wird/ die Lehr
deß Glaubens gleichwol unveraͤndert blei-
bet/ und ſich einem andaͤchtigen Leſer genugſam zu erkennen gibt; So wird zwar
der Fleiß derjenigen/ welche ſich bemuͤhen/
den wahren Grund-Text/ auffs deutlichſte/
außzudrucken/ keines wegs zu tadeln ſeyn (viel
weniger daß der Grund-Text ſelbſten in den
verdacht einiger verfälſchung gezogen werdē
ſolte) in dem uͤbrigen aber/ die einem Chriſten noͤthige Wiſſenſchafft/ welche ihren meiſten Nachdruck/ von der innwendigen Wuͤr-
ckung deß Geiſtes/ und gleichſam Lebendig-
machung deß Worts in unſern Hertzen em-
pfahet/ auß einer verſion ſa wol als der an-
dern/ hergenommen werden koͤnnen: Non
enim in verbis ſcripturarum eſt Evangelium, ſed in ſenſu: non in ſuperficie, ſed in
medullâ; non in ſermonum foliis, ſed in
radice rationis wie Hieronymus redet/ äd
cap. 1. Galat. das Evangelium beſtehet nicht
in den Blaͤttern der Woͤrter; ſondern in der
Frucht der Lehr. Gleichwie es auch bey dem
Gehoͤr deß gepredigten Worts/ nicht auff die
weiſe

weiße der Vorstellung/ sondern auff die weise der Annehmung ankommet; und wo eine innerliche Liebe gegen eine Person geheget wird/ das Andencken derselben/ so wol durch ein unvollkommenes/ als durch das vollkommenste conterfait, erwecket werden kan. Es ist demnach eine zweyfache Gewißheit allhier in Betrachtung zu nehmen/ die Gewißheit eines historischen Glaubens/ und die Gewißheit deß seeligmachenden Glaubens; Jener/ der historische Glaube/ bestehend in einer blossen Erkandtnuß und Fürwahrhaltung der Göttlichen Offenbahrungen/ ist recht zu sagen/ nur ein Menschlicher Glaube/ und kan zwar nach den mehreren oder wenigeren Versicherung so man von den Ubersetzungen hat/ unterschiedliche Staffeln der Gewißheit haben; aber gleichwol eine gäntzliche und götcliche Versicherung nimmer zu wegen bringen: dieser/ der seeligmachende Glaube/ bestehend in einer Empfindung/ und lebendigwerdung deß geleßenen/ oder gehörten Worts Gottes (wann selbiges wahr wird wie in Christo/ also in uns/ 1. Joh. 2, 8.) gleichwie er eine göttliche/ und völlige Versicherung/ gleich der experimental cognition

tion wircket/ alſo gründet er ſich gleichwol nicht nothwendig auff den höchſten Grad der hiſtoriſchen/ oder grammatical Verſicherung; Sondern iſt ein Werck deß Geiſtes Gottes, der zwar ordinari durch Mittel/ und ins beſonder/ durch den vorherigen hiſtoriſchen Glauben/ aber doch etwa nur den geringſten Grad derſelben/mit Demuth vergeſellet/die gröſſeſte Sicherheit in dem Hertzen eines Chriſten zu wegen bringet; gleicher Weiſe/wie auch Chriſtus die herzlichſte Wunder-Werck durch verächtliche/ und geringfügige/ ja widerwertige Mittel/ offtmal außgewürcket hat. So nun eine vergleichung zwiſchen denen verſchiedenen Verſionen, und der/ im Tridentiniſchen Concilio beſtättigten alten Lateiniſchen Verſion in anſehung der letzteren/ und göttlichen Verſicherung gemachet werden ſoll/ ſo iſt gewiß/ das deren keine alſo beſchaffen/ daß ſie für ſich ſelbſten eine ſolche Gewißheit zu wegen bringen könne; vermittelſt darzukommender Würckung deß Geiſtes Gottes aber die eine ſo wol als die andere/ und etwa die ſchlechtere mehr als die beſſere/ darzu dienlich ſeyn könne; Ohne das der Geiſt Gottes

Gottes/ durch eine Conciliarische Decision sich an deren einige anbinden lasse. So sie aber unter einander/ in ansehung der historischen/ und grammatical gewißheit verglichen werden; So ist unlaugbar/ und wird von den gelehrtesten Lehrern der Röm. Kirchen gestanden/ daß die so genannte lateinische Vulgata, mit dem Grund-Text nicht zum besten übereinstimme/ und also für keine vollkommene übersetzung gehalten werden könne/ noch auch/ als sothanig in dem Concilio bestättiget worden; und würde Herr P. darvon nicht/ als von einer zur gewißheit deß Glaubens nöthigen version geredet haben/ wann er bedacht hätte/ das solcher gestalt alle die jenige/ so vor den Zeiten dieses Concilii gelebet/ und derselben sich entweder gar nicht/ oder mit Freyheit der Veränderung bedienet haben/ sonderlich aber die/ so vor deren Verfertigung gelebet haben/ solcher gestalt einer Ungewißheit in ihrem Glauben; ja die jenige/ welche in dem Pabstumb selbsten/ nicht nur vor/ sondern auch nach dem Concilio, an deren Verbesserung gearbeitet/ einer Verwirrung deß Glaubens beschuldiget werden müsten; wie dann vor dem Concilio, der

Abbt

Abbt Isidorus Clarius, biß auff 8000. feh-
ler darinnen beobachtet/ und in seiner edition
corrigiret/ auch beydes Erasmus Roteroda-
mus, und Santes Pagninus, ihre Ubersetzun-
gen/ jener deß Neuen Test./ dieser der gantzen
Bibel/ mit wissen/ und auff begehren Pabst
Leonis X. verfertiget; Nach demselben aber
nicht nur die Theologi zu Löven/ sondern die
Päbst selbsten/ Pius IV. und V. Sixtus V.
Gregorius XIV. Clemens VIII. an emen-
dation derselben gearbeitet; und darmit zu
verstehen gegeben haben/ daß durch das Tridentinische Decret, wegen canonisirung dieser übersetzung/ das Kind in Mutterleib ge-
taufft / und die Version, die noch nicht in
rerum naturâ war / sondern allererst durch
einige darzu deputirte, nach dem Hebreischen
Grund-Text (welcher gleichwol damaln in
mehrerer Consideration, als bey Herrn P.
gekommen) außgebessert werden solte/ für
authentisch declariret worden.

§. III. Betreffende viertens/ den Ver- Von
stand der H. Schrifft/ so ist unser Author, auße-
p. 144. biß 170. bemühet/ die Reformirte gung
Lehr/ wegen der Ungewißheit/ in welcher sie der H.
dißfalls ihre angehörige lasse/ durchzuziehen/ schrifft.
und

und die tausendmal abgesungene und beantwortete cantilenam, mit einem hundertfältig verdoppelten Eccho zu wiederholen. So man aber gegentheiliger seiten beflissen ist / die Reformirte Lehr/ in diesem Stuck/ durch allerley Verstellungen/ und Verfälschungen absurd und lächerlich zu machen/ gleich als ob mit gäntzlicher hindansetzung der Kirchen traditionen, und der allgemeinen Concilien, und Kirchen-Vätter/ wir allein die Schrifft/ nach dem Wahn/ und privat-Urtheil eines jeden gemeinen Leyenverstanden/ für das allgemeine principium fidei, oder Richtschnur deß Glaubens/ gerühmet würde; So muß man hinwiederumb wissen/ daß eben diese Art und Manier zu disputiren/ welche der Auffrichtigkeit so sehr zuwider lauffet/ ob sie schon zu bevestigung in dem Irrthumb/ deren so alles/ wider uns vorgebrachte/ mit begierichen Ohren annehmen/ dienlich seyn mag/ gleichwol zu unserer herbeylockung/ oder annehmlichmachung der jenigen Religion, die solcher gestalt die Verleumbdung zu hülff ruffen muß/ wenig krafft haben könne.

Wann wir die Schrifft allein/ für das
unbe-

unbetrieglichc principium fidei gehalten haben wollen/ so ist die Meynung/ daß keine Lehr/ so deren zu wider/ für eine Warheit; und keine/ so nicht auß derselben erweißlich/ für einen nothwendigen Glaubens-Articul gehalten werden müsse; Ohne das wir deßwegen die Verordnungen der Kirchen/ in ein und andern Ceremonien; und Mitteldingen/ so fern sie dem Wort Gottes nicht zuwider/ verwerffen/ oder sothane Verwerffung gut heissen solten.

Wann wir die Klarheit der Schrifft behaupten/ so ist die Meynung/ daß der Wille Gottes/ von dem jenigen/ so uns zu wissen/ und zu thun obliget/ darinnen also deutlich vorgestellet werde/ daß/ wo keine natürliche/ oder morale Hindernisse im Weg liegen/ das ist/ wo man seines Verstandes fähig/ und mit keinen Vorurtheilen/ oder Liebe der Sünden eingenommen ist/ auch sich der von Gott vorgeschriebenen Mitteln/ und unter denselben der Unterweissung deß von Gott eingesetzten Lehr-Ambts/ bedienet/ solcher von einem andächtigen/ und Gottsförchtigen Leser darauß wol erkant werden möge: Ohne daß wir solche Klarheit auff alle und jede

Theil

Theil der Schrifft/ in gleicher masse/ oder auch auff alle und jede Leser ohne Unterschied erweitert/ oder die Unter-Weissungs-Seit der Kirchen darbey außgeschlossen haben wolten: Und wie man auff die Frage von der Klarheit der H. Schrifft/ durch keinen anderen Anlaß/ als deß verbotts/ durch welches die lesung H. Schrifft den Leyen verbotten worden/ gekomen/ also gehet dißfalls unsere Meynung dahin/ daß keine solche Dunckelheit der H. Schrifft (als die zu einem Licht auff unsern Wegen uns dienen muß) beygemessen werden könne/ durch welche einiger Christ von deren lesung abgehalten werden müßte.

Wie fern selbige den Leyen zukome. Wann wir die so genannte Leyen/ auch selbsten den gemeinen Mann/ von dem Verstand der H. Schrifft urtheilen lassen/ ist die Meynung/ nicht daß er die Außlegung der Schrifft auß seinem Hirn formiren/ viel weniger anderen zur Regul ihres Urtheils obtrudiren soll; sondern daß er die von seinen Lehrern gehörte/ oder in Büchern gefundene Außlegungen/ in so weit bey/ und für sich selbsten/ gegen das bereits geglaubte fundament halten/ und zu

anneh-

annehmung der jenigen/welche er gegen das fundament zu streiten befindet/nicht verbunden werden möge. Wie dann ein solches Vergleichungs-Recht auch im Papstumb denselben gelassen werden muß; Sonsten keine Ursach von ihnen gegeben werden könte/warumb sie die Reformirte oder Lutherische Lehr anzunehmen/ bedenckens tragen: So sie nun aber sich befugt halten/ solche zu verwerffen/ weil sie dieselbe der Lehr der Röm. Kirchen zu wider zu seyn befinden/ so muß ihnen ja wenigstens so viel/ daß sie dißselbe gegen die Lehr der Röm. Kirchen halten/gestattet werden; und kein mehreres ist es als eine gleichmässige Gegenhaltung der Lehr und Außlegungen der Röm. Kirchen/ gegen das in Gottes Wort klar gesetzte/ und allerseits gestandene fundament, zu dem Ende allein/ damit das streitende verworffen werden möge; ein unterscheidungs: nicht entscheidungs Urtheil/ welches wir denen sämtlichen Christen gestattet/ja anbefohlen zu seyn/ behaupten: Darvon ist aber hieroben §. 102 & 105. mit mehrerem gehandlet worden. Dieses muß nun heissen/ unseren Glauben auff dem Trüb-Sand Seelen-gefährli-

R 3 cher

cher Ungewißheit bauen; gleich als ohne Segel/ ohne Mast/ ohne Polarstern auff dem wild und wallenden Meer deß Gewissens einherfahren; mit der Schrifft nach eigenem düncken/ wie ein Häffner mit dem Thon umbgehen; wie das Teublein Noa/ zwischen Wolck und Wasser/ zwischen Himmel und Höll in grosser Angst herumbflattern; den Weg zu unzehlichen Religions-Divisionen, und subdivisionen bahnen; so viel Richtschnür deß Glaubens/ als unterschiedliche Phantaseyen bey dem Leser gefunden werden/ zu machen; nach dem Anti-Christianischen Geist/ einen anderen Gott suchen von welchem seine Vätter nichts gewust haben; und was dergleichen zierlicher Redarten mehr seynd/ mit welchen Herr P. seine Eloquentz hat zu erkennen geben wollen; Ja/ darmit auch seine liebreiche Gemüths-Neigungen kund werden möchte/ nach deren er seinem vorgeben nach / p. 198. weit von Verdamnung seiner vorigen Glaubens-Genossen ist/ so heisset es. p. 156. Wie kann solchen Menschen anders als die ewige Verdammnuß wiederfahren/da auch schon der einfeltigste unter denen Un-Catholischen

sagen

sagen wolte; Ey ich weiß/ es wird mich Gott
nicht betrogen laſſen werden/ weil ich ja auß
ſeinem wort der warheit der Religion nach-
forſche/ auch Gott der Herꝛ denen die ihn um
ſeinen Geiſt anruffe/ ſeines Geiſtes krafft und
ſafft zur erkantnuß der warheit verſprochen!
Aber weg mit ſo gefährlicher einfalt/ worun-
ter als einem grünen Waaſen eine Schlang
deß teuffeliſchen Betrugs verborgen ligt.
Als ich dieſe Wort geleſen/ und das ſtracks
vorhero der Spruch/ 2. Theſſ. 2. von denen/
die die Liebe zur Warheit nicht haben auff-
genommen/ daß ſie ſeelig würden/ und denen
Gott deßwegen kräfftige Würckungen deß
Irrthumbs zuſenden würde/ auf ſolche Menſchen gezogen worden; hab ich mit verwunderung und Schrecken/ die augenſcheinliche
Erfüllung ſolcher Bedrohung/ an eben demjenigen frevelen Verdammungs-Urtheil/
ſo allhier gefället wird/ erkennen müſſen.
Gott wolle deſſen Authori die Augen öff-
nen/ daß er ſehe/ was es auff ſich habe/ den
Geiſt Gottes und ſeine Würckungen/ bey
frommen einfältigen Hertzen/ zu dämpfen;
und wann ſelbige/ zu folg der Verheiſſung
Chriſti/ daß Gott bereit ſeye/ ſeinen Geiſt/ de-
nen/

cher Ungewißheit bauen; gleich als ohne Segel/ ohne Mast/ ohne Polarstern auff dem wild und wallenden Meer deß Gewissens einher fahren; mit der Schrifft nach eigenem dancken/wie ein Häffner mit dem Thon umbgehen; wie das Teublein Noa/ zwischen Wolck und Wasser/zwischen Himmel und Höll in grosser Angst herumbflattern; den Weg zu unzehlichen Religions-Divisionen, und subdivisionen bahnen; so viel Richtschnur deß Glaubens/ als unterschiedliche Phantaseyen bey dem Leser gefunden werden/ zu machen; nach dem Anti-Christianischen Geist/ einen anderen Gott suchen von welchem seine Vätter nichts gewust haben; und was dergleichen zierlicher Redarten mehr seynd/ mit welchen Herr P. seine Eloquentz, hat zu erkennen geben wollen; Ja/ darmit auch seine liebreiche Gemüths-Neigungen kund werden möchte/ nach deren er seinem vorgeben nach/ p. 198. weit von Verdammung seiner vorigen Glaubens-Genossen ist/ so heisset es p. 156. Wie kann solchen Menschen anders als die ewige Verdammnuß wiederfahren/da auch schon der einfeltigste unter denen Un-Catholischen

sagen

sagen wolte; Ey ich weiß/ es wird mich Gott
nicht betrogen lassen werden/ weil ich ja auß
seinem wort der warheit der Religion nach-
forsche/ auch Gott der Herr denen die ihn um
seinen Geist anruffe/ seines Geistes krafft und
safft zur erkantnuß der warheit versprochen!
Aber weg mit so gefährlicher einfalt/ worunt-
er als einem grünen Waasen eine Schlang
deß teuffelischen Betrugs verborgen ligt.
Als ich diese Wort gelesen/ und das stracks
vorhero der Spruch/ 2. Thess. 2. von denen/
die die Liebe zur Warheit nicht haben auff-
genommen/ daß sie seelig würden/ und denen
Gott deßwegen kräfftige Würckungen deß
Irrthumbs zusenden würde/ auf solche Menschen gezogen worden; hab ich mit verwunderung und Schrecken/ die augenscheinliche
Erfüllung solcher Bedrohung/ an eben dem
jenigen frevelen Verdammungs-Urtheil/
so allhier gefället wird/ erkennen müssen.
Gott wolle dessen Authori die Augen öff-
nen/ daß er sehe/ was es auff sich habe/ den
Geist Gottes und seine Würckungen/ bey
frommen einfältigen Hertzen/ zu dämpfen;
und wann selbige/ zu folg der Verheissung
Christi/ daß Gott bereit seye/ seinen Geist/ de-
nen/

nen/ die ihn darumb anruffen/ zu geben; zu folg der Vermahnung Jacobi; So jemand Weißheit manglet / der bitte von Gott/ der da gibt einfältiglich jedermann; Jac. 1. 5. nach demütiger und glaubiger Anruffung deß göttlichen Beystands/sich zu betrachtung deß göttlichen Worts begibt; solches ihnen für ein Ursach der ewigen Verdammnuß außzudeuten. Wol ein grosse Krafft deß Irrthumbs/durch welche man nicht nur bey der Schrifft/und deren lesung/sondern auch bey dem Gebett/ und zwar mit auffrichtigkeit und einfalt vergesellten Gebett sich einer Unsicherheit zu befahren/ ja der ewigen Verdammnuß vergewissert zu halten; hingegen die alleinige sicherheit seines Glaubens/ bey den traditionen, Conciliis, und Kirchen-Vättern/das ist/bey dem einigen Papst zu Rom/ ohne welchen weder traditionen, noch Concilia, noch Patres etwas gelten/ zu suchen angetrieben wird! Was von diesen allen ins besonder/zu erweissung der geringen Sicherheit/ so sie geben mögen/ gesagt werden kann/wollen jetzo nicht berühren; Sondern nur dieses einige zu betrachten geben: Daß/so die Schrifft/ohne die Lehr der Vätter

ter und Concilien keinen sicheren Grund deß Glaubens geben kann/ solche auch von der Lehre der Väter und Concilien nicht hergenommen werden könne: Sintemal es unmüglich/ daß das Zeugnuß deß jenigen/ welcher selbsten keinen vesten Grund seiner Wissenschafft/und seines Glaubens gehabt/ andern/ so sich auff ihn verlassen/ zu einem vesten Grund dienen könne; Nun haben die Väter und Concilia selbsten zum Grund ihrer Wissenschafft und Glaubens nichts als die H. Schrifft gehabt; auß welcher sie auch in den Lehr=Puncten ihre Beweißthumb hergenommen; welche H. Schrifft aber/der gegenseitigen Außsag nach viel zu dunckel/ als daß sie ohne Beyhülff der Außlegungen der Väter solte zu einem vesten Glaubens-Grund dienen können: Konnten demnach diese ihren Nachfolgeren keine mehrere Sicherheit geben/als sie selbsten hatten; es wäre dann Sach/daß sie/ die Väter/eine andere/ und klärere/ oder weitleufftigere Schrifft gehabt/ als wir heut zu Tage haben: So abermal mit dem jenigen/was von der Vulg. versl. p. 143. gemeldet wird/ nicht übereinkommet.

R 5 §. 112.

Prob
der Ei-
cherheit
bey al-
legirug
der
Vätter.

§. 112. Noch dieses Beweißthumb der
großen Sicherheit/ so man bey den Zeugnissen der Kirchen-Vätter hat/ kann ich nicht
unberühret lassen/ weil es von dem Authore
uns allhier selbsten an hand gegeben wird;
vermittelst einer Allegation, auß dem Athanasio, mit deren er das Meß-Opfer gar herrlich und also bewiesen zu seyn rühmet/ daß
die mittägliche Sonne mit ihrem allerhellesten Licht nicht heller die unterirdische Dinge vor Augen legen könne. p. 152. 153. Also
muß man den Leuten auffschneiden/ von deren Leichtglaubigkeit man versichert ist; aber
auch darbey gewärtig seyn/ daß der Betrug/
und wie man der lieben Alt-Vättern Namen mißbrauchet/ entdecket/ und hinfüro
nicht so leicht alles für Gold/ was darvor
außgegeben wird/ angenommen werde. Die
angezogene Wort seynd auß einem Buch
(nemlich de passione imaginis D. N. J. C.)
hergenommen/ welches ob es schon deß Athanasii Namen vorgeschrieben hat/ gleichwol
bekanntlich/ allererst etlich 100. Jahr nach
seinem Todt/ auff die Welt gebohren worden; wie dann auch die historie, so darinnen
beschrieben wird/ allererst umb die zeit deß
zweyten

zweyten Nicenischen Concilii, und zwar/ nach deß Sigeberti und Baronii Meynung/ An. 765. also mehr als 400. Jahr/ nach dem Athanasio sich zugetragen/ wie solches von Cardinal Baronio, ad A. C. 787. §. 29. 30. 31. mit festen Gründen bewiesen wird; Und daher so wol er/ als Nannius, ein Doctor von Löwen/ so deß Athanasii opera herauß gegeben; ja auch Bellarminus selbsten/ lib. de Scriptor. Eccles. solches nicht gestatten/ für ein Werck deß Athanasii zu halten. Baron. annot. in Martyrol. Rom. ad 9. Nov. Plane constat, authorem illius historiæ non esse Athanasium Alexandr. Episcopum, ut habet recens inscriptio; nec in Synodo, tanquam Athanasii illius cognitam &c. Alicujus alterius potius Athanasii, in Syriâ Episcopi, quàm Alexandrini tractatus ille esse conspicitur &c. Bellarm. de Script. Eccles. Non videtur esse S. Athanasii hujus (nempe Alex. Episcopi) sed alterius multò recentioris: Scribit enim Sigebertus in Chronico, accidisse hoc miraculum, anno dom. 766. eo tempore videl. quo quæstio agitabatur de cultu sacrarum imaginum. Was noch mehrere rers ist/ und den Wärth dieses Zeugnüsses vollendts zernichtet/ so seynd diese angezogene Wort nicht einmal auß einem auffrichtigen exemplar dieses Tractats, und dem jenigen/ so umb deß Nicenischen Concilii zeiten herauß gegeben/ sondern einer noch viel späteren/ und mit allerley legenden angefüllten Lateinischen übersetzung/ hergenommen; von deren Baronius dieses Urtheil fället/ad A.C. 787. §. 23. quod admixta habeat quædam apocrypha, de imagine Christi factâ à Nicodemo, & alia, quæ integram ipsam narrationem suspectam faciunt, das viel unrichtiges darinnen enthalten/ welches die gantze übrige Narration verdächtig machen möchte; deßwegen er dann eine andere Version desselben/ von einem Anastasio verfertiget/ daselbsten seinen annalibus inseriret/ in welcher aber dieses heiterhelle Zeugnuß von dem Meß-Opfer/ mit keinem Buchstaben; so wenig als in denen zweyen Griechischen Exemplarien, so auß einem alten Pfältzischen MSo. in der Commelinischen Edition deß Athanasii eingebracht/ anzutreffen; also unter die jenige additamenta zu rechnen/ von welchen Baronius, daselbsten §. 28. die-

sen

sen Rath gibt/daß man sie/ als apocryphische Zusätze darvon wegthun/ und das Tractätlein darvon aussenbern soll: Quæ plura his inveniuntur in vulgatâ (editione,) decurtes, utpote addita ab eo, qui exscripsit, admiscens veris apocrypha. O hertzliche Sicherheit/ so man bey den heiligen Kirchen-Vättern/ sonderlich wann sie unter solche Hände kommen/ zu gewarten! Wer solte zweiffeln/ das mit einem so stattlichen specimine, man sich zu dem Bibliothecariat, selbsten in dem Vaticano, legitimiren könnte? Das jenige/ was auff diese Allegation, von dem Authore gemeldet wird / daß man auß diesem einen Exempel, der Procedur, wie mit dem frommen wolverdienten Athanasio, und anderen Vättern umbgegangen werde/ nehmen könne; wie auch was vorhin p. 139. von besorglicher verfälschung deß Hebreischē Texts/ und daß man deßwegen nicht sicher darauff fußen könne/ meritirt, daß es noch einmal überlesen/ und ein Schluß à pari darauß gemachet werde.

§. 113. Bey dem jenigen/ was p. 170-176. von den Kenn-Zeichen der Kirchen gemeldet wird/ finden wir nichts neues/ oder

Von den Kennzeichen d' wahren Kirchen.

das nicht schon auß dem vorherigen beantwortet werden könnte/ angemercket. So das Argument gut ist/ dessen sich der Author gegen die unserige bedienet/ daß wir nemlich nicht die rechte und wahre Kirche seyen/ (wie wol wir uns auch darvor nicht/ sondern nur für ein Theil der wahren/ heiligen/ allgemeinen Christlichen Kirchen gehalten haben wollen) gültig ist/ daß wir nemlich solches nicht seyen/ weil auch andere Sachen seyen/ so sich eben desselben Kenn-Zeichens der reinen Lehr deß Göttlichen Worts/ und rechten Gebrauchs der H. Sacramenten/ qui maßen p. 170. 171. So sihe ich nicht/ wie die Römische Kirch/ sich als eine einige/ heilige/ allgemeine/ und Apostolische/ darvor außgeben könne/ nachdem gleichfalls auch diese Qualiteten und Kenn-Zeichen/ von allen Secten gerühmet werden/ ja in der that eben die jenige/ mit den vorhergenañten Kenn-Zeichen seynd/ und keine andere Einigkeit/ oder Allgemeinheit/ als welche sich auch die Warheit gründet/ keine Heiligkeit als welche die Lehr der Schrifft zur Regul hat/ und keine Succession, als deren Anfang gut/ und die Apostolische beschreibung wahr/ und Apostolische Kirche

Kirche erweissen kann; Non habent hæreditatem Petri, qui Petri fidem non habent, sagt Ambros. l. 1. de pœnit. c. 6. Der rühmet sich vergeblich deß Erbes (und Stuls) *Petri*, der *Petri* Glauben nicht hat. Kommt also nicht auff den Ruhm/sondern auff den Beweißthumb an; Und kann bey diesem weder die gerühmte Heiligkeit/(welche aber durch die Historien, und Augenschein sehr verdunckler wird) noch die weite Außbreitung biß in die Indianische Länder (sonderlich wañ man bey dem Ertzbischoff de las Casas lieset/ auff was vor eine Christengemässe weise solche geschehen) noch die verbindung und einigkeit der vielen Glieder untereinander (welche unser Author selbsten p. 142. mit der Einigkeit der Babilonischen Bauleuth vergleichet/da alle Welt nur eine Sprach hatte/ und Babel/ auff einen menschlichen Namen auffzubauen/Gen. 11. 1.) so viel nachdruck haben/daß man die Untersuchung der Lehr/ und deren Gegenhaltung gegen das Wort Gottes/ wie ungern man auch Römischer Seiten daran wolte/ deßwegen beyseiths setzen könnte.

§. 14. Endlich ö... ... seyn Autho-

Authorem die Reformirte Religion, als eine/ auß dem Mittel schreittende/ und entweder oben an/ oder unten auß fahrendes Wesen zu beschreiben. Die Warheit ist/ daß so die Römische Meynungen zur Regul genommen werden/ die Reformirte sehr von selbiger/ und hinwiederumb die Römische von der Reformirten, entweder per excessum, oder per defectum, durch einen Zusatz/ oder Abzug discrepiret; und kann nit vor anderster seyn/ als daß zwischen widerwärtigen Meynungen/ so sie gegen einander gehalten werden/ die eine in ansehung der anderen zu viel/ oder zu wenig habe. Darmit aber dieses Argument statt haben möge/ muß die Regul, nach welcher die Lehren abgemessen werden / vorhero vest gesetzet/ und so dann die beyderseitige Lehren/ aber ohnverfälscht/ dargegen gehalten werden; Welcher gestalt sich finden wird/ daß in diesem Catalogo deß zu vielen/ und zu wenigen/ Herr Pet. der Sachen entweder zuvil/ durch andichtung solcher Meynungen/ deren man nicht geständig ist (als daß sie keinen Menschen an der Seeligkeit zweiffeln lassen; daß die Gerechtfertigte/ auch durch göttliche Gnade

Gnade/ die Gebotte Gottes nicht halten können &c.) oder zu wenig (durch verhälung der Gleichförmigkeit solcher Lehren mit dem göttlichen Wort) gethan habe: Und könnte solches alles genugsam dargethan/ und zugleich dieses zu viel und zu wenig auff die Römische Kirche leichtlich retorquiret werden/ wofern dieses nicht zu den special controversien gehörete; in welche sich aber Herr P. nicht einzulassen begehret/ sondern eine generale obenhinige Betrachtung der Religion zu seiner Entschuldigung genug zu seyn ermessen/ und deßwegen sich nunmehro an dem Ende seines Kampfs (ehe er ihn einmal recht angefangen) schützend.

§. 115. In dem Siebenden und Achten Stral anderst nichts thut/ als die præparatoria zu seinem triumphirenden Einzug in die Römische Kirche/ und den darauff erfolgten Königlichen Einzug (auff dem 3. Königs-Tag) zu beschreiben; Mit vermelden/ was vor Bücher/ und was vor Personen und Gelegenheiten ihme dienlich gewesen/ umb durch ihre Narcotische Krafft die noch übrige Gewissens-Scrupul vollendts in ihm

Siebender/ achter/ und neunter Strahl dienlich zu völliger einschläfferung deß Gewissens

zu

zu dämpfen/ und eine Unempfindlichkeit derselben (die er aber als eine annehmliche Seelen-Ruhe/ in dem Neundten Stral beschreibet) zu wegen zu bringen. Es ist nicht so sehr verwunderungs würdig/ daß bey dem Gebrauch der von ihm beschriebenen/ und hindansetzung anderer/ zur Warheit leitenden Mittel (dann von denen disseitigen Büchern/ darinnen deß Lt. Frommen/ deß Becani, und Tirini Schrifften kräfftig widerleget worden; deren lesung dem Hn. P. viel andere Stralen hätte entdecken können; auch von eröffnung seiner zweiffel/ an diesseitige Theologos, von denen vielleicht auch ein oder der andere hätte benennen werden können/ wird mit keinem Wort gedacht) solcher Gewissens-Schlaff zu wegen gebracht/ und durch allerley süsse Träume und Nacht-Gesicht/ gleich denen/ davon Esaj. 29. 7. 8. geredet wird/ ihme annehmlich gemachet worden; Zumalen/ da die Regul statt hat/ so Er p. 176. gibet/ daß man ja billich zu der jenigen Religion wiederkehret/ worvon man die meiste Ehr/ Glück/ und gedeyliches Wolergehen gewarten kann. Kein Wunder/ daß in einer solchen Traum-Ergötzung gözung alle Verstörung/ und Auffmunterung/ durch lautes Ruffen/ als da ist/ dasjenige/ das in der 80sten Frage deß Catechismi gehöret wird/einen Un-Willen erwecket/und man nicht nur die Ohren vor demselben verstopfet/sondern auch den Mund gegen dasselbige/ wie p. 193. 194. &c. geschihet/auß ereyffertem Gemüth/auffthut; Da es besser wäre/die Sache selbsten/ und deren Wichtigkeit/ so zu dergleichen lauten Warnungen Anlaß gegeben/ recht zu überlegen; und so man gleichwol sich dardurch noch nicht überzeuget befindet/ wenigstens solche Bescheidenheit zu gebrauchen/ daß man zu folg der selbst eigenen Anweisung/ p. 399. das Urtheil von der Lehr nicht für ein Urtheil von den Persone(als welches Gott allein sich vorbehalten) außdeute; oder auß behaltung einer/von allen Evangelischen approbirten/ und gebrauchten formul, uñ libri Symbolici, eine Beleidigung der höchsten Obrigkeit/ liebloser weise/erzwingen wolle: Kein wunder/daß hingegen alles das jenige/ wodurch man in der Wiege deß Blinden Gehorsams (darmit ich mich der Gleichnuß deß authoris p. 61. bediene) eingewieget/ und eingeschläffert

schläffert werden mag/ als da ist unter andeꝛen/ die Beschönung der Tridentischen anathematum, und deß Verdammungs Urtheils/ so man über die Voreltern zu fällen verbunden wird/ p. 198. & seqq. sich wolgefallen lasse; und darüber beydes den Päbstlichen Außspruch/ daß es zur Seeligkeit allen Menschen nothwendig seye/ sich dem Pabst zu unterwerffen; als auch die gewöhnliche argumentation, von der sichereren Wahl der religion, welche keine Hoffnung der Seeligkeit denen andern überlasset/ als deren/ welche lehret/ daß man in einer andern religion seelig werden könne; ja die selbsteigene zuvor/ p. 156. gegen die einseitige gefällete Verdammungs sententz, in Vergessenheit bringet; und der jenigen Entschuldigung/ so man von den unserigen nicht annehmen will/ sich gleichwol selbsten zu bedienen weiß.

Nicht aber zu dessen befriedigung.

§. 116. Verwunderlich aber wäre es/ wann durch dieses Coma, oder Schlaffsucht/ alle Gewissens-Empfindung dermassen ertödtet wäre worden/ daß nicht durch dessen innerliche Einreden/sonderlich zu der Zeit/ da bey auffhörenden Occupationen der eusserlichen Sinnen/ das Gemüth deß Menschen freyer in sich selbsten zu gehen pfleget/ und wie Eliphaz von Theman redet/ Job. 5. 12. 13. da man Gesichte betrachtet in der Nacht/und der Schlaff auff die Leute fället/ ein heimliches Wort/von demselben gehöret/ und eine Forcht und Zittern der Gebeine darüber empfunden werden solte: Wann das/ in der Gedächtnuß behaltene Wort Gottes/ sich nicht auch in ihm/ als einen innerlichen Richter der Gedancken/ und Sinnen/ deß Hertzens/ Hebr. 4. 12. zu weilen erweissen/ und seine richterliche Authoritet, wider die dargegen vorgenommene Attentata mit Nachdruck behaupten solte: Wann der flüchtige/ und sich zwischen den schattichten Bäumen der zusamengesuchten Vorwände versteckende Adam die Stimme deß nachfolgenden Gottes nicht hören solte; ihme zuruffende; Wo bistu? Was thustu? Ja/ was hastu gethan? Gedencke/ wovon du gefallen bist/und thue Buß/und thue die erste Werck. Apoc. 2. 5. Gedencke/was vor eine Seeligkeit denen/ so sich nicht an Christo/ und der unansehnlichen Gestalt/ seiner zwar schwartzen/ doch lieblichen/ Braut und Gemeinde ärgern; Was für eine Unseeligkeit sehn hingegen/ denen so andern Aergernuß geben/ verkündiget seye: Gedencke/ ob der jenige Tempel/ in welchem du dich/ mit dem blinden Bartimæo geführet zu seyn rühmest/ nicht etwa eben der jenige seye/ auß welchem Christus die Käuffer und Verkäuffer hinauß getrieben/ und welcher endlich wüst gelassen werden sollte? Ob die jenige Ruhe der Seelen/ über deren du solch eine Vergnügung bezeugest/ nicht etwa/ wie die Seestille/ ein Vorbott eines desto grösseren Sturms/ und Seelen-Angst seyn möchte? Gedencke/ daß das jenige/ was einem Einfältigen und Unwissenden/ zu seiner Entschuldigung hiernächst dienen kan/ denen/ so das Licht in ihnen/ und bey andern/ mit Fleiß zu verdunckeln suchen/ die da abtrünnig werden vom Licht/ und kennen seine Wege nicht/ und kehren nicht wider zu seiner Strassen/ Job. 24. 13. keines wegs zu statten kommen/ sondern es selbigen schwer fallen werde/ wider den Stachel zu lecken/ Act. 9. 5. So nun/ wie wir verhoffen/ das Auge Christi nach solchen liebreichen Lockungen/ auff diesen gefallenen Petrum gerichtet ist/ so wolle derselbige

bige auch eine Nachartung der Busse Petri
bey demselben/ und allen abgewichenen und
verirreten Schäfflein würcken; und eine
hertzliche Liebe der Warheit in unserer aller
Hertzen entzünden/ welche durch eine frey-
mütige/ und beständige Bekandtnuß/ und
deren gemässen Wandel zu seinen grossen
Ehren/ und unserem ewigen Heyl/
sich zu erkennen gebe.
Amen!

ENDE.

INDEX.

Betracht- und Beantworttung
Deß
Im Eingang angebottenen Liebes-Grußes und Kusses.

§.   Pag.

1. Annehmlichkeit deß Anbietens.   1
2. Billichmässige Begegnung.   2
3. Billichmässige Forderung.   4
4. Geschöpffte Hoffnung/ohne Gewißheit. 6 & 7
5. Nicht ohne Zweiffel.   8
6. Theils wegen bezeugter Ungewißheit.   8
7. Theils wegen bezeugter Partheylichkeit.   11
8. Innhalt deß Büchleins.   13

Betrachtung deß ersten Strals.

9. Erster Stral.   15
10. Nicht übereinkommend mit der angemaßten infallibilität der Röm. Kirchen.   15
11. Und indefectibilität eines Lehr-Stuls.   16
12. Noch mit der vorgebenden undeutlichkeit Heil. Schrifft.   17
13. Die Römische Kirch will ihre Authorität in keinen Zweiffel gezogen haben;   18
14. Auch keiner ordentlichen Prüffung unterworffen seyn.   22

Betrachtung deß Zweyten Strals.

§.   Pag.

15. Verdächtige Verwirrung der vorgenommenen Untersuchung.   14

16. Zeichen einer Partheylichkeit in dem Anfang.

17. Es wird entweder gar nicht / oder zu weit fortgeschritten.   30

18. Betrachtung deß Arguments von proportion der Ref. Kirchen.   33

19. Gleich- und mehr gegründete Vor-Urtheil gegen die Röm. Kirch.   36

20. Römisch gesinnte gewinnen nichts mit Vor-Urtheilen.

Betrachtung deß dritten Strals.

21. Anweisung deß dritten Strals.   40

22. Unterschied der Religionen, soll nach dem Zweck / und nach der regul der Religion geurtheilet werden.   41 & 42

23. Gegentheil scheuet solchen Weg.   43

24. Beständigkeit der unsichtbarē Kirchen. 44 & 45

25. Müglicher und verkündigter Abfall der sichtbaren particular Kirchen.   49

Göttliches Absehen bey solchem Abfall.   53

Göttliche Fürsorg für die Kirche zwischen solchem Abfall.   54

26. Ab-

§.	Pag.
26. Abfall der Römischen Kirchen ist den Verheissungen Christi nicht zu wieder.	57
27. Von Unsichtbarkeit und Sichtbarkeit der Kirchen ins gemein.	60 & 61
28. Von Sichtbarkeit der Kirchen/ in Ansehung der Persohnen.	66
29. In Ansehung ihrer Vereinigung.	68
30. In Ansehung der Lehr und Gottes-Dienstes.	68 & 69
31. In Ansehung deß eusserlichen Standes.	71.
32. Die Frag ist nicht/ ob/ sondern wie die Kirche sichtbar seye?	73
33. Durch den Mangel der eusserlichen Sichtbarkeit hat die Kirche nichts verlohren.	74
34. Wo die Kirche vor Luthero gewesen?	78
35. Kein Mangel auch an Bekandtnuß der Warheit vor Lutheri Zeiten.	82
36. Kein Vorzug deßwegen der Juden vor den Christen.	84
37. Eine verborgene Kirch ist keine erdichtete Kirch.	89
38. Die Warheit Gottes bleibet dennoch unveränderlich.	93
39. Die authorität der gantzen Kirchen bleibt von Reformirten unangefochten.	94

40. Kirch

	Pag.
40. Kirch und Pabstthumb nicht zu consundiren.	100
41. Das Reformations-Werck darff nicht in sich selbsten angegriffen werden.	101
42. Sondern nur auf seiten der Persohnen und deren Standes.	101
43. Wie auch deren Beruffs.	107
44. Die Reformatores haben ihren Beruff von Christo.	115
45. Haben nicht vonnöthen gehabt/ ihren Beruff durch Wunder-Werck zu bestättigen.	123
46. Das Strittige wird abermal erörtert.	125
47. Dreyfache Beschuldigung der Evangelischen Lehr.	127.
48. Reformirte Lehr ist Schrifftmässig.	128
Welches gültige Beweißthumb seyen.	129
49. Sie hebet die Hoheit der Kirchen nicht auff.	131 & 136
Sondern suchet dieselbe wohl zu erhalten.	138
Und dann den rechten Gehorsamb ihro zu leisten.	142
50. Gebührende Ehrerbietung gegen die Kirchen-Vätter.	149
51. Grösser auf unser/als Römischer Seiten	152
Ungebührliche Beschuldigung deß Calvini	155

§.	pag.
52. Zweyspalt unter den Evangelischen ihrer Gemeinschafftlichen Lehr nicht præjudicirlich	159
53. Spathe Reformation deßwegen keine böse Reformation.	164.
54. Das Leben/ aber auch sterben der Lehrer in Betrachtung zu nehmen; und welcher Gestalt?	165

Betrachtung deß Vierten Strahls.

55. Vierter Strahl ohne neue Erleuchtung.	168
56. Irrthumb und Partheylichkeit in der historia Henricorum Jmpp.	169

Betrachtung deß Fünfften Strahls.

57. Innhalt deß Fünfften Strals.	173
58. Unbedachtsame Tadlung der Reformation	174
59. Nothwendigkeit derselben.	174
60. Verderbnuß deß Lebens inficiret endlich die Lehr.	178
61. Unheilsamkeit deß Röm. Stuls.	180 & 181
62. Wiedersetzung gegen die angefangene Reformation.	184
63. Reformation nicht auß Neugierigkeit oder Ungehorsam angefangen.	188
64. Wird durch Schwachheit/ nicht Boßheit fortgeführet.	192

§.		Pag.
65.	Ist nicht auf Fleischlichkeit und Ungebundenheit gerichtet.	195
66.	Vom Ehlosen Stand der Geistlichen.	196
67.	Von dem Verbott deß Fleischessens.	204
68.	Von der Ohren-Beicht.	207
69.	Von dem Fegfeuer.	219
70.	Fegfeuer machet nicht frömmer.	224
71.	Von Veränderung mit den Geistlichen Gütern.	233
72.	Von Rebellion wider die Obrigkeit.	237
73.	Ruhm der Heiligkeit kein Beweißthumb derselben.	239
74.	Warnehmung der Welt-und fleischlichkeit bey der Römischen Religion.	241
75.	Weltlichkeit überwiegt allmählig die Geistlichkeit.	243
75.	Weltlicher Zweck bey dem Römischen Kirchen-Staat.	247 & 248
76.	Weltliche Mittel umb darzu zu gelangen.	
77.	Papstumb nach den menschlichen Inclinationen eingerichtet	255
78.	Fleischlichkeit herrschet in dem Papstum.	260
79.	Christliche Tugendten leyden darinnen noth.	265

Betrach-

Betrachtung deß Sechsten Strals.

§.   Pag.

80. Sechster Stral suchet die Lehr der Ref. zu verfinstern.   268

81. Selbige wird als eine mühsame Lehr angegeben.   270.

82. In den Articuln. 1. Von dem Abendmal.   270

83. 2. Von der Rechtfertigung allein durch den Glauben.   274

84. 3. Von Nothwendigkeit und Verdienst der guten Wercken.   279

85. Und 4. Von Christi Höllen-fahrt.   283

Abermalige Verdrehung der Worten Calvini.   286

86. 5. Von dem Fürzug Petri.   288

87. Römische Lehr und Anmassung der Kirchen-Beherrschung.   292

88. Unbekant zu den Apostolischen Zeiten.   294

89. Unbekant in der ersten Christenheit.   299

90. Calvini Zeugnuß vergeblich allegiret.   302

91. Ungereimte Lehren werden den Ref. aufgebürdet.   304

92. Von dem Monarchischen Kirchen-Regiment.   305

93. Von den Consistoriis der Reformirten.   309

94. Von

| §. | Pag. |

94. Von dem jure Episcopali der weltlichen Obrigkeit. 315
95. Von Religions-Verschiedenheit zwischen Obrigkeit und Unterthanen. 319
66. Von weltlichem Episcopat. 324
97. Röm. Kirchen-Gebäu mehr ansehnlich als sicher. 328
98. Die Schrifft ein Richter in Glaubens-Sachen. 331
99. Ohne Außschliessung deß Lehr-Ampts und der Lehr-Prüffung. 334
100. Römisch gerühmter Richterstuhl. 337 & 338
101. Auß ihren eigenen Principiis unerweißlich. 338
102. ....
103. Unbillige prüfungs Entziehung. 343 & 344
103. Von der angemaßten Richterlichen Gewalt. 355
104. Rechte Mittel-Bahn bey der Prob deß Lehr-Ampts. 360
105. Und dem Urtheil der Zuhörer. 363
106. Gleiche Ursach der Verwerffung eines Menschlichen Ober-Richters zu beyden seiten. 369
107. Die Schrifft ein Richter auch in Prüfung der Unglaubigen. 370
108.

§.	Pag.
108. Von Authorität der Schrifft und deren Vergewisserung.	572
109. Von Zahl der Canonischen Bücher.	375
110. Von den übersetzungen der Bibel.	380
111. Von Außlegung der H. Schrifft.	385
Wie fern selbige den Leyen zukomme.	388
112. Prob der Sicherheit bey allegirung der Vätter.	
113. Von den Kenn-Zeichen der wahren Kirchen.	397
114. Von der rechten Mittelbahn.	399
115. Siebender/Achter/und Neundter Strahl dienlich zu völliger Einschläfferung des Gewissens.	402
116. Nicht aber zu dessen Befriedigung.	404

www.ingramcontent.com/pod-product-compliance
Lightning Source LLC
Chambersburg PA
CBHW020540300426
44111CB00008B/739